순경공채 | 경력채용 | 경위공채 시험대비   동영상강의 www.pmg.co.kr

브랜드만족
1위
박문각

개정2판

박문각 경찰

박용증
아두스 경찰학

전범위 모의고사

| 최신 기출 경향을 반영한 적중도 높은 문제 구성
| 자세한 해설과 최신 개정 법령 및 판례 반영

용증 편저

아름다운 **두**문자 **스**토리 **경찰학**

최종 마무리 실전 동형 모의고사!

박문각

박용증 아두스 경찰학

전범위 모의고사

이 책의 **머리말**

2023년 1차 순경 공채 시험은 쉬웠지만, 2023년 2차 시험은 가장 어려웠던 시험으로 평가됩니다. 2024년 1차 시험은 2023년 2차 시험보다는 다소 난이도가 내려갈 것으로 예상되지만 영어 과목에 대한 부담이 줄어들었기 때문에 장기적으로는 어렵고 새로운 문제가 계속 추가될 수 밖에 없습니다. 본 모의고사는 85점 정도 받으면 합격권에 들어갈 수 있을 정도로 난이도를 중급 내지 중상급에 맞추었습니다. 너무 쉬운 문제는 배제하고 최소한 중급 이상의 문제를 출제하여 여러분들의 부족한 부분을 충분히 점검할 수 있도록 하였습니다.

각 분야별 출제 비율과 관련하여 경찰청 공지(기초이론 30%, 한국사등 5%, 경찰행정학 15%, 경찰행정법 35%, 각론 15%)보다 기초이론 분야를 2문제 정도 줄이고 수험생들이 어려움을 느끼고 당락을 좌우하는 경찰행정법과 각론(분야별 경찰활동)을 각각 1문제씩 더 출제하는 형태로 구성하였습니다.

해설에 사용된 두문자는 아두스 경찰학 기본서에 게재된 내용입니다. 처음 보시는 분들도 얼마든지 활용하실 수 있습니다. 이 책의 정오사항 공지와 질문 및 답변은 네이버 카페 '아두스 경찰학(https://cafe.naver.com/aduslab)'에 게재됩니다.

아두스 경찰학으로 공부하신 모든 분들이 좋은 성적으로 합격하기를 기원합니다.

2024년 1월

박용증

CONTENTS
이 책의 **차례**

정답 및 해설

박용증
아두스 경찰학

전범위 모의고사 10회분

아름다운 **두문자** **스토리** **경찰학**

최종 마무리 실전 동형 모의고사!

전범위
모의고사

전범위 모의고사 제1~10회

전범위 모의고사

📄 빠른 정답 p.167 / 해설 p.110

01 프랑스와 독일의 경찰개념의 발달과정에 대한 설명으로 가장 옳지 않은 것은?

① 14세기 프랑스 경찰권 개념은 라 폴리스(La Police)라는 단어에 의해 대표 되었는데, 이 단어의 뜻은 초기에는 '국가목적 또는 국가작용'을 의미했다가 나중에는 '공동체의 질서 있는 상태'를 의미하였다.

② 16세기 독일의 「제국경찰법」상의 경찰은 '공동체의 질서 있는 상태' 또는 '공동체의 질서 있는 상태를 유지하기 위한 모든 활동'을 의미하였다.

③ 『프로이센 경찰행정법(1931년)』은 크로이츠베르크 판결에 의해 발전된 실질적 의미의 경찰개념을 성문화시켰다.

④ 『프로이센 경찰행정법(1931년)』은 '경찰관청은 공공의 안녕과 질서를 위협하는 위험을 방지하기 위하여 의무에 합당한 재량으로 조치해야 한다'고 규정하여 경찰의 직무범위를 소극적 위험방지에 한정하면서 협의의 행정경찰 사무를 배제하였다.

02 경찰의 임무를 공공의 안녕과 질서에 대한 위험의 방지라고 정의할 때, 위험에 대한 설명으로 가장 옳은 것은?

① 경찰이 개입하기 위해서는 보호법익에 대해서 위험이 반드시 존재할 필요는 없다.

② '위험'은 보호받는 개인 및 공동의 법익에 관한 정상적 상태의 객관적 감소를 뜻한다.

③ '오상위험'의 상황에서는 위험의 존재 여부가 명확해질 때까지 위험조사 차원의 예비적 조치만이 가능하다.

④ 경찰이 객관적 근거없이 위험의 존재를 잘못 인정해서 개입한 경우를 '외관적 위험'이라고 한다.

03 「경찰 인권보호규칙」(경찰청 훈령)에 대한 설명으로 가장 옳지 않은 것은?

① 경찰청장은 국민의 인권보호와 증진을 위하여 경찰 인권정책 기본계획을 3년마다 수립해야 한다.

② 조사담당자는 인권침해 사건을 조사하는 과정에서 감사원의 조사, 경찰·검찰 등 수사기관에서 조사 또는 수사가 개시되어 사건 조사를 진행할 수 없는 경우에는 조사를 중지할 수 있다. 다만, 확인된 인권침해 사실에 대한 구제 절차는 계속하여 이행할 수 있다.

③ 인권보호담당관은 반기 1회 이상 인권영향평가의 이행 여부를 점검하고, 이를 경찰청 인권위원회에 제출하여야 한다.

④ 인권보호담당관은 인권침해를 예방하고 제도를 개선하기 위해 연 1회 이상 인권 관련 정책 이행 실태, 인권교육 추진 현황, 경찰청과 소속기관의 청사 및 부속시설 전반의 인권침해적 요소의 존재 여부를 진단하여야 한다.

04 코헨과 펠드버그가 제시한 경찰활동의 기준으로 바르게 연결된 것은 모두 몇 개인가?

> ㉠ 강도범을 추격하던 중 도주하는 범인의 등 뒤에서 권총을 쏘아 사망하게 하였다. - <공공의 신뢰>
> ㉡ 과도한 추격으로 단순 폭주족이 사망한 경우 - <공공의 신뢰>
> ㉢ 칼 든 강도를 추격하는 척하다가 내버려 둔 경우 - <냉정하고 객관적인 자세>
> ㉣ 음주단속을 하다가 동료가 운전 중인 차량을 발견하고 음주운전의 의심이 들었지만 모른 체하고 통과시켰다. - <팀웍과 역할한계>
> ㉤ A지역에 가족이 산다는 이유로 A지역에서 순찰 근무시간 대부분을 사용하였다. - <공정한 접근 보장>

① 1개   ② 2개
③ 3개   ④ 4개

05 「부정청탁 및 금품등 수수의 금지에 관한 법률」에 대한 설명으로 가장 옳은 것은?

① 공직자등은 직무와 관련하여 대가성 여부를 불문하고 동일인으로부터 1회에 100만 원 또는 매 회계연도에 300만 원 이하의 금품등을 받거나 요구 또는 약속해서는 아니 된다.

② 공직자등이 직무와 무관하게 동일인으로부터 1회에 100만 원 또는 매 회계연도에 300만 원을 초과하는 금품등을 받거나 요구 또는 약속한 경우에는 과태료를 부과하며 형사처벌을 하지는 아니한다.

③ 공직자등의 배우자는 사실상 배우자를 포함하며, 금품을 수수하거나 요구 또는 약속한 배우자를 처벌하는 규정은 없다.

④ 공직자등은 부정청탁을 받았을 때에는 소속기관장에게 지체 없이 서면으로 신고하여야 한다.

06 「공직자의 이해충돌방지법」에 관한 내용 중 옳지 않은 것은?

① 공직자는 배우자가 공직자 자신의 직무관련자(「민법」 제777조에 따른 친족 제외)와 토지 또는 건축물 등 부동산을 거래하는 행위 (다만, 공개모집에 의하여 이루어지는 분양이나 공매・경매・입찰을 통한 재산상 거래 행위는 제외)를 한다는 것을 사전에 안 경우에는 안 날부터 14일 이내에 소속기관장에게 그 사실을 서면으로 신고하여야 한다.

② 공직자는 직무관련자에게 사적으로 노무 또는 조언・자문 등을 제공하고 대가를 받는 행위를 해서는 아니 된다(단, 「국가공무원법」 등 타 법령・기준에 따라 허용되는 경우는 제외).

③ 공직자는 직무관련자인 소속 기관의 퇴직자(공직자가 아니게 된 날부터 2년이 지나지 아니한 사람만 해당한다)와 사적 접촉(골프, 여행, 사행성 오락을 같이 하는 행위를 말한다)을 하는 경우 소속기관장에게 신고하여야 한다. 다만, 사회상규에 따라 허용되는 경우에는 그러하지 아니하다.

④ 사적 이해관계자에 공직자 자신 또는 그 친족(「민법」 제767조에 따른 친족)도 해당된다.

07 「경찰청 공무원 행동강령」에 대한 설명으로 가장 적절하지 않은 것은?

① 공무원이 대가를 받고 수행하는 외부강의 등은 월 3회를 초과할 수 없다. 다만, 국가나 지방자치단체에서 요청하거나 겸직 허가를 받고 수행하는 외부강의 등은 그 횟수에 포함하지 아니한다.

② 공무원은 직무관련자와 마작, 화투, 카드 등 우연의 결과나 불확실한 승패에 의하여 금품 등 경제적 이익을 취할 목적으로 하는 사행성 오락을 같이 하여서는 아니 된다.

③ 부당한 요구를 받은 피감기관 소속 공직자는 그 이행을 거부해야 하며, 거부했음에도 불구하고 감독기관 소속 공무원으로부터 같은 요구를 다시 받은 때에는 그 사실을 별지 서식에 따라 피감기관의 행동강령책임관에게 알려야 한다.

④ 경찰공무원이 자신의 학교 동창 자녀 결혼식에 소속기관의 명칭과 직위를 표시한 화환을 보내어 전시토록 한 것은 사적 이익을 위하여 소속기관의 명칭이나 직위를 공표・게시한 것에 해당한다.

08 사회적 수준의 범죄원인론 중 '사회과정 원인'에 해당하지 않는 것은?

① Sutherland의 차별적 접촉이론에 따르면, 범죄는 범죄적 전통을 가진 사회에서 많이 발생하며, 이러한 사회에서 개인은 범죄에 접촉・동조하면서 학습한다.

② Hirschi는 사회적 결속 요소로 애착, 참여, 전념, 신념을 주장하였다.

③ Miller는 범죄는 하위문화의 가치와 규범이 정상적으로 반영된 것이라고 하였다.

④ Reckless는 좋은 자아관념은 주변의 범죄적 환경에도 불구하고 비행행위에 가담하지 않도록 하는 중요한 요소라고 한다.

09 범죄원인론에 대한 설명으로 가장 옳지 않은 것은?

① Burgess & Akers가 주장한 차별적 강화이론은 청소년의 비행행위는 처벌이 없거나 오히려 칭찬받게 되면 반복적으로 저질러진다는 것이다.

② Beccaria는 의사결정론의 입장에서 범죄는 인간의 자유의지보다는 외적요소에 의하여 결정되며 범죄인에 대한 갱생과 치료를 강조하였다.

③ Sheley는 범죄인의 입장에서 바라본 범죄유발의 4요소로 사회적 제재로부터의 자유, 범행의 동기, 범행의 기회, 범행의 기술을 주장하였다.

④ Cohen은 하류계층의 청소년들이 목표와 수단의 괴리로 중류계층에 대한 저항으로 비행을 저지르며, 목표 달성의 어려움을 극복하기 위해 만든 그들의 하위문화에 의하여 범죄가 발생한다고 보았다.

10 다음 중 경찰활동전략에 대한 설명으로 가장 적절하지 않은 것은?

① 정보주도 경찰활동(Intelligence-led Policing)은 범죄자의 활동, 조직범죄집단, 중범죄자 등에 관한 관리, 예방 등에 초점을 두고, 증가하는 범죄를 감소시키기 위해 범죄정보를 통합한 법집행 위주의 경찰활동을 말한다.

② 정보주도 경찰활동은 영국 켄트(Kent) 경찰청에서, 개별 사건 대응보다 장기간 범죄패턴을 측정하여 감소시키는 방법으로서 그 성과가 입증되었다.

③ 스마트 경찰활동(SMART Policing)은 전략적 관리(Strategic Management), 분석과 연구(Analysis & Research), 과학기술(Technology)를 합친 용어로서 인공지능, 빅데이터 등 과학기술을 활용하여 한정된 경찰력을 효율적으로 운영하는 활동을 의미한다.

④ 정보주도 경찰활동은 스마트 경찰활동을 기반으로 등장하게 되었다.

11 갑오개혁 당시 경찰제도에 관한 설명 중 옳지 않은 것은?

① 조선시대 갑오개혁 이전에는 일부 관청이 소관사무와 관련하여 직권에 의하여 위법자를 체포·구금할 수가 있었다.

② 1894년 「경무청관제직장」에 의해 당시의 좌우포도청을 합하여 경무청을 신설하고, 경무청의 장으로 경무사를 두었다.

③ 1894년 경무청이 설치되었지만 각 관청에서는 여전히 위법자를 체포하여 구금할 수 있었다.

④ 1894년 경무청은 종래 전옥서의 감옥사무를 인계받아 이를 담당하였다.

12 외국 경찰에 대한 설명으로 옳은 것은 모두 몇 개인가?

┌───
│ ㉠ 일본의 관구경찰국은 자치경찰에 대한 전국적 조정을 위한 경찰청의 지방기관이다.
│ ㉡ 프랑스 군경찰은 행정경찰과 사법경찰의 사무를 담당하며, 수사경찰 사무는 내무부장관의 지휘를 받는다.
│ ㉢ 독일의 경찰은 독립적 수사주체로서 경찰과 검사는 대등한 상호 협력관계이다.
│ ㉣ 미국의 FBI는 지방경찰관에 대한 교육과 훈련을 제공하며, 수사와 관련하여 전국적인 지휘를 담당한다.
│ ㉤ 영국의 지역치안위원장은 선거로 선출되며 지방경찰청장과 차장에 대한 임명·해임권을 가지고 있다.
└───

① 1개   ② 2개

③ 3개   ④ 4개

13 정책결정 모델에 대한 설명으로 가장 옳지 않은 것은?

① 점증 모델은 정책결정을 타협과 조정의 산물로 보는 정치적 합리성을 추구하며, 기존 정책을 토대로 그보다 약간 수정된 내용의 정책을 추구한다.

② 최적 모델은 설정된 목표를 달성하기 위해 정보분석과 환류과정을 통해 자신의 행동을 스스로 조정해 나간다고 가정하는 모델이다.

③ 만족 모델(Satisfying Model)은 정책결정자가 최선의 합리성을 추구하기보다는, 시간적·공간적·재정적 측면에서 여러 요인을 고려하여 만족할 만한 수준에서 결정한다.

④ 쓰레기통 모형은 「문제, 해결책, 참여자, 선택 기회」의 네 요소가 쓰레기통 속에서와 같이 독자적으로 흘러다니다가 어떤 계기로 서로 만나게 될 때 의사결정이 이루어진다고 보는 것이다.

14 다면평가제에 대한 설명으로 가장 옳지 않은 것은?

① 다면평가제는 상급자·동료·부하·민원인 등 여러 사람이 동시에 평가하는 인사평정방식으로 '360° 평정법', '집단평정법'으로 불린다.

② 「경찰공무원 승진임용 규정(대통령령)」에 다면평가제에 대한 근거를 두고 있으며, 평가 결과를 특별승급, 성과상여금 지급, 교육훈련, 보직 관리 등 각종 인사관리에 반영할 수 있다.

③ 다면평가제는 평가자의 선발, 시행, 다양한 정보의 분석 등에 시간과 비용의 소모가 크고 인사부서의 업무량을 증대시킨다.

④ 다면평가 결과를 정확하게 반영하기 위하여 실명으로 평가하는 것을 원칙으로 한다.

15 「국가재정법」상 예산안의 편성 절차를 순서대로 나열한 것으로 가장 적절한 것은?

㉠ 기획재정부장관은 국무회의의 심의를 거쳐 대통령의 승인을 얻은 다음 연도의 예산안편성지침을 각 중앙관서의 장에게 통보하여야 한다.

㉡ 각 중앙관서의 장은 해당 회계연도부터 5회계연도 이상의 기간 동안의 신규사업 및 기획재정부장관이 정하는 주요 계속사업에 대한 중기사업계획서를 기획재정부장관에게 제출하여야 한다.

㉢ 각 중앙관서의 장은 예산편성지침에 따라 그 소관에 속하는 다음 연도의 세입세출예산 계속비·명시이월비 및 국고채무부담행위 요구서를 작성하여 기획재정부장관에게 제출하여야 한다.

㉣ 기획재정부장관은 각 중앙관서의 장에게 통보한 예산안편성지침을 국회 예산결산특별위원회에 보고하여야 한다.

① ㉠ → ㉡ → ㉢ → ㉣
② ㉡ → ㉠ → ㉣ → ㉢
③ ㉡ → ㉣ → ㉠ → ㉢
④ ㉣ → ㉢ → ㉠ → ㉡

16 「보안업무규정」에 대한 설명으로 옳지 않은 것은?

① Ⅰ급비밀은 생산자의 허가를 받아 그 원형을 재현하는 행위를 할 수 있다.

② Ⅱ급비밀 및 Ⅲ급비밀은 그 생산자가 특정한 제한을 하지 아니한 것으로서 해당 등급의 비밀취급 인가를 받은 사람이 공용(共用)으로 사용하는 경우에는 원형을 재현하는 행위를 할 수 있다.

③ 전자적 방법으로 관리되는 비밀은 해당 비밀을 보관하기 위한 용도인 경우에는 원형을 재현하는 행위를 할 수 있다.

④ 비밀취급 인가를 받지 아니한 사람에게 Ⅰ급비밀을 열람하거나 취급하게 할 때의 보안조치에 관하여 소속 기관의 장은 생산자와 미리 협의하여야 한다.

17 『언론중재 및 피해구제 등에 관한 법률』에 관한 설명 중 가장 옳은 것은?

① '반론보도'란 언론의 보도 내용의 전부 또는 일부가 진실하지 아니한 경우 이를 진실에 부합되게 고쳐서 보도하는 것을 말한다.

② 사실적 주장에 관한 언론보도등으로 인하여 피해를 입은 자는 그 보도 내용에 관한 반론보도를 언론사등에 청구할 수 있고, 이러한 청구에는 언론사등의 고의·과실이나 위법성을 필요로 한다.

③ 조정기일의 출석요구를 받은 신청인이 3회에 걸쳐 출석하지 아니한 경우에는 조정신청 취하한 것으로 보며, 피신청 언론사등이 3회에 걸쳐 출석하지 아니한 경우에는 조정신청 취지에 따라 정정보도등을 이행하기로 합의한 것으로 본다.

④ 언론중재위원회는 40명 이상 90명 이내의 중재위원으로 구성하며, 위원장 1명과 2명 이내의 부위원장 및 2명 이내의 감사를 두는데, 위원장·부위원장·감사 및 중재위원의 임기는 각각 3년으로 하며, 한 차례만 연임할 수 있다.

18 경찰통제의 유형에 대한 설명 중 옳은 것은?

① 행정절차법, 국회에 의한 예산결산권은 사전통제에 해당한다.

② 국가인권위원회의 통제는 협의의 행정통제로서 외부통제에 해당한다.

③ 국가경찰위원회의 통제는 경찰의 주요정책 등에 관하여 심의·의결하는 권한을 가지고 있으므로 민주적 통제에 해당하고, 행정안전부 소속으로 외부적 통제에도 해당한다.

④ 행정예고제, 상급기관의 하급기관에 대한 감독권은 사전통제에 해당한다.

19 법령의 효력발생시기에 대한 설명으로 옳지 않은 것은?

① 법률은 특별한 규정이 없는 한 공포한 날부터 20일을 경과함으로써 효력을 발생한다.

② 대통령령, 총리령 및 부령은 특별한 규정이 없으면 공포한 날부터 30일이 경과함으로써 효력을 발생한다.

③ 국민의 권리 제한 또는 의무 부과와 직접 관련되는 법률, 대통령령, 총리령 및 부령은 긴급히 시행하여야 할 특별한 사유가 있는 경우를 제외하고는 공포일부터 적어도 30일이 경과한 날부터 시행되도록 하여야 한다.

④ 국회에서 의결된 법률안은 정부에 이송되어 15일 이내에 대통령이 공포한다.

20 「국가경찰과 자치경찰의 조직 및 운영에 관한 법률」상 시·도자치경찰위원회의 소관 사무에 대한 설명으로 옳지 않은 것은?

① 시·도경찰청장의 임용과 관련한 경찰청장과의 협의

② 자치경찰사무 감사 및 감사의뢰

③ 자치경찰사무 담당 공무원의 주요 비위사건에 대한 감찰 및 감찰요구

④ 국가경찰사무·자치경찰사무의 협력·조정과 관련하여 경찰청장과 협의

21 「국가경찰과 자치경찰의 조직 및 운영에 관한 법률」상 국가경찰위원회에 대한 설명으로 옳은 것은?

① 국가경찰위원회의 위원 중 2명은 법관의 자격이 있는 사람이 임명되도록 노력하여야 한다.

② 행정안전부장관 및 경찰청장이 중요하다고 인정하여 국가경찰위원회의 회의에 부친 사항은 국가경찰위원회의 심의·의결 사항이다.

③ 다른 국가기관으로부터의 업무협조 요청에 관한 모든 사항은 국가경찰위원회의 심의·의결을 거쳐야 한다.

④ 국가경찰위원회의 사무는 행정안전부에서 수행한다.

22 「경찰청과 그 소속기관 직제」 및 「경찰청과 그 소속기관 조직 및 정원관리 규칙」의 내용으로 바르지 못한 것은?

① 시·도경찰청장은 행정안전부령이 정하는 바에 따라 경찰청장의 승인을 받아 지구대·파출소 또는 출장소를 둘 수 있다.

② 지구대·파출소 및 출장소의 명칭·위치 및 관할구역은 시·도경찰청장이 정한다.

③ 지구대장은 경정 또는 경감, 파출소장은 경정·경감 또는 경위로 한다.

④ 시·도경찰청장이 지구대 또는 파출소를 폐지하거나 관할구역을 변경한 경우 경찰청장에게 보고하여야 한다.

23 「경찰공무원 임용령」에 관한 설명으로 옳지 않은 것은?

① 경찰공무원은 임용장이나 임용통지서에 적힌 날짜에 임용된 것으로 보며, 임용일자를 소급해서는 아니 된다. 사망으로 인한 면직은 사망한 다음 날에 면직된 것으로 본다.

② 종전의 재직기관에서 징계처분을 받은 사람은 경력경쟁채용 등의 대상이 될 수 없다. 다만, 감봉이나 견책의 징계처분을 받은 경우에는 그러하지 아니하다.

③ 경찰공무원법 제30조 제1항 제2호(계급정년)에 따라 정년퇴직한 사람

④ 임용권자 또는 임용제청권자는 채용후보자 명부에 등재된 채용후보자가 학업을 계속하는 경우 채용후보자 명부의 유효기간의 범위에서 기간을 정하여 임용 또는 임용제청을 유예할 수 있다. 다만, 유예기간 중이라도 그 사유가 소멸한 경우에는 임용 또는 임용제청을 할 수 있다.

24 다음 중 「경찰공무원법」상 당연퇴직 사유로 옳지 않은 것은 모두 몇 개인가?

㉠ 공무원으로 재직기간 중 직무와 관련하여 「형법」 제355조(횡령, 배임) 및 제356조(업무상의 횡령과 배임)에 규정된 죄를 범한 자로서 300만 원 이상의 벌금형을 선고받고 그 형이 확정된 후 2년이 지나지 아니한 사람

㉡ 「성폭력범죄의 처벌 등에 관한 특례법」 제2조에 규정된 죄를 범한 사람으로서 100만 원 이상의 벌금형을 선고받고 그 형이 확정된 후 3년이 지나지 아니한 사람

㉢ 미성년자에 대한 다음 각 목의 어느 하나에 해당하는 죄를 저질러 형 또는 치료감호가 확정된 사람(집행유예를 선고받은 후 그 집행유예기간이 경과한 사람을 제외한다)
　가. 「성폭력범죄의 처벌 등에 관한 특례법」 제2조에 따른 성폭력범죄
　나. 「아동·청소년의 성보호에 관한 법률」 제2조 제2호에 따른 아동·청소년대상 성범죄

㉣ 파산선고를 받고 복권되지 아니한 사람

① 1개　　　　　　② 2개
③ 3개　　　　　　④ 4개

25 「경찰공무원 승진임용 규정」상 승진소요 최저근무연수에 관한 설명 중 가장 옳지 않은 것은?

① 휴직 기간, 직위해제 기간, 징계처분 기간, 승진임용 제한기간은 승진소요 최저근무연수에 포함하지 않는 것이 원칙이지만 「공무원 재해보상법」에 따른 공무상 질병 또는 부상으로 인한 직권 휴직의 경우에 그 휴직 기간이 모두 포함된다.

② 「국가공무원법」상 육아 휴직(만 8세 이하 또는 초등학교 2학년 이하의 자녀 양육을 위한 휴직)의 경우 자녀 1명에 대하여 1년까지는 승진소요 최저근무연수에 전부 포함된다.

③ 통상적인 근무시간보다 짧은 시간을 근무하는 시간선택제전환 경찰공무원의 경우 해당계급에서 시간선택제전환 경찰공무원으로 근무한 1년 이하의 기간은 그 기간 전부가 포함되고, 1년을 넘는 기간은 근무시간에 비례한 기간이 포함된다

④ 강등되었던 사람이 강등되기 직전의 계급으로 승진한 경우 강등되기 직전의 계급에서 재직한 기간은 승진소요 최저근무기간에 포함되지 않는다.

26 경찰공무원의 권리와 의무에 대한 설명으로 옳은 것은?

① '정치관여 금지' 의무는 「국가공무원법」상의 신분상 의무이다.

② 경찰공무원의 거짓 보고 등의 금지, 지휘권 남용 등의 금지 의무는 「국가공무원법」상의 의무이다.

③ 「경찰공무원 복무규정」에 의하여 경찰공무원은 소속 경찰기관의 장의 허가를 받거나 그 명령에 의한 경우를 제외하고는 직무와 관계없는 장소에서 직무수행을 하여서는 아니된다.

④ 「공직자윤리법」은 총경(자치총경 포함) 이상의 경찰공무원을 재산등록의무자로 규정하고, 치안감 이상의 경찰공무원 및 특별시·광역시·특별자치시·도·특별자치도의 시·도경찰청장은 재산 공개 대상으로 규정하고 있다.

27 「경찰관 직무집행법」에 대한 내용으로 가장 옳지 않은 것은?

① 제3조(불심검문)에 의하여 임의동행을 요구받은 사람은 그 요구를 거절할 수 있으며 경찰관은 임의동행을 요구하는 상대방에게 동행을 거부할 수 있다는 것과 동행하는 경우에도 언제든지 자유롭게 동행 과정에서 이탈하거나 동행 장소에서 퇴거할 수 있다는 것을 알려야 한다.

② 경찰관은 위험 발생의 방지 등 조치를 하였을 때에는 지체 없이 그 사실을 소속 경찰관서의 장에게 보고하여야 한다.

③ 구호대상자를 경찰관서에서 보호하는 기간은 24시간을 초과할 수 없고, 물건을 경찰관서에 임시로 영치하는 기간은 10일을 초과할 수 없다.

④ 경찰청장은 경찰관이 제2조 각 호에 따른 직무의 수행으로 인하여 형사상 책임뿐만 아니라 민사상 책임과 관련된 소송을 수행할 경우에도 소송 수행에 필요한 지원을 할 수 있다.

28 「위해성 경찰장비의 사용기준 등에 관한 규정」의 내용으로 옳지 않은 것은?

제2조(위해성 경찰장비의 종류) 「경찰관 직무집행법」(이하 "법"이라 한다) 제10조 제1항 단서에 따른 사람의 생명이나 신체에 위해를 끼칠 수 있는 경찰장비(이하 "위해성 경찰장비"라 한다)의 종류는 다음 각 호와 같다.
1. 경찰장구 : 수갑·포승(捕繩)·호송용포승·경찰봉·호신용경봉· ㉠ 전자충격기 ·방패 및 전자방패· ㉡ 도검
2. 무기 : 권총·소총·기관총(기관단총을 포함한다. 이하 같다)·산탄총·유탄발사기·박격포·3인치포·함포·크레모아·수류탄·폭약류
3. 분사기·최루탄등 : 근접분사기·가스분사기· ㉢ 가스발사총(고무탄 발사겸용을 포함한다. 이하 같다) 및 최루탄(그 발사장치를 포함한다. 이하 같다)
4. 기타장비 : 가스차·살수차·특수진압차·물포·석궁· ㉣ 다목적발사기 및 도주차량차단장비

① ㉠   ② ㉡
③ ㉢   ④ ㉣

29 「경찰 물리력 행사의 기준과 방법에 관한 규칙」에 대한 설명으로 가장 옳지 않은 것은?

① 접촉통제는 '소극적 저항' 이상의 상태인 대상자에 대해 사용할 수 있는 물리력 수준으로서, 대상자가 통증을 느낄 수 있으나 신체적 부상을 당할 가능성은 낮은 물리력을 말한다.

② 저위험 물리력의 종류는 목을 압박하여 제압하거나 관절을 꺾는 방법, 팔·다리를 이용해 움직이지 못하도록 조르는 방법, 다리를 걸거나 들쳐 매는 등 균형을 무너뜨려 넘어뜨리는 방법 등이 있다.

③ 중위험 물리력은 '폭력적 공격' 이상의 상태의 대상자에 대해 사용할 수 있는 물리력 수준으로서, 대상자에게 신체적 부상을 입힐 수 있으나 생명·신체에 대한 중대한 위해 발생 가능성은 낮은 물리력을 말한다.

④ 중위험 물리력의 종류는 손바닥, 주먹, 발 등 신체부위를 이용한 가격, 경찰봉으로 중요부위가 아닌 신체부위를 찌르거나 가격, 방패로 강하게 압박하거나 세게 미는 행위, 전자충격기 사용 등이 있다.

30 「경찰관직무집행법 시행령」상 손실보상에 대한 설명으로 가장 옳지 않은 것은?

① 손실을 보상받으려는 사람은 보상금 지급 청구서에 손실내용과 손실금액을 증명할 수 있는 서류를 첨부하여 손실보상심의위원회가 설치된 경찰청, 시·도경찰청의 장에게 제출하여야 한다.

② 물건의 멸실·훼손으로 인한 손실 외의 재산상 손실에 대해서는 직무집행과 상당한 인과관계가 있는 범위에서 보상한다.

③ 보상금은 일시불로 지급하되, 예산 부족 등의 사유로 일시금으로 지급할 수 없는 특별한 사정이 있는 경우에는 청구인의 동의를 받아 분할하여 지급할 수 있다.

④ 손실보상심의위원회의 위원장은 위원 중에서 호선하며, 회의는 재적위원 과반수의 출석으로 개의(開議)하고, 출석위원 과반수의 찬성으로 의결한다.

31 행정입법에 대한 설명으로 가장 적절하지 않은 것은? (다툼이 있는 경우 판례에 의함)

① 법령의 위임을 받아 부령(시행규칙)으로 정한 제재적 행정처분기준은 성질과 내용이 행정청 내의 사무처리준칙을 규정한 것에 불과하여 행정규칙에 해당한다.

② 일반적으로 법률의 위임에 의하여 효력을 갖는 법규명령의 경우, 구법에 위임의 근거가 없어 무효였더라도 사후에 법 개정으로 위임의 근거가 부여되면 그때부터는 유효한 법규명령이 된다.

③ 조례에 대한 법률의 위임은 법규명령에 대한 법률의 위임과 같이 반드시 구체적으로 범위를 정하여야 할 필요가 없으며 포괄적인 것으로 족하다.

④ 행정관청 내부의 사무처리규정인 전결규정에 위반하여 원래의 전결권자 아닌 보조기관 등이 처분권자인 행정관청의 이름으로 행정처분을 한 경우에는 이를 그 처분이 권한 없는 자에 의하여 행하여진 무효의 처분이라고 할 수 있다.

32 공무원의 임용과 관련한 판례의 내용으로 옳지 않은 것은?

① 경찰공무원이 재직 중 자격정지 이상의 형의 선고유예를 받음으로써 임용결격사유에 해당하게 되면, 임용권자의 별도의 행위를 기다리지 아니하고 그 선고유예 판결의 확정일에 당연히 경찰공무원의 신분을 상실하게 되는 것이다.

② 경찰공무원이 재직 중 자격정지 이상의 형의 선고유예를 받음으로써 임용결격사유에 해당하여 경찰공무원의 신분을 상실하게 되더라도 나중에 선고유예기간이 경과하면 당연히 경찰공무원의 신분이 회복된다.

③ 공무원임용결격사유가 있는지의 여부는 채용후보자 명부에 등록한 때가 아닌 임용 당시에 시행되던 법률을 기준으로 하여 판단하여야 한다.

④ 임용당시 공무원임용결격사유가 있었다면 비록 국가의 과실에 의하여 임용결격자임을 밝혀내지 못하였다 하더라도 그 임용행위는 당연무효로 보아야 한다.

33 「행정조사기본법」상 행정조사에 대한 설명으로 옳지 않은 것은?

① 정기조사 또는 수시조사를 실시한 행정기관의 장은 동일한 사안에 대하여 동일한 조사대상자를 재조사하여서는 아니 된다. 다만, 당해 행정기관이 이미 조사를 받은 조사대상자에 대하여 위법행위가 의심되는 새로운 증거를 확보한 경우에는 그러하지 아니하다.

② 조사대상자가 조사대상 선정기준에 대한 열람을 신청한 경우에 행정기관은 그 열람이 당해 행정조사업무를 수행할 수 없을 정도로 조사활동에 지장을 초래한다는 이유로 열람을 거부할 수 있다.

③ 행정기관은 다른 법령 등에서 따로 행정조사를 규정하고 있는 경우에 한하여 행정조사를 실시할 수 있으며 「행정조사기본법」을 근거로 행정조사를 실시할 수 없는 것이 원칙이다.

④ 행정기관의 장은 당해 행정기관 내의 2 이상의 부서가 동일하거나 유사한 업무분야에 대하여 동일한 조사대상자에게 행정조사를 실시하는 경우에는 공동조사를 할 수 있다.

34 「112치안종합상황실 운영 및 신고처리 규칙」에 관한 내용 중 가장 옳은 것은?

① "112요원"이란 112순찰차, 형사기동대차, 교통순찰차, 고속도로순찰차, 지구대·파출소의 근무자 및 인접 경찰관서의 근무자 등을 말한다.

② 시·도경찰청·경찰서 지령자는 추가 사실을 확인하여 접수자가 분류한 112신고의 대응코드를 변경할 수 있다. 다만, 현장경찰관은 이를 변경할 수 없다.

③ 112요원은 사건이 해결된 경우라면 타 부서의 계속적 조치가 필요하더라도 별도의 인계없이 112 신고처리를 종결할 수 있다.

④ 112치안종합상황실 자료 중 접수처리 입력자료는 1년 간 보존하고, 무선지령내용 녹음자료는 24시간 녹음하고 3개월간 보존한다.

35 「아동·청소년의 성보호에 관한 법률」상 신분비공개수사 및 신분위장수사의 대상이 되지 않는 범죄는?

① 영업으로 아동·청소년의 성을 사는 행위를 하도록 유인·권유 또는 강요하는 행위

② 아동·청소년성착취물을 제작·수입·수출하는 행위

③ 19세 이상의 사람이 성적 착취를 목적으로 정보통신망을 통하여 성적 욕망이나 수치심 또는 혐오감을 유발할 수 있는 대화를 지속적 또는 반복적으로 하거나 아동·청소년의 성을 사는 행위를 위하여 아동·청소년을 유인·권유하는 행위

④ 카메라등 이용 촬영물을 반포·판매·임대·제공 또는 공공연하게 전시·상영하는 행위

36 「스토킹범죄의 처벌 등에 관한 법률」에 대한 설명으로 가장 적절한 것은?

① 사법경찰관은 긴급응급조치를 하였을 때에는 지체 없이 검사에게 잠정조치 청구를 신청하여야 한다.

② 긴급응급조치기간은 1개월을 초과할 수 없다. 다만, 스토킹행위가 지속적 또는 반복적으로 행하여질 우려가 있는 경우에는 검사에게 기간을 연장하여 줄 것을 신청할 수 있다.

③ 사법경찰관은 정당한 이유가 있다고 인정하는 경우에는 직권으로 또는 신청에 의하여 해당 긴급응급조치를 취소할 수 있고, 지방법원 판사의 승인을 받아 긴급응급조치의 종류를 변경할 수 있다.

④ 법원은 스토킹행위자를 국가경찰관서의 유치장에 유치하는 잠정조치 결정을 할 수는 없다.

37 「통신비밀보호법」의 내용으로 옳지 않은 것은?

① 범죄수사를 위한 통신사실확인자료를 요청하는 경우 실시간 추적자료와 특정 기지국에 대한 통신사실확인자료는 다른 방법으로는 범죄의 실행을 저지하기 어려운 경우 등 보충성의 요건이 필요하다.

② 범죄수사를 위한 통신제한조치의 기간은 2개월을 초과하지 못하고, 제5조 제1항의 허가요건이 존속하는 경우에는 2개월의 범위에서 연장할 수 있다.

③ 국가안보를 위한 통신제한조치의 기간은 4월을 초과하지 못하고, 그 요건이 존속하는 경우에는 4월의 범위 이내에서 연장할 수 있다.

④ 검사, 사법경찰관 또는 정보수사기관의 장은 긴급통신제한조치의 집행에 착수한 때부터 48시간 이내에 법원의 허가를 받지 못한 경우에는 해당 조치를 즉시 중지하고 해당 조치로 취득한 자료를 폐기하여야 한다.

38 「국민보호와 공공안전을 위한 테러방지법」에서 규정하는 내용 중 옳은 것은?

① "테러위험인물"이란 테러를 실행 계획·준비하거나 테러에 참가할 목적으로 국적국이 아닌 국가의 테러단체에 가입하거나 가입하기 위하여 이동 또는 이동을 시도하는 내국인·외국인을 말한다.

② 대테러활동에 관한 정책의 중요사항을 심의·의결하기 위하여 국가테러대책위원회를 두고 위원장은 국가정보원장으로 한다.

③ 관계기관의 장은 테러의 계획 또는 실행에 관한 사실을 관계기관에 신고하여 테러를 사전에 예방할 수 있게 하였거나, 테러에 가담 또는 지원한 사람을 신고하거나 체포한 사람에 대하여 대통령령으로 정하는 바에 따라 포상금을 지급하여야 한다.

④ 국가정보원장은 대테러활동에 필요한 정보나 자료를 수집하기 위하여 대테러조사 및 테러위험인물에 대한 추적을 할 수 있다. 이 경우 사전 또는 사후에 대책위원회 위원장에게 보고하여야 한다.

39 「도로교통법 시행규칙」, '별표 2'에서 규정하는 '차량신호등' 중, 원형등화의 신호의 종류와 그 신호의 뜻에 대한 설명으로 가장 적절하지 않은 것은?

① 녹색의 등화: 비보호좌회전표지 또는 비보호좌회전 표시가 있는 곳에서는 좌회전할 수 있다.

② 황색의 동화: 차마는 정지선이 있거나 횡단보도가 있을 때에는 그 직전이나 교차로의 직전에 정지하여야 하며, 이미 교차로에 차마의 일부라도 진입한 경우에는 신속히 교차로 밖으로 진행하여야 한다.

③ 적색의 등화: 차마는 우회전하려는 경우 정지선, 횡단보도 및 교차로의 직전에서 정지한 후 신호에 따라 진행하는 다른 차마의 교통을 방해하지 않고 우회전할 수 있다. 우회전 삼색등이 적색의 등화인 경우에도 같다.

④ 적색등화의 점멸: 차마는 정지선이나 횡단보도가 있을 때에는 그 직전이나 교차로의 직전에 일시정지한 후 다른 교통에 주의하면서 진행할 수 있다.

40 「집회 및 시위에 관한 법률」에 대한 설명으로 옳지 않은 것은?

① 옥외집회나 시위를 주최하려는 자는 신고서를 옥외집회나 시위를 시작하기 720시간 전부터 48시간 전에 관할 경찰서장에게 제출하여야 한다.

② 주최자는 신고한 옥외집회 또는 시위를 하지 아니하게 된 경우에는 신고서에 적힌 집회 일시 24시간 전에 그 철회사유 등을 적은 철회신고서를 관할경찰관서장에게 제출하여야 한다.

③ 관할경찰관서장은 신고서의 기재 사항에 미비한 점을 발견하면 접수증을 교부한 때부터 12시간 이내에 주최자에게 24시간을 기한으로 그 기재 사항을 보완할 것을 통고할 수 있다.

④ 집회 또는 시위의 주최자는 금지 통고를 받은 날부터 10일 이내에 해당 경찰관서의 장에게 이의를 신청할 수 있다.

01 경찰개념에 관한 설명 중 가장 옳은 것은?

① 14세기 독일에서 경찰권 이론이 등장하였는데, 군주는 개인간의 결투를 억제하기 위하여 공동체의 원만한 질서를 보호할 권리와 의무를 갖고 있으며 이를 위한 필수불가결한 조치를 경찰권에 근거하고 갖고 있다고 하였다.

② 1648년 독일은 베스트팔렌 조약을 계기로 사법이 국가의 특별 작용으로 인정되면서 경찰과 사법이 분리되었다.

③ 실질적 의미의 경찰은 국가의 일반통치권에 근거하여 국민에게 명령·강제하는 권력적 작용으로 독일의 전통적 경찰제도에서 정립된 실무상 개념이다.

④ 독일 프로이센 고등행정법원의 크로이쯔베르크 판결을 계기로 경찰의 권한은 소극적 위험방지 분야로 한정하게 되었으며, 비로소 이 취지의 규정을 둔 경죄처벌법전(죄와형벌법전)이 제정되었다.

02 위험에 대한 설명으로 옳지 않은 것은?

① 도로교통법 위반(음주운전)죄는 운전자가 혈중 알코올농도의 최저기준치를 초과한 주취상태에서 자동차 등을 운전한 경우에는 구체적으로 정상적인 운전이 곤란한지 여부와 상관없이 추상적으로 도로교통상의 위험이 발생한 것으로 본다.

② 특정범죄가중처벌 등에 관한 법률 위반(위험운전치사상)죄는 도로교통법 위반(음주운전)죄에 해당하는 상태에서 자동차를 운전하다가 사람을 상해 또는 사망에 이르게 한 행위를 처벌대상으로 하고 있다.

③ 대법원은 옥외집회 또는 시위로 인하여 타인의 법익이나 공공의 안녕질서에 대한 직접적이고 명백한 위험이 초래된 경우에 한해서만 해산을 명할 수 있다고 하였다.

④ 현대사회는 다양한 형태의 위험이 발생하고 있는데, 사회법치국가 아래에서 국가는 위험의 문제를 해결하기 위해 적극 개입하므로 경찰의 위험방지 활동영역이 확장되어 가고 있다.

03 「경찰 인권보호규칙」(경찰청 훈령)에 대한 설명으로 가장 옳지 않은 것은?

① 경찰청장은 국민의 인권보호와 증진을 위하여 경찰 인권정책 기본계획을 5년마다 수립해야 한다.

② '진정 내용이 사실이 아니거나 사실여부를 확인하는 것이 불가능한 경우'에 진정을 기각할 수 있다.

③ 참가인원, 내용, 동원 경력의 규모, 배치 장비 등을 고려하여 인권침해 가능성이 높다고 판단되는 집회 및 시위는 집회 및 시위 종료일로부터 30일 이전에 인권영향평가를 실시하여야 한다.

④ 인권보호담당관은 인권침해를 예방하고 제도를 개선하기 위해 반기 1회 이상 인권 관련 정책 이행 실태 등을 진단하여야 한다.

04 「경찰 인권보호 규칙」상 경찰청 및 시·도경찰청 인권위원회 위원에 대한 설명으로 옳지 않은 것은?

① 「공직선거법」에 따라 실시하는 선거에 의하여 취임한 공무원이거나 그 직에서 퇴직한 날부터 3년이 지나지 아니한 사람은 위원이 될 수 없다.

② 경찰의 직에 있거나 그 직에서 퇴직한 날부터 3년이 지나지 아니한 사람은 위원이 될 수 없다.

③ 「공직선거법」에 따른 선거사무관계자 및 「정당법」에 따른 정당의 당원이거나 당적을 이탈한 날부터 3년이 지나지 아니한 사람은 위원이 될 수 없다.

④ 위촉 위원이 특별한 사유 없이 연속으로 정기회의에 3회 불참 등 직무를 태만히 한 경우, 청장은 위원회의 의견을 들어 위원을 해촉할 수 있다.

05 경찰의 일탈 이론에 대한 설명으로 가장 옳은 것은?

① 클라이니히는 경찰윤리교육의 목적으로 압력과 유혹에 굴복하지 않고 소신과 직업의식에 따라 일을 처리하는 것을 도덕적 전문능력의 함양으로 보았다.

② 경찰이 되고자 하는 사람이 자기 또는 주변인의 경험이나 언론매체를 통하여 경찰에 대한 사회화를 미리하는 것을 재사회화라고 한다.

③ 구조원인가설에 따르면 부패는 침묵의 규범을 형성하거나 법규와 현실의 괴리로부터 발생할 수 있다고 한다.

④ 하이덴하이머는 적은 액수의 호의, 선물, 음료수 등을 공직자에게 주는 것을 백색부패로 분류하였다.

06 부정청탁 및 금품등 수수의 금지에 관한 법률 시행령」상 수수금지 금품등의 예외에 해당하는 가액범위에 대한 설명으로 옳지 아니한 것은?

① 축의금·조의금은 5만 원까지 가능하지만, 축의금·조의금을 대신하는 화환·조화는 10만 원까지 할 수 있다.

② 가액 범위에서 상품권을 선물할 수 있으므로, 5만 원이 기재된 백화점 상품권을 선물할 수 있다.

③ 상품권을 제공하는 경우 전자적 방법으로 기록된 온라인 또는 모바일 상품권의 형태로도 제공할 수 있다.

④ 추석 10일 전에 20만 원 상당의 과일 한 박스를 제공받을 수 있는 물품 상품권 1매를 선물할 수 있다.

07 「공직자의 이해충돌방지법」상 모든 공직자에게 적용되는 신고 의무 또는 제한이 아닌 것은?

① 민간 부문 업무활동 내역 제출 및 공개(제8조)

② 직무관련자와의 거래 신고(제9조)

③ 직무관련 외부 활동 제한(제10조)

④ 직무상 비밀 등 이용 금지(제14조)

08 「경찰청 공무원 행동강령」에 대한 설명으로 옳지 않은 것은?

① 공무원은 수사·단속의 대상이 되는 업소 중 경찰청장이 지정하는 유형의 업소 관계자와 부적절한 사적 접촉을 하여서는 아니 되며, 사적으로 접촉한 경우뿐만 아니라 공적으로 접촉한 경우에도 경찰청장이 정하는 방법에 따라 신고하여야 한다.

② 공무원은 수사 중인 사건의 관계자(해당 사건의 처리와 법률적·경제적 이해관계가 있는 자로서 경찰청장이 지정하는 자를 말한다)와 부적절한 사적접촉을 해서는 아니 되며, 소속 경찰관서 내에서만 접촉하여야 한다. 다만, 현장 조사 등 공무상 필요한 경우 외부에서 접촉할 수 있으며, 이 경우에는 수사서류 등 공문서에 기록하여야 한다.

③ 공무원이 지인의 개업식에 축전을 보낸 것은 직무의 범위를 벗어나 사적 이익을 위하여 소속기관의 명칭이나 직위를 공표·게시하는 등의 방법으로 이용한 것에 해당하지 아니한다.

④ 감독기관으로부터 부당한 요구를 받은 피감기관 소속 공직자는 그 이행을 거부해야 하며, 거부했음에도 불구하고 감독기관 소속 공무원으로부터 같은 요구를 다시 받은 때에는 그 사실을 감독기관의 행동강령책임관에게 알려야 한다.

09 범죄원인론에 대한 설명으로 가장 옳지 않은 것은?

① 범인성 소질은 부모로부터 자식에 전해지는 선천적인 유전물질과 후천적 발전요소(체질과 성격의 이상, 연령, 지능 등) 등에 의하여 형성된다.

② Matza & Sykes에 따르면, 빈민 지역에서 범죄발생률이 높은 것은 도시의 산업화·공업화 과정에서 지역사회의 제도나 규범 등이 극도로 해체되기 때문으로, 이 지역에서는 비행적 전통과 가치관이 사회통제를 약화시켜서 일탈이 야기되며 이러한 지역은 구성원이 바뀌더라도 비행발생률은 감소하지 않는다고 보았다.

③ '사회해체론'과 '아노미이론'은 범죄의 원인을 사회적 구조의 특성에서 찾는 사회적 수준의 범죄원인이론이다.

④ Cohen은 하류계층의 청소년들이 목표와 수단의 괴리로 인해 중류계층에 대한 저항으로 비행을 저지르며, 목표달성의 어려움을 극복하기 위해 자신들만의 하위문화를 만들게 되는데 범죄는 이러한 하위문화에 의해 저질러진다고 한다.

10 범죄 원인론 및 통제이론에 대한 설명으로 가장 옳지 않은 것은?

① Newman은 지역의 외관이 다른 지역과 고립되어 있지 않고, 보호되고 있으며, 주민의 적극적 행동의지를 보여주는 것을 방어공간 구성요소의 영역성 강화로 설명한다.

② Jeffery의 환경설계론(CPTED)에 의하면 '울타리·펜스의 설치'는 영역성 강화의 원리이다.

③ Cohen & Felson의 일상생활 이론은 범죄자의 입장에서 범행을 결정하는데 고려되는 4가지 요소로 가치, 이동의 용이성, 가시성, 접근성을 들고 있다.

④ Reckless는 좋은 자아관념은 주변의 범죄적 환경에도 불구하고 비행행위에 가담하지 않도록 하는 중요한 요소라고 한다.

11 한국 경찰사에 관한 다음 설명 중 옳지 않은 것은 모두 몇 개인가?

┌───┐
⊙ 1894년 경무청이 설치된 이후 각 관청에서 직접 위법자를 체포하여 구금할 수 있는 직수아문 제도가 신설되었다.
ⓛ 1900년 광무개혁 당시 경찰이 내부(內部) 소속에서 경부(警部) 체제로 승격되면서 관할은 전국으로 확장되었다.
ⓒ 김용원은 김구의 뒤를 이어 임시정부 제2대 경무국장을 역임하였다.
ⓔ 미군정기에 고등경찰제도가 폐지되었으며, 경찰에 정보업무를 담당하는 정보과와 경제사범단속을 위한 경제경찰이 신설되었다.
ⓜ 1946년 7월에 여자경찰 제도가 도입되어, 여자경찰관은 부녀자와 19세 미만의 청소년을 대상으로 하는 사건을 포함하여 주로 풍속, 소년, 여성보호 업무를 담당하였으며 서울에만 여자경찰서가 설치되었다.
└───┘

① 1개   ② 2개

③ 3개   ④ 4개

12 다음 영국경찰에 대한 설명으로 가장 옳지 않은 것은?

① 영국의 지방경찰은 기존의 3원 체제(지방경찰청장, 지방경찰위원회, 내무부장관)에서 4원 체제(지역치안위원장, 지역치안평의회, 지방경찰청장, 내무부장관)로 변경하면서 자치경찰의 성격을 강화하였다.

② 지역치안평의회의 의장은 지역치안의 대표자로서 선거로 선출된다.

③ 내무부장관은 지방경찰에 지원하는 50% 예산에 대한 감사권이 있다.

④ 지방경찰청장은 지역치안위원장이 수립한 치안계획에 따라 독립적으로 지방경찰청과 경찰서를 운용한다.

13 관료제의 병리현상 및 조직편성의 원리에 대한 설명으로 가장 옳은 것은?

① 피터의 원리는 관료조직의 인력과 예산 등은 업무량과 무관하게 늘어난다는 것이다.

② 상관의 권위에 의존하면서 소극적으로 일을 처리하려는 동조과잉이 나타난다.

③ 목표가 아닌 수단으로서의 규칙과 절차에 지나치게 집착하는 번문욕례(Red-Tape) 현상이 나타난다.

④ '계층제'는 권한과 책임의 정도에 따라 직무를 등급화함으로써 상·하계층 간 직무상 지휘·감독관계에 놓이게 하는 것을 말한다.

14 동기부여이론에 관한 설명으로 옳은 것은?

① McGregor의 Y이론에 따르면 인간은 근본적으로 부지런하고 창의적이며 자율적인 존재이기 때문에 이러한 의욕을 강화시키기 위해 금전적 보상과 포상제도를 강화하는 것이 필요하다.

② Maslow의 욕구계층이론은 충분한 휴식을 취하지 못하여 생리적 욕구가 강함에도 존경의 욕구 충족을 위하여 열심히 일하는 경우를 설명하기 어렵다는 비판이 있다.

③ Maslow의 욕구계층이론은 한 가지 이상의 욕구가 동시에 작용할 수 있으며, 상위 욕구가 좌절되면 하위 욕구로 내려갈 수 있는 좌절-퇴행 요소를 인정하고 있다.

④ 허즈버그(F. Herzberg)의 동기·위생 2요인론에 의하면 위생요인은 적성에 맞는 직무배정, 책임감, 성취감 등 존경과 자아실현 욕구 등이다.

15 계급제와 직위분류제를 비교한 것으로 가장 옳지 않은 것은?

① 직위분류제가 계급제보다 직업공무원제도의 정착에 유리하다.

② 계급제는 인사배치가 신축적이며 충원은 폐쇄형이지만, 직위분류제는 인사배치가 비신축적이며 충원은 개방형이다.

③ 계급제는 직위분류제에 비하여 계급(등급)의 수가 적다.

④ 보수제도는 직위분류제에서 보다 합리적인 기준을 제시한다.

16 예산 제도에 대한 설명 중 가장 옳지 않은 것은?

① 품목별 예산은 세부항목에 집중하여 의사결정을 위한 자료제시가 부족하지만, 성과주의 예산은 의사결정을 위한 충분한 자료가 제시된다.

② 성과주의 예산은 국민의 입장에서 이해하기 용이하지만 계획예산은 그렇지 못하다.

③ 영기준 예산은 자원배분에 관한 의사결정의 일관성과 합리성을 도모할 수 있다.

④ 자본예산은 정부예산을 경상지출과 자본지출로 구분하여 경상지출은 경상수입으로 충당시켜 균형을 이루도록 하고, 자본지출은 적자재정과 공채발행으로 수입에 충당케 하여 불균형 예산을 편성하는 제도이다.

17 「보안업무규정 시행 세부규칙」에서 제한구역에 해당하는 것은 모두 몇 개인가?

㉠ 정보통신실	㉡ 발간실
㉢ 정보보안기록실	㉣ 경찰청 및 시·도경찰청 항공대
㉤ 정보상황실	㉥ 종합조회처리실

① 2개   ② 3개

③ 4개   ④ 5개

18 「공공기관의 정보공개에 관한 법률」에 대한 설명으로 옳은 것은?

제11조(정보공개 여부의 결정) ① 공공기관은 제10조에 따라 정보공개의 청구를 받으면 ㉠ 그 청구를 받은 날의 다음 날부터 10일 이내에 공개 여부를 결정하여야 한다.
② 공공기관은 부득이한 사유로 제1항에 따른 기간 이내에 공개 여부를 결정할 수 없을 때에는 ㉡ 그 기간이 끝나는 날부터 기산(起算)하여 10일의 범위에서 공개 여부 결정기간을 연장할 수 있다. 이 경우 공공기관은 연장된 사실과 연장 사유를 ㉢ 청구인에게 지체 없이 문서로 통지하여야 한다.
③ 공공기관은 공개 청구된 공개 대상 정보의 전부 또는 일부가 제3자와 관련이 있다고 인정할 때에는 그 사실을 제3자에게 지체 없이 통지하여야 하며, 필요한 경우에는 그의 의견을 들을 수 있다.
제21조(제3자의 비공개 요청 등) ① 제11조 제3항에 따라 공개 청구된 사실을 통지받은 제3자는 ㉣ 그 통지를 받은 날부터 7일 이내에 해당 공공기관에 대하여 자신과 관련된 정보를 공개하지 아니할 것을 요청할 수 있다.

① ㉠   ② ㉡
③ ㉢   ④ ㉣

19 경찰법의 법원에 대한 설명으로 가장 옳은 것은?

① 집행명령은 권리의무에 관한 새로운 법규사항을 규정할 수 있다.
② 처벌규정을 위임하는 경우 형벌의 종류와 상한을 정하여 위임할 수 있으나, 구성요건에 대하여는 위임할 수 없다.
③ 법규명령의 형식(대통령령)을 취하고 있지만, 그 내용이 행정규칙의 실질을 가지는 경우 판례는 당해 규범을 행정규칙으로 보고 있다.
④ 법규명령은 법률우위의 원칙과 법률유보의 원칙이 적용되지만, 행정규칙은 법률우위의 원칙은 적용되지만 법률유보의 원칙은 적용되지 않는다.

20 「자치경찰사무와 시·도자치경찰위원회의 조직 및 운영 등에 관한 규정」상 수사관련 자치경찰 사무의 범위에 해당하는 것으로 옳은 것은?

① 「스토킹처벌법」상 스토킹 범죄
② 「형법」 제245조(공연음란)의 범죄 및 「성폭력범죄의 처벌 등에 관한 특례법」 제11조(공중 밀집 장소에서의 추행)의 범죄
③ 교통사고 및 교통 관련 범죄(고속도로에서 발생한 교통사고 포함)
④ 「실종아동등의 보호 및 지원에 관한 법률」 위반죄(정당한 사유 없이 실종아동등을 경찰관서의 장에게 신고하지 아니하고 보호한 자에 대한 수사 포함)

21 「국가경찰과 자치경찰의 조직 및 운영에 관한 법률」 및 「국가경찰위원회 규정(대통령령)」상 국가경찰위원회에 대한 설명으로 옳은 것은?

① 국가경찰위원회의 성격은 행정안전부장관의 자문기관이다.
② 행정안전부장관이 재의를 요구하는 경우에는 의결한 날부터 10일 이내에 재의요구서를 위원회에 제출하여야 한다.
③ 위원장은 재의요구를 받은 날부터 7일 이내에 회의를 소집하여 재의결하여야 한다. 이 경우 재적위원 과반수의 출석과 출석위원 3분의 2 이상의 찬성으로 전과 같은 의결을 하면 그 의결사항은 확정된다.
④ 국가경찰위원회의 사무는 행정안전부에서 수행한다.

22 「국가경찰과 자치경찰의 조직 및 운영에 관한 법률」상 자치경찰사무에 대한 설명으로 가장 적절하지 않은 것은?

① 국가는 지방자치단체가 이관받은 사무를 원활히 수행할 수 있도록 인력, 장비 등에 소요되는 비용에 대하여 재정적 지원을 하여야 한다.

② 자치경찰사무의 수행에 필요한 예산은 시·도자치경찰위원회의 심의·의결을 거쳐 시·도지사가 수립한다. 이 경우 시·도자치경찰위원회는 경찰청장의 의견을 들을 수 있다.

③ 시·도지사는 자치경찰사무 담당 공무원에게 조례에서 정하는 예산의 범위에서 재정적 지원 등을 할 수 있다.

④ 시·도의회는 관련 예산의 효율적인 관리를 위하여 의결로써 자치경찰사무에 대해 시·도자치경찰위원장의 출석 및 자료 제출을 요구할 수 있다.

23 「경찰공무원임용령」상 임용권에 대한 설명 중 가장 옳지 않은 것은?

① 경찰청장은 수사부서에서 총경을 보직하는 경우에는 국가수사본부장의 추천을 받아야 한다.

② 시·도자치경찰위원회는 임용권을 행사하는 경우에는 시·도경찰청장의 추천을 받아야 한다.

③ 소속기관등의 장은 경감 또는 경위를 신규채용하거나 승진시키려면 미리 경찰청장의 승인을 받아야 한다.

④ 시·도자치경찰위원회는 시·도지사와 시·도경찰청장의 의견을 들어 그 권한의 일부를 시·도청장에게 위임할 수 있다.

24 「경찰공무원 승진임용 규정」상 경찰공무원의 근무성적 평정에 대한 내용 중 옳지 않은 것은?

① 총경의 근무성적은 제2 평정 요소로만 평정한다.

② 근무성적 평정 시 제2 평정 요소들에 대한 평정은 수(20%), 우(40%), 양(30%), 가(10%)의 분포비율에 맞도록 하여야 한다. 다만 '가'에 해당하는 사람이 없는 경우에는 '가'의 비율을 '양'의 비율에 가산하여 적용한다.

③ 경찰서 수사과에서 고소·고발 등에 대한 조사업무를 직접 처리하는 경위 계급의 경찰공무원을 평정할 때에는 제2 평정 요소의 계급별 평정비율을 적용하지 아니할 수 있다

④ 정기평정 이후에 신규채용되거나 승진임용된 경찰공무원에 대해서는 6개월이 지난 후부터 근무성적을 평정하여야 한다.

25 「국가공무원법」상 직위해제에 대한 설명으로 가장 옳지 않은 것은?

① 직무수행 능력이 부족하거나 근무성적이 극히 나쁜 자는 직위를 부여하지 아니할 수 있다.

② 파면·해임·강등 또는 정직에 해당하는 징계 의결이 요구 중인 자는 직위를 부여하지 아니할 수 있다.

③ 형사 사건으로 기소된 자(약식명령이 청구된 자는 제외한다)는 직위를 부여하지 아니할 수 있다.

④ 금품비위, 성범죄 등 대통령령으로 정하는 비위행위로 인하여 수사기관에서 조사나 수사 중인 자로서 정상적인 업무수행을 기대하기 현저히 어려운 자로 직위해제된 경우는 3개월의 범위에서 대기를 명한다.

26 「경찰공무원 징계령」상 경찰공무원 징계에 대한 설명으로 가장 옳지 않은 것은?

① 각 징계위원회는 위원장 1명을 포함하여 11명 이상 51명 이하의 공무원위원과 민간위원으로 구성한다.

② 징계위원회의 회의는 위원장과 위원장이 회의마다 지정하는 4명 이상 6명 이하의 위원으로 성별을 고려하여 구성하되, 민간위원의 수는 위원장을 포함한 위원 수의 2분의 1 이상이어야 한다.

③ 징계위원회가 징계등 심의 대상자의 출석을 요구할 때에는 출석 통지서로 하되, 징계위원회 개최일 5일 전까지 그 징계등 심의 대상자에게 도달되도록 하여야 한다.

④ 징계등 의결 요구를 받은 징계위원회는 그 요구서를 받은 날부터 30일 이내에 징계등에 관한 의결을 하여야 한다. 다만, 부득이한 사유가 있을 때에는 해당 징계등 의결을 요구한 경찰기관의 장의 승인을 받아 30일 이내의 범위에서 그 기한을 연기할 수 있다.

27 경찰장비에 대한 설명이다 아래 ㉠부터 ㉢까지의 설명 중 옳고 그름의 표시(O, ×)가 바르게 된 것은?

㉠ 「경찰관 직무집행법」상 경찰관은 범인의 체포 또는 범인의 도주 방지, 불법집회·시위로 인한 자신이나 다른 사람의 생명·신체와 재산 및 공공시설 안전에 대한 현저한 위해의 발생 억제를 위하여 부득이한 경우에는 현장책임자가 판단하여 필요한 최소한의 범위에서 「총포·도검·화약류 등의 안전관리에 관한 법률」에 따른 분사기를 사용할 수 있다.

㉡ 「위해성 경찰장비의 사용기준 등에 관한 규정」상 경찰관은 범인의 체포 또는 도주방지, 타인 또는 경찰관의 생명·신체·재산에 대한 방호, 공무집행에 대한 항거의 억제를 위하여 필요한 때에는 최소한의 범위 안에서 가스발사총을 사용할 수 있다.

㉢ 「위해성 경찰장비의 사용기준 등에 관한 규정」상 경찰관은 불법집회·시위로 인하여 발생할 수 있는 타인 또는 경찰관의 생명·신체의 위해와 재산·공공시설의 위험을 방지하기 위하여 필요한 때에는 최소한의 범위안에서 전자충격기를 사용할 수 있다.

① ㉠ (O) ㉡ (O) ㉢ (O)

② ㉠ (O) ㉡ (×) ㉢ (O)

③ ㉠ (×) ㉡ (×) ㉢ (×)

④ ㉠ (O) ㉡ (×) ㉢ (×)

28 「경찰 물리력 행사의 기준과 방법에 관한 규칙」에 대한 설명으로 가장 옳지 않은 것은?

① 경찰관이 사람을 향해 전자충격기를 사용하는 경우에는 적정사거리(3~4.5m)에서 후면부(후두부 제외)나 전면부의 흉골 이하를 조준하여야 한다.

② 한 명의 대상자에게 동시에 두 대 이상의 전자충격기 전극침을 발사하거나 스턴 기능을 사용해서는 아니 된다.

③ 경찰관은 대상자의 움직임으로 수갑이 조여지거나 일부러 조이는 행위를 예방하기 위해 수갑의 이중 잠금장치를 사용하여서는 아니 된다.

④ 경찰관은 정당방위나 긴급피난의 요건이 충족되지 않는 한 대상자가 14세 미만이거나 임산부 또는 호흡기 질환을 가지고 있음을 인지한 경우(다만, 대상자의 저항 정도가 고위험 물리력을 사용할 수밖에 없는 상황은 제외한다)에는 분사기를 사용하여서는 아니 된다.

29 「경찰관 직무집행법」상 경찰관의 직무수행으로 인한 형의 감면(제11조의5)에 대한 설명으로 옳은 것은?

① 형법상 강도에 관한 죄에 있어서 타인의 생명·신체·재산에 대한 위해 발생의 우려가 명백하고 긴급한 상황이어야 한다.

② 「형법」 제32장 강간과 추행의 죄 중 강간에 관한 범죄는 감면의 대상이 되는 범죄이지만 추행에 관한 범죄는 해당하지 않는다.

③ 「스토킹범죄의 처벌 등에 관한 법률」에 의한 스토킹범죄는 감면의 대상이 되는 범죄이다.

④ 경찰관의 직무수행이 불가피한 것이고 필요한 최소한의 범위에서 이루어졌으며 해당 경찰관에게 고의 또는 중대한 과실이 없는 때에는 그 정상을 참작하여 형을 감경하거나 면제한다.

30 다음 중 대외적 구속력에 대한 설명으로 옳지 않은 것은? (다툼이 있을 경우 판례에 의함)

① 도로교통법시행규칙 제53조 제1항에 의한 운전면허 행정처분기준이 되는 [별표 16] 규정은 운전면허의 취소 및 운전면허효력정지 등의 처리기준과 방법 등의 세부사항을 규정한 것으로서 국민에 대한 대외적 구속력이 있다.

② 특정 고시가 비록 법령에 근거를 둔 것이더라도 규정 내용이 법령의 위임 범위를 벗어난 것일 경우에는 법규명령으로서의 대외적 구속력을 인정할 여지는 없다.

③ 상위법령에서 세부사항 등을 시행규칙으로 정하도록 위임하였음에도 이를 고시 등 행정규칙으로 정하였다면 그 역시 대외적 구속력을 가지는 법규명령으로서 효력이 인정될 수 없다.

④ 법령의 위임이 없음에도 법령에 규정된 처분 요건에 해당하는 사항을 부령에서 변경하여 규정한 경우에는 그 부령의 규정은 행정청 내부의 사무처리 기준 등을 정한 것으로서 행정조직 내에서 적용되는 행정명령의 성격을 지닐 뿐 국민에 대한 대외적 구속력은 없다고 보아야 한다.

31 행정법의 일반원칙에 대한 설명으로 옳지 않은 것은? (다툼이있는 경우 판례에 의함)

① 신뢰보호의 원칙이 적용되기 위한 요건인 행정권의 행사에 관하여 신뢰를 주는 선행조치가 되기 위해서는 반드시 처분청 자신의 적극적인 언동이 있어야만 하는 것은 아니다.

② 동일한 사항을 다르게 취급하는 것은 합리적 이유가 없는 차별이므로, 같은 정도의 비위를 저지른 자들은 비록 개전의 정이 있는지 여부에 차이가 있다고 하더라도 징계 종류의 선택과 양정에 있어 동일하게 취급 받아야 한다.

③ 국가가 국민의 생명·신체의 안전에 대한 보호의무를 다하지 않았는지 여부에 대한 심사는 '과소보호금지원칙'의 위반여부를 기준으로 삼는다.

④ 부진정소급입법은 원칙적으로 허용되지만 소급효를 요구하는 공익상의 사유와 신뢰보호의 요청사이의 형량과정에서 신뢰보호의 관점이 입법자의 형성권에 제한을 가하게 된다.

32 「국가배상법」 제2조에 따른 배상책임에 대한 설명으로 가장 옳지 않은 것은?

① 지방자치단체가 '교통할아버지 봉사활동 계획'을 수립한 후 관할 동장으로 하여금 '교통할아버지'를 선정된 노인이 위탁받은 업무 범위를 넘어 교차로 중앙에서 교통정리를 하다가 교통사고를 발생시킨 경우 지방자치단체는 배상책임을 부담한다.

② 「국가배상법」은 외국인이 피해자인 경우에는 해당 국가와 상호 보증이 있을 때에만 적용한다.

③ 공무원의 직무집행이 법령이 정한 요건과 절차에 따라 이루어진 것이라면 특별한 사정이 없는 한 이는 법령에 적합한 것이나, 그 과정에서 개인의 권리가 침해된 경우에는 법령 적합성이 곧바로 부정된다.

④ 「국가배상법」이 정한 손해배상청구의 요건인 '공무원의 직무'에는 국가나 지방자치단체의 권력적 작용뿐만 아니라 비권력적 작용도 포함되지만 단순한 사경제의 주체로서 하는 작용은 포함되지 않는다.

33 「행정심판법」상 위원회에 대한 설명으로 옳은 것은?

① 중앙행정심판위원회의 비상임위원은 일정한 요건을 갖춘 사람 중에서 중앙행정심판위원회 위원장의 제청으로 대통령이 성별을 고려하여 위촉한다.

② 중앙행정심판위원회의 회의는 위원장, 상임위원 및 위원장이 회의마다 지정하는 비상임위원을 포함하여 총 15명으로 구성한다.

③ 중앙행정심판위원회는 위원장 1명을 포함하여 70명 이내의 위원으로 구성하되, 위원 중 상임위원은 2명 이내로 한다.

④ 상임위원의 임기는 3년으로 하되, 1차에 한하여 연임할 수 있다.

34 「성폭력범죄의 처벌 등에 관한 특례법」에 대한 설명으로 가장 옳지 않은 것은? (다툼이 있는 경우 판례에 의함)

① 증거보전의 청구와 관련하여 피해자가 19세미만피해자등인 경우에는 공판기일에 출석하여 증언하는 것에 현저히 곤란한 사정이 있는 것으로 본다.

② 사법경찰관은 19세미만피해자등의 진술 내용과 조사 과정을 영상녹화장치로 녹화하고, 그 영상녹화물을 보존할 수 있다.

③ 등록대상 성범죄로 유죄판결이나 공개명령이 확정된 자 뿐만 아니라 약식명령이 확정된 자도 신상정보 등록대상자가 된다.

④ 등록대상자는 판결이 확정된 날부터 30일 이내에 "기본신상정보"를 자신의 주소지를 관할하는 경찰관서의 장에게 제출하여야 한다.

35 「가정폭력범죄의 처벌 등에 관한 특례법」에 대한 설명 중 가장 적절한 것은?

① "가정 구성원"에 자기 또는 배우자와 직계존비속관계(사실상의 양친자관계는 제외한다)에 있거나 있었던 사람이 해당한다.

② "가정폭력행위자"는 가정폭력범죄를 범한 사람만을 의미하고 가정 구성원인 공범은 포함되지 않는다.

③ "피해자"란 가정폭력범죄로 인하여 직접적으로 피해를 입은 사람을 말하며 간접적으로 피해를 입은 사람은 해당하지 아니한다.

④ "가정폭력"이란 가정 구성원 사이의 신체적, 정신적 피해를 수반하는 행위를 말하며, 재산상 피해를 수반하는 행위는 "가정폭력"에 해당하지 않는다.

36 「가정폭력범죄의 처벌 등에 관한 특례법」, 「아동학대범죄의 처벌 등에 관한 특례법」, 「스토킹범죄의 처벌 등에 관한 법률」에 대한 설명으로 옳지 않은 것은?

① 가정폭력범죄에 대하여는 「가정폭력범죄의 처벌 등에 관한 특례법」을 우선 적용한다. 다만, 아동학대범죄에 대하여는 「아동학대범죄의 처벌 등에 관한 특례법」을 우선 적용한다.

② 스토킹범죄 사건에서 사법경찰관이 긴급응급조치를 한 때에는 지체 없이 검사에게 잠정조치를 청구하여 줄 것을 신청해야 한다.

③ 가정폭력범죄 또는 아동학대범죄 사건에서 사법경찰관이 긴급 임시조치를 한 경우에는 반드시 임시조치를 신청하여야 한다.

④ 사법경찰관은 가정폭력범죄와 아동학대범죄를 수사한 경우 범죄 혐의가 인정되지 않더라도 모든 사건을 검사에 송치하여야 하지만, 스토킹범죄의 경우 범죄 혐의가 인정되지 아니하면 불송치 할 수 있다.

37 「도로교통법」 제26조(교통정리가 없는 교차로에서의 양보운전)에 관한 설명으로 가장 적절하지 않은 것은?

① 교통정리를 하고 있지 아니하는 교차로에 들어가려고 하는 차의 운전자는 이미 교차로에 들어가 있는 다른 차가 있을 때에는 그 차에 진로를 양보하여야 한다.

② 교통정리를 하고 있지 아니하는 교차로에 들어가려고 하는 차의 운전자는 그 차가 통행하고 있는 도로의 폭보다 교차하는 도로의 폭이 넓은 경우에는 서행하여야 하며, 폭이 넓은 도로로부터 교차로에 들어가려고 하는 다른 차가 있을 때에는 그 차에 진로를 양보하여야 한다.

③ 교통정리를 하고 있지 아니하는 교차로에 동시에 들어가려고 하는 차의 운전자는 우측도로의 차에 진로를 양보하여야 한다.

④ 교통정리를 하고 있지 아니하는 교차로에서 우회전하려고 하는 차의 운전자는 그 교차로에서 직진하거나 좌회전하려는 다른 차가 있을 때에는 그 차에 진로를 양보하여야 한다.

38 다음 판례의 내용으로 옳지 않은 것은?

① 1인은 피켓을 들고 다른 2~4인은 별도로 구호를 외치거나 전단을 배포하는 행위 없이 그 옆에 서 있는 방법으로 돌아가면서 시위를 하였다면 「집회 및 시위에 관한 법률」이 적용되는 집회·시위로 볼 수 없다.

② 신고한 행진 경로를 행진하면서 하위 1개 차로에서 2회에 걸쳐 약 15분 동안 연좌한 경우는 신고한 범위를 뚜렷이 벗어나는 경우에 해당하지 아니한다.

③ 집회신고를 하지 아니하고 타워크레인을 무단으로 점거한 후 부당해고 철회 등을 요구한 경우 미신고 옥외집회에 해당한다.

④ 근로자들이 외부인의 출입이 차단된 회사 구내 옥외 주차장에서 업무시간을 피하여 약 40분씩 5회에 걸쳐 집회를 개최한 경우 미신고 옥외집회 개최로 처벌하기 곤란하다.

39 「보안관찰법」에 대한 설명으로 옳지 않은 것은? (다툼이 있으면 판례에 의함)

① 보안관찰처분은 보안관찰처분대상자가 이미 실행한 행위에 대하여 책임을 묻는 제재조치가 아니라 장래에 보안관찰해당범죄를 저지를 위험성을 미리 예방하기 위한 행정작용이다.

② 보안관찰처분대상자의 출소 후 출소사실 신고(제6조①) 및 변동신고(제6조②) 의무는 지나치게 장기간 형사처벌의 부담이 있는 신고의무를 지도록 하므로, 이는 과잉금지원칙을 위반하여 헌법에 합치되지 아니한다.

③ 피보안관찰자는 보안관찰처분결정고지를 받은 날이 속한 달부터 매3월이 되는 달의 말일까지 신고 사항을 지구대·파출소장을 거쳐 관할경찰서장에게 신고하여야 한다.

④ 피보안관찰자가 주거지를 이전하거나 국외여행 또는 10일 이상 주거를 이탈하여 여행하고자 할 때에는 미리 거주예정지, 여행예정지 기타 대통령령이 정하는 사항을 지구대·파출소장을 거쳐 관할경찰서장에게 신고하여야 한다.

40 「외교관계에 관한 비엔나 협약」 및 「영사관계에 관한 비엔나 협약」에 대한 설명으로 옳지 않은 것은?

① 외교행낭을 구성하는 포장물은 그 특성을 외부에서 식별할 수 있는 표지를 달아야 하며, 공용(公用) 목적의 문서나 물품만을 넣을 수 있다.

② 외교 신서사는 신체의 불가침을 향유하며 어떠한 형태의 체포나 구금도 당하지 아니한다.

③ 영사관원은 파견국의 국민과 자유로이 통신하거나 접촉할 수 있다.

④ 파견국의 국민이 체포되거나 구금, 기타의 방법으로 구속되는 경우에는 그 국민의 의사에 불구하고 접수국의 당국은 지체 없이 그 사실을 파견국의 영사관원에게 통보하여야 한다.

01 프랑스 경찰개념의 발달과정에 대한 설명으로 가장 옳은 것은?

① 11세기경 프랑스에서는 '경찰권 이론'이 등장하였는데, 이 이론에 따르면 군주는 개인 간의 결투와 같은 자구행위를 억제하기 위하여 공동체의 원만한 질서를 보호할 권리와 의무를 갖고 있으며, 이를 위한 필수불가결한 조치를 경찰권에 근거하여 갖고 있다고 보았다.

② 14세기경 프랑스에서는 법원과 경찰기능을 가진 프레보(Prévôt)가 파리에 도입되었고, 프레보는 왕이 임명하였다.

③ 14세기 프랑스 경찰권 개념은 라 폴리스(La Police)라는 단어에 의해 대표 되었는데, 이 단어의 뜻은 초기에는 '공동체의 질서 있는 상태'를 의미했다가 나중에는 '국가목적 또는 국가작용'을 의미하였다.

④ 14세기 이후 파리시의 치안을 위한 '경찰대'가 창설되었으며, 이는 '파리시의 질서를 바로잡아 시민들을 문명인으로 만드는 조직체'라는 뜻으로 사용되었다.

02 경찰의 개념과 구분에 대한 설명 중 옳은 것은 모두 몇 개인가?

> ㉠ 대륙법계 국가에서는 '경찰은 무엇인가'라는 문제보다 '경찰은 무엇을 하는가' 또는 '경찰활동이란 무엇인가'라는 문제를 중심으로 경찰개념이 논의되었다.
> ㉡ 대륙법계 국가의 경찰개념 형성과정은 경찰의 임무범위를 확대하는 과정이었으며 경찰과 시민을 대립하는 구도로 파악하였다.
> ㉢ 형식적 의미의 경찰작용은 실정법상 보통경찰기관에 분배된 사무를 말하며, 이에 따른 경찰활동의 범위는 나라마다 차이가 있을 수 있다.
> ㉣ 삼권분립 사상에 투철했던 프랑스에서 확립된 개념으로서 경찰의 목적·임무를 기준으로 협의의 행정경찰과 사법경찰로 구분하였다.
> ㉤ 경찰의 관할 중 인적관할은 협의의 경찰권이 발동될 수 있는 범위를 의미한다.

① 1개 ② 2개
③ 3개 ④ 4개

03 경찰의 임무와 관할에 대한 설명으로 옳은 것은?

① 외관적 위험의 경우 위험의 외관 또는 혐의가 정당화되지 않음에도 경찰이 위험의 존재를 잘못 추정한 경우로서 경찰관 개인에게 민·형사상 책임을 물을 수 있다.

② '위험'은 보호받는 개인 및 공동의 법익에 관한 정상적 상태의 객관적 감소를 뜻한다.

③ 경찰관은 중대한 범죄를 범하고 도주하는 현행범인을 추적하는 경우에는 미군 시설 내에서도 체포를 할 수 있다.

④ 「법원조직법」상 법원장은 법정에서의 질서유지를 위해 필요하다고 인정할 때에는 개정 전후를 불문하고 관할 시·도청장에게 경찰공무원의 파견을 요구할 수 있으며, 파견된 경찰공무원은 법정 내외의 질서유지에 관하여 법원장의 지휘를 받는다.

04 「경찰 인권보호규칙」(경찰청 훈령)에 대한 설명으로 가장 옳지 않은 것은?

① 경찰청장은 인권침해를 예방하고, 인권친화적인 치안행정이 구현되도록 제·개정하려는 법령 및 행정규칙 등에 대하여 인권영향평가를 실시하여야 한다.

② 제·개정하려는 법령 및 행정규칙의 내용이 경미하거나 사전에 청문, 공청회 등 의견 청취 절차를 거친 정책 및 계획은 인권영향평가 대상에서 제외한다.

③ 경찰청장은 인권영향평가를 실시하는 경우에 경찰청 인권위원회에 자문할 수 있으며, 경찰청 인권위원회가 제시한 의견을 존중하여야 한다.

④ 인권보호담당관은 반기 1회 이상 인권영향평가의 이행 여부를 점검하고, 이를 경찰청장에게 제출하여야 한다.

05 다음 중 17~18세기 영국과 프랑스에서 전개된 사회계약설에 대한 설명으로 옳지 않은 것은?

① 홉스는 자연상태를 만인의 만인에 대한 투쟁이라 생각하고 사람들이 자연권을 지배자에게 전면적으로 양도함으로써 평화적인 상태로 들어갈 수 있다고 주장하며 17세기 절대왕정제 이론을 성립시켰다.

② 로크는 자연권의 일부를 국가에 위탁하면서 정부가 사회계약을 위반하면 저항권을 사용할 수 있다고 보았으며, 영국의 명예혁명을 지지하였다.

③ 루소는 자연상태에서 자연법이 존재하여 개인은 자기보호의 권리를 갖지만 안전이 결여되어 있기 때문에 안전에 대한 보장을 정부에 위임한다고 보았다.

④ 루소는 인민의 일반의지에 반하는 정부에 대한 저항권을 인정하고 있으며, 루소의 사회계약설은 프랑스혁명의 사상적 무기가 되었다.

06 「부정청탁 및 금품등 수수의 금지에 관한 법률」에 대한 설명으로 가장 옳지 않은 것은?

① 공직자등은 직무 관련 여부 및 기부·후원·증여 등 그 명목에 관계없이 동일인으로부터 1회에 100만 원 또는 매 회계연도에 300만 원을 초과하는 금품등을 받거나 요구 또는 약속한 경우 3년 이하의 징역 또는 3천만 원 이하의 벌금에 처한다.

② 부정청탁을 받고 그에 따라 직무를 수행한 공직자등은 2년 이하의 징역 또는 2천만 원 이하의 벌금에 처한다.

③ 공직자등이 제3자를 위하여 다른 공직자등에게 수사에 관한 업무를 법령을 위반하여 처리하도록 부정청탁한 경우 3천만 원 이하의 과태료를 부과한다.

④ 제3자를 거치지 않고 본인이 자신의 일에 대하여 직접 공직자등에게 부정청탁을 한 경우 1천만 원 이하의 과태료를 부과한다.

07 「공직자의 이해충돌방지법」에 관한 내용 중 옳은 것은?

① "공공기관"에는 「사립학교법」에 따른 학교법인과 언론사가 포함된다.

② "고위공직자"에는 치안감 이상의 경찰공무원 및 특별시·광역시·특별자치시·도·특별자치도의 시·도경찰청장이 해당된다.

③ 부동산을 직접 또는 간접으로 취급하는 대통령령으로 정한 공공기관의 공직자가 소속 공공기관의 업무와 관련된 부동산을 보유하고 있거나 매수하는 경우 소속기관장에게 그 사실을 구두 또는 서면으로 신고하여야 한다.

④ 사건의 수사에 관한 직무를 수행하는 공직자는 직무관련자(직무관련자의 대리인을 제외한다)가 사적이해관계자임을 안 경우 안 날부터 14일 이내에 소속기관장에게 그 사실을 서면(전자문서를 포함한다)으로 신고하고 회피를 신청하여야 한다.

08 범죄원인 및 범죄통제 이론에 대한 설명으로 옳은 것은?

① Reckless의 견제이론은 나쁜 것을 견제하는 좋은 자아관념의 결여로 범죄가 발생한다고 본다.

② 사회학습이론 중 Burgess & Akers의 차별적 강화이론에 의하며 청소년들이 영화의 주인공을 모방하고 자신과 동일시하면서 범죄를 학습한다고 한다.

③ Clarke & Cornish의 일상생활 이론은 범죄자의 입장에서 범행을 결정하는데 고려되는 4가지 요소로 가치, 이동의 용이성, 가시성, 접근성을 들고 있다.

④ Hirschi는 범죄의 원인은 사회적인 유대가 약화되어 통제되지 않기 때문이라고 보고, 비행을 통제할 수 있는 사회적 통제의 결속을 애착, 전념, 기회, 참여라고 하였다.

09 「범죄피해자 보호법」에 관한 설명 중 가장 적절하지 않은 것은?

① "범죄피해자"란 타인의 범죄행위로 피해를 당한 사람과 그 배우자(사실상의 혼인관계를 포함한다), 직계친족 및 형제자매를 말한다.

② 구조금 지급에 관한 사항을 심의·결정하기 위하여 각 경찰서에 범죄피해구조심의회를 두고 경찰청에 범죄피해구조본부심의회를 둔다.

③ 국가는 구조피해자나 유족이 해당 구조대상 범죄피해를 원인으로 하여 손해배상을 받았으면 그 범위에서 구조금을 지급하지 아니한다.

④ 이 법은 외국인이 구조피해자이거나 유족인 경우에는 해당 국가의 상호보증이 있는 경우에만 적용한다.

10 지역사회 경찰활동 중 문제지향 경찰활동에 대한 설명으로 옳지 않은 것은?

① 1979년 미국 경찰학자 에크와 스펠만(Eck & Spelman)이 제안하여 1987년 골드스타인(Herman Goldstein)에 의한 'SARA' 모델로 구체화되었다.

② 조사 단계에서 드물게 발생하는 강력사건보다 지속·반복적으로 발생하고 있는 문제를 조사한다. 지역주민들과 대화를 통하거나 자주 신고가 접수되는 사건들을 중심으로 지역문제를 파악한다.

③ 분석 단계에서 경찰관들은 범죄자 기록, 과거 범죄보고서 등을 검토하고 다양한 공적·사적 조직들로부터 정보를 수집·분석한다.

④ 문제 해결 과정 중에서 가장 중요한 단계는 분석 단계이다.

11 정부수립 이후의 경찰에 대한 설명으로 옳지 않은 것은 모두 몇 개인가?

㉠ 문형순 성산포경찰서장은 예비검속된 보도연맹원에 대한 총살 명령이 내려오자 "내가 죽더라도 방면하겠으니 국가를 위해 충성을 다해 달라"고 하며 이들을 방면하였다.

㉡ 권영도는 1950.6.25. 양구경찰서 내평지서장으로서 불과 10여 명의 인력으로 북한군 1만 명의 진격을 1시간 이상 지연시켜 6·25 전쟁의 최초 승전인 춘천지구 전투 승리의 결정적 역할을 하였다.

㉢ 김학재 경사는 부천남부 형사로서 1998.5. 강도강간 신고출동 현장에서 피의자의 칼에 찔린 상태에서도 끝까지 격투를 벌여 범인 검거 후 순직하였다.

㉣ 이준규는 5·18 당시 목포경찰서장으로 재임하면서 안병하 전남경찰국장의 방침에 따라 경찰 총기 대부분을 군부대 등으로 이동시키는 등 시민과의 유혈충돌을 피하도록 조치하였다.

㉤ 문형순 경감, 안맥결 총경, 최천 경무관은 독립군 출신의 경찰이었다.

---

① 1개   ② 2개

③ 3개   ④ 4개

12 미국 경찰에 대한 설명으로 가장 옳지 않은 것은?

① 연방보안관(U.S. Marshals)은 미국 최초의 연방법집행기구로서 법정 관리, 연방법 위반 수배자 검거, 연방 재소자 호송, 증인보호 프로그램 운영 등을 담당한다.

② 경호업무만 전담하는 경호실은 특정 부처에 속하지 않는 독립된 형태로 운영되고 있다.

③ 연방범죄수사국(FBI)은 다른 기관에서 관할하지 않는 연방법 위반 범죄를 수사하는 연방의 일반법집행기관으로 볼 수 있다.

④ 알콜·담배·총기·폭발물국은 법무부 소속 연방법집행기구이다.

13 경찰조직편성의 원리에 대한 설명 중 가장 옳은 것은?

① 계층제의 원리는 구성원의 임무를 책임과 난이도에 따라 상하로 나누어 배치하여 조직의 일체감, 통일성을 유지하므로 조직의 환경변화에 신축적으로 대응하기 용이하다.

② 통솔범위의 원리에 의하면 통솔범위는 부하직원의 능력이 높을수록, 신설부서일수록, 근접한 부서일수록, 계층의 수가 적을수록 넓어진다.

③ 갈등의 장기적 대응을 위해서 조직의 구조, 보상체계, 인사 등의 제도개선과 조직원의 행태를 합리적으로 개선하는 방안이 있다.

④ 베버(Weber)는 조정의 원리를 제1의 원리라고 하였다.

14 엽관주의와 실적주의의 발달과정에 대한 설명으로 가장 옳은 것은?

① 미국의 잭슨 대통령의 정치철학은 실적주의를 발달시켰다.

② 미국의 펜들턴법 제정으로 엽관주의 공직임용 체제가 확립되었다.

③ 엽관주의는 공직침체를 방지하고 공직에의 기회균등을 실현시킨다는 장점이 있다.

④ 위인설관 또는 파킨슨의 법칙과 연관되는 제도가 엽관주의이다.

15 다음은 경찰예산의 집행과 결산 과정을 순서 없이 나열한 것이다. 순서를 가장 바르게 나열한 것은?

㉠ 기획재정부장관은 예산집행의 효율성을 높이기 위하여 매년 예산집행에 관한 지침을 작성하여 각 중앙관서의 장에게 통보하여야 한다.

㉡ 경찰청장은 「국가회계법」에서 정하는 바에 따라 회계연도마다 작성한 결산보고서("중앙관서결산보고서")를 다음 연도 2월 말일까지 기획재정부장관에게 제출하여야 한다.

㉢ 기획재정부장관은 대통령의 승인을 받은 국가결산보고서를 감사원에 제출하여야 한다.

㉣ 경찰청장은 예산배정요구서를 기획재정부장관에게 제출하여야 한다. (기획재정부장관은 분기별예산배정계획을 대통령 승인을 얻어 배정하며, 그 내용을 감사원에 통지한다.)

① ㉣-㉠-㉡-㉢   ② ㉣-㉠-㉢-㉡
③ ㉠-㉣-㉡-㉢   ④ ㉠-㉣-㉢-㉡

16 「경찰장비관리규칙」상 차량관리에 대한 설명으로 옳은 것은?

① 차량은 용도별로 전용·지휘용·행정용·순찰용·특수구난용 차량으로 구분한다.

② 부속기관 및 시·도경찰청은 소속기관 차량 중 다음 년도 교체대상 차량을 매년 11월 말까지 경찰청장에게 보고하여야 한다.

③ 차량교체를 위한 불용 대상차량은 주행거리와 차량의 노후상태를 최우선적으로 고려하여 선정하여야 하고, 주행거리가 동일한 경우에는 차량사용기간, 사용부서 등을 추가로 검토한다.

④ 차량운행 시 책임자는 1차 선임탑승자, 2차 운전자(사용자), 3차 경찰기관의 장으로 한다.

17 『언론중재 및 피해구제 등에 관한 법률』에 대한 설명으로 옳지 않은 것은? (다툼이 있을 경우 판례에 의함)

① 사실적 주장 또는 의견표명에 관한 언론보도가 진실하지 아니함으로 피해를 입은 경우 해당 언론보도가 있음을 안 날부터 3개월 이내에 해당 언론사 대표에게 서면으로 그 언론보도 내용에 관한 정정보도를 청구할 수 있다.

② 피해자가 구하는 정정보도의 내용에 관하여 원보도를 방송한 당해 언론매체를 통하여 이미 원보도와 같은 비중으로 이미 충분한 정정보도가 이루어진 경우는 정정보도청구권의 행사에 정당한 이익이 없는 경우에 해당한다.

③ 반론보도청구권은 언론보도 내용의 진실 여부에 관계없이 행사할 수 있다.

④ 추후보도청구권은 언론등에 의하여 범죄혐의가 있거나 형사상의 조치를 받았다고 보도 또는 공표된 자가 그에 대한 형사절차가 불기소처분(무혐의)으로 종결되었을 때에도 추후보도의 게재를 청구할 수 있다.

18 『경찰청 적극행정 면책제도 운영규정(경찰청 훈령)』에 대한 설명으로 가장 적절하지 않은 것은?

① "면책"이란 적극행정 과정에서 발생한 부분적인 절차상 하자 또는 비효율, 손실 등과 관련하여 그 업무를 처리한 경찰청 소속 공무원 등에 대하여 「경찰청 감사규칙」 제10조 제1호부터 제3호까지 및 제6호와 「경찰공무원 징계령」에 따른 징계 및 징계부가금의 어느 하나에 해당하는 책임을 묻지 않거나 감면하는 것을 말한다.

② "사전컨설팅 감사"란 불합리한 제도 등으로 인해 적극적인 업무 수행이 어려운 경우, 해당 업무의 수행에 앞서 업무 처리 방향 등에 대하여 미리 감사의견을 듣고 이를 업무처리에 반영하여 적극행정을 추진하는 것을 말한다.

③ 행정심판, 소송, 수사 또는 타 기관에서 감사 중인 사항, 타 법령에서 정하고 있는 재심의 절차를 거친 사항 등은 업무를 수행하기 전에 감사관에게 사전컨설팅 감사를 신청할 수 있다.

④ 사전컨설팅 감사는 서면감사를 원칙으로 하되, 현지 확인 등 실지감사를 함께 할 수 있다.

19 자기구속의 원칙에 관한 판례의 설명으로 옳지 않은 것은?

① 행정규칙이라도 재량권행사의 준칙으로서 되풀이 시행되어 행정관행을 이루게 되면, 행정기관은 평등의 원칙이나 신뢰보호의 원칙에 따라 상대방에 대한 관계에서 그 규칙에 따라야 할 자기구속을 당하게 된다.

② 자기구속의 원칙을 위반한 처분은 그 자체로 위법하게 되는 것이 아니라 평등의 원칙이나 신뢰보호의 원칙에 위배되어 재량권을 일탈·남용한 위법한 처분이 된다.

③ 행정규칙에 따른 종래의 행정관행이 위법한 경우에는 자기구속의 원칙이 적용되지 않는다.

④ 재량권 행사의 준칙인 행정규칙이 있으면 그에 따른 관행이 없더라도 평등의 원칙에 따라 행정기관은 상대방에 대한 관계에서 그 규칙에 따라야 할 자기구속을 받게 된다.

20 『국가경찰과 자치경찰의 조직 및 운영에 관한 법률』상 자치경찰사무에 해당하지 않는 것은?

① 수사사무 중 형법 제245조에 따른 공연음란 범죄

② 수사사무 중 가정폭력 및 아동학대 범죄

③ 지역 내 주민의 생활안전 활동에 관한 사무

④ 지역 내 집회·시위 관련 교통 및 안전 관리

21 「국가경찰과 자치경찰의 조직 및 운영에 관한 법률」상 경찰청장 및 시·도경찰청장의 지휘에 대한 설명으로 가장 옳은 것은?

① 경찰청장은 경찰의 수사에 관한 사무의 경우에는 개별 사건의 수사에 대하여 구체적으로 지휘·감독할 수 없다. 다만, 국민의 생명·신체·재산 또는 공공의 안전 등에 중대한 위험을 초래하는 긴급하고 중요한 사건의 수사에 있어서 경찰의 자원을 대규모로 동원하는 등 통합적으로 현장 대응할 필요가 있다고 판단할 만한 상당한 이유가 있는 때에는 직접 개별 사건의 수사에 대하여 구체적으로 지휘·감독할 수 있다.

② 경찰청장이 개별 사건의 수사에 대한 구체적 지휘·감독을 개시하기 전에 국가경찰위원회에 보고하여야 한다.

③ 시·도경찰청장은 자치경찰사무에 대해서는 시·도자치경찰위원회의 지휘·감독을 받아 관할구역의 소관 사무를 관장하고 소속 공무원 및 소속 경찰기관의 장을 지휘·감독한다.

④ 시·도자치경찰위원회가 심의·의결할 시간적 여유가 없거나 심의·의결이 곤란한 경우 대통령령으로 정하는 바에 따라 시·도자치경찰위원회의 지휘·감독권을 경찰청장에게 위임한 것으로 본다.

22 「국가경찰과 자치경찰의 조직 및 운영에 관한 법률」상 시·도자치경찰위원회의 소관사무에 관한 설명으로 가장 적절하지 않은 것은?

① 시·도자치경찰위원회는 정기적으로 경찰서장의 자치경찰사무 수행에 관한 평가결과를 경찰청장에게 통보하여야 하며 경찰청장은 이를 반영하여야 한다.

② 시·도자치경찰위원회는 국가경찰사무·자치경찰사무의 협력·조정과 관련하여 경찰청장과 협의한다.

③ 시·도자치경찰위원회는 자치경찰사무와 관련하여 해당 시·도의 경찰력으로는 국민의 생명·신체·재산의 보호 및 공공의 안녕과 질서유지가 어려워 경찰청장의 지원·조정이 필요하다고 인정할 만한 충분한 사유가 있는 경우, 의결로 지원·조정의 범위·기간 등을 정하여 경찰청장에게 지원·조정을 요청할 수 있다.

④ 자치경찰사무의 수행에 필요한 예산은 시·도자치경찰위원회의 심의·의결을 거쳐 시·도지사가 수립한다. 이 경우 시·도자치경찰위원회는 시·도경찰청장의 의견을 들어야 한다.

23 「경찰공무원 임용령」 및 동 시행규칙상 경과제도에 대한 설명으로 가장 옳지 않은 것은?

① 경과는 총경이하에 부여하며, 총경인 경찰공무원에게는 일반경과, 항공경과, 정보통신경과만 부여한다.

② 신규채용된 경찰공무원에게는 일반경과를 부여한다. 다만, 시보임용기간 중에 있는 경찰공무원은 그 기간이 만료된 다음 날에 부여한다.

③ 전과는 일반경과에서 수사경과·보안경과 또는 특수경과로의 전과만 인정한다. 다만, 정원감축 등 경찰청장이 정하는 사유가 있는 경우 보안경과·수사경과 또는 정보통신경과에서 일반경과로의 전과를 인정할 수 있다.

④ 현재 경과를 부여받고 1년이 지나지 아니한 사람 또는 특정한 직무분야에 근무할 것을 조건으로 채용된 경찰공무원으로서 채용 후 5년이 지나지 아니한 사람은 전과를 할 수 없다.

24 공무원의 임용과 관련한 판례의 내용으로 옳지 않은 것은?

① 공무원임용결격사유가 있는지의 여부는 채용후보자 명부에 등록한 때가 아닌 임용 당시를 기준으로 하여 판단하여야 한다.

② 임용 당시 공무원임용결격사유가 있었다면 비록 국가의 과실에 의하여 임용결격자임을 밝혀내지 못하였다 하더라도 그 임용행위는 당연무효로 보아야 한다.

③ 직위해제되어 있던 중 임용결격사유가 발생하여 당연퇴직된 자에게 복직처분을 하였다면 이로 인하여 공무원의 신분을 회복하는 것이다.

④ 당연퇴직된 자에게 당연퇴직의 인사발령이 있었다 하여도 이는 퇴직사실을 알리는 이른바 관념의 통지에 불과하여 행정소송의 대상이 되지 아니한다.

25 「국가공무원법」상 휴직에 대한 설명으로 옳은 것은?

① 공무원이 공무상 질병 또는 부상으로 휴직한 경우에는 그 기간 중 봉급 전액을 지급하며, 신체·정신상의 장애로 장기 요양이 필요하여 1년 이하의 기간 동안 휴직한 경우에는 그 기간 중 봉급은 50퍼센트를 지급한다.

② 공무원이 공무상 질병 또는 부상이 아닌 신체·정신상의 장애로 휴직을 원하면 휴직을 명할 수 있다. 이 경우 휴직기간을 1년 이내로 하되, 부득이한 경우 1년의 범위에서 연장할 수 있다.

③ 만 8세 이하 또는 초등학교 2학년 이하의 자녀를 양육하기 위하여 필요하거나 여성공무원이 임신 또는 출산하게 된 때에 공무원이 휴직을 원하면 대통령령으로 정하는 특별한 사정이 없으면 휴직을 명하여야 한다.

④ 공무원이 천재지변이나 전시사변, 그 밖의 사유로 생사 또는 소재가 불명확하게 된 때의 휴직기간은 6개월 이내로 명하여야 한다.

26 「행정기본법」상 "처분"에 대한 설명으로 가장 옳은 것은?

① "처분"이란 행정청이 일반적 사실에 관하여 행하는 법 집행으로서 공권력의 행사 또는 그 거부와 그 밖에 이에 준하는 행정작용을 말한다.

② "제재처분"에 대집행은 포함되나 즉시강제는 포함되지 않는다.

③ 당사자의 신청에 따른 처분은 원칙적으로 신청 당시의 법령등에 따르고, 제재처분은 원칙적으로 처분 당시의 법령등에 따른다.

④ 처분은 권한이 있는 기관이 취소 또는 철회하거나 기간의 경과 등으로 소멸되기 전까지는 유효한 것으로 통용된다. 다만, 무효인 처분은 처음부터 그 효력이 발생하지 아니한다.

27 다음 「질서위반행위규제법」에 대한 내용에서 괄호 안에 들어갈 숫자를 모두 더한 값은?

> ㉠ 과태료는 행정청의 과태료 부과처분이나 법원의 과태료 재판이 확정된 후 (　)년간 징수하지 아니하거나 집행하지 아니하면 시효로 인하여 소멸한다.
> ㉡ 행정청은 질서위반행위가 종료된 날부터 (　)년이 경과한 경우에는 해당 질서위반행위에 대하여 과태료를 부과할 수 없다.
> ㉢ (　)세가 되지 아니한 자의 질서위반행위는 과태료를 부과하지 아니한다.
> ㉣ 행정청은 당사자가 과태료를 납부하기가 곤란하다고 인정되면 (　)년의 범위에서 대통령령으로 정하는 바에 따라 과태료의 분할납부나 납부기일의 연기를 결정할 수 있다.

① 25 　　　　　② 26

③ 30 　　　　　④ 34

28 「경찰관직무집행법」 제4조 '보호조치'에 대한 판례의 내용으로 옳지 않은 것은?

① 경찰관이 응급의 구호를 요하는 자를 보건의료기관에게 긴급구호요청을 하고 보건의료기관이 이에 따라 치료행위를 하였다고 하더라도 국가와 보건의료기관 사이에 치료위임계약이 체결된 것으로는 볼 수 없다.

② 정신질환자가 살인 범행을 하기에 앞서 경찰관이 그때 그때 상황에 따라 그 정신질환자를 훈방하거나 일시 정신병원에 입원시키는 등 긴급구호조치를 취한 이상, 긴급구호권 불행사를 이유로 제기한 국가배상청구는 인정되지 않는다.

③ '술에 취한 상태'란 피구호자가 술에 만취하여 정상적인 판단능력이나 의사능력을 상실할 정도에 이른 것을 말한다.

④ 피구호자의 가족 등에게 피구호자를 인계할 수 있는 사정이라고 하더라도 특별한 사정이 없는 한 경찰관서에서 피구호자를 보호하는 것은 허용된다.

29 「경찰관 직무집행법」 및 「위해성 경찰장비의 사용기준 등에 관한 규정」상 경찰장비의 사용에 대한 설명으로 가장 옳은 것은?

① 경찰관은 범인·술에 취한 사람 또는 정신착란자의 자살 또는 자해기도를 방지하기 위하여 필요한 때에는 수갑·포승 또는 호송용 포승을 사용할 수 있다. 이 경우 경찰관은 소속 국가경찰관서의 장(경찰청장·해양경찰청장·시·도경찰청장·지방해양경찰청장·경찰서장 또는 해양경찰서장 기타 경무관·총경·경정 또는 경감을 장으로 하는 국가경찰관서의 장을 말한다)에게 그 사실을 보고해야 한다.

② 경찰관은 범인의 체포 또는 도주의 방지, 자신이나 다른 사람의 생명·신체의 방어 및 보호, 공무집행에 대한 항거의 제지를 위하여 필요한 상당한 이유가 있는 경우 경찰장구를 사용할 수 있다.

③ 경찰청장은 위해성 경찰장비를 새로 도입하려는 경우에는 대통령령으로 정하는 바에 따라 안전성 검사를 실시하여 30일 이내에 그 안전성 검사의 결과보고서를 국회 소관 상임위원회에 제출하여야 한다.

④ 경찰관은 불법 집회·시위 또는 소요사태로 인하여 발생할 수 있는 타인 또는 경찰관의 생명·신체의 위해와 재산·공공시설의 위험을 억제하기 위하여 부득이한 경우에는 시·도경찰청장의 명령에 따라 필요한 최소한의 범위에서 가스차를 사용할 수 있다.

30 「경찰 물리력 행사의 기준과 방법에 관한 규칙」상 대상자의 행위와 물리력 사용 정도에 대한 설명으로 옳지 않은 것은?

① '협조적 통제'는 '순응' 이상의 상태인 대상자에 대해 사용할 수 있는 물리력 수준으로서, 체포 등을 위한 수갑 사용, 안내·체포 등에 수반한 신체적 물리력은 사용할 수 없다.

② '접촉 통제'는 '소극적 저항' 이상의 상태인 대상자에 대해 사용할 수 있는 물리력 수준으로서, 대상자 신체 접촉을 통해 경찰목적 달성을 강제하지만 신체적 부상을 야기할 가능성은 극히 낮은 물리력을 말한다.

③ '저위험 물리력'은 '적극적 저항' 이상의 상태인 대상자에 대해 사용할 수 있는 물리력 수준으로서, 대상자가 통증을 느낄 수 있으나 신체적 부상을 당할 가능성은 낮은 물리력을 말한다.

④ '중위험 물리력'은 '폭력적 공격' 이상의 상태의 대상자에 대해 사용할 수 있는 물리력 수준으로서, 대상자에게 신체적 부상을 입힐 수 있으나 생명·신체에 대한 중대한 위해 발생 가능성은 낮은 물리력을 말한다.

31 「경찰관직무집행법」 및 「경찰관직무집행법 시행령」상 범인검거 등 공로자 보상에 대한 설명으로 옳지 않은 것은?

① 경찰청장, 시·도경찰청장 또는 경찰서장은 범인을 검거하여 경찰공무원에게 인도한 사람에게 보상금을 지급할 수 있다.

② 범인의 신원을 특정할 수 있는 정보를 제공한 사람, 범죄사실을 입증하는 증거물을 제출한 사람도 대상자에 해당한다.

③ 보상금심사위원회는 위원장 1명을 포함한 5명 이상 7명 이하의 위원으로 구성하고, 위원은 소속 경찰공무원 중에서 경찰청장, 시·도경찰청장 또는 경찰서장이 임명한다.

④ 「경찰관직무집행법 시행령」에 규정한 사항 외에 보상금의 지급 등에 필요한 사항은 경찰청장이 정하여 고시한다.

32 국가배상책임에 대한 설명으로 옳지 않은 것은?

① 「국가배상법」 제5조(공공시설 등의 하자로 인한 책임)에 의한 손해배상책임은 공무원의 고의 또는 과실을 요건으로 하지 않는 무과실책임이다.

② 경찰공무원이 전투·훈련 등 직무 집행과 관련하여 전사·순직하거나 공상을 입은 경우에 본인이나 그 유족이 다른 법령에 따라 재해보상금·유족연금·상이연금 등의 보상을 지급받을 수 있을 때에는 「국가배상법」 및 「민법」에 따른 손해배상을 청구할 수 없다.

③ 생명·신체의 침해로 인한 국가배상을 받을 권리는 양도하거나 압류하지 못한다.

④ 서울경찰청 소속의 경찰관이 국가경찰사무를 수행하던 중 폭행을 가하여 손해를 입힌 경우에 피해자는 서울경찰청장을 피고로 손해배상청구를 할 수 있다.

33 행정청의 행정처분과 그 하자에 대한 설명으로 옳지 않은 것은? (다툼이 있을 경우 판례에 의함)

① 일반적으로 조례가 법률 등 상위법령에 위배된다는 사정은 그 조례의 규정을 위법하여 무효라고 선언한 대법원의 판결이 선고되지 아니한 상태에서는 그 조례 규정의 위법 여부가 해석상 다툼의 여지가 없을 정도로 명백하였다고 인정되지 아니하는 이상 객관적으로 명백한 것이라 할 수 없으므로, 이러한 조례에 근거한 행정처분의 하자는 취소 사유에 해당할 뿐 무효 사유가 된다고 볼 수는 없다.

② 행정처분을 한 처분청은 그 처분의 성립에 하자가 있는 경우 이를 취소할 별도의 법적 근거가 없는 경우 직권으로 그 처분을 취소할 수 없다.

③ 행정청이 청문서 도달기간을 다소 어겼다하더라도 영업자가 이에 대하여 이의하지 아니한 채 스스로 청문일에 출석하여 그 의견을 진술하고 변명하는 등 방어의 기회를 충분히 가졌다면 청문서 도달기간을 준수하지 아니한 하자는 치유되었다.

④ 침해적 행정처분을 함에 있어서 행정처분의 상대방이 청문일시에 불출석하였다는 이유로 청문을 실시하지 아니하고 처분을 한 경우 당해 처분은 위법하다.

34 「경범죄 처벌법」에 대한 설명으로 가장 옳은 것은?

① 범칙행위를 한 사람이 14세 이상인 경우에 한하여 범칙자에 해당한다.

② '관공서에서의 주취소란'과 '거짓광고'는 형사소송법 제214조(경미사건과 현행범인의 체포)에 해당되지 않아 범인의 주거가 분명하더라도 현행범인 체포가 가능하다.

③ 제3조(경범죄의 종류)의 죄를 짓도록 시키거나 도와준 사람은 감경할 수 있다.

④ 통고처분서를 받은 사람은 통고처분서를 받은 날부터 10일 이내에 납부하여야 한다. 납부기간에 범칙금을 납부하지 아니한 사람은 납부기간의 마지막 날의 다음 날부터 20일 이내에 통고받은 범칙금에 그 금액의 100분의 20을 더한 금액을 납부하여야 한다.

35 「실종아동등 및 가출인 업무처리 규칙」에 관한 설명으로 옳은 것은?

① 시·도경찰청과 경찰서의 실종·유괴경보 운영책임자는 여성청소년과장이 하는 것이 원칙이다.

② 발견된 지적·자폐성·정신장애인 등 및 치매환자의 실종아동등 프로파일링시스템에 등록된 자료는 수배 해제 후로부터 5년간 보존해야 하지만 보호자가 삭제를 요구한 경우는 즉시 삭제하여야 한다.

③ 보호시설 입소자 중 보호자가 확인되지 않는 사람은 실종아동등 프로파일링시스템에 입력하는 대상자에 해당하지만 보호자가 발견되지 않더라도 본인이 요청할 경우 등록된 자료를 즉시 삭제하여야 한다.

④ 보호자가 가출할 때 동행한 아동등은 실종아동등 프로파일링시스템에 입력하여야 한다.

36 「아동 · 청소년의 성보호에 관한 법률」에 의한 신분비공개수사 및 신분위장수사에 대한 설명으로 옳지 않은 것은?

① 신분비공개수사는 사법경찰관리가 디지털 성범죄에 대하여 자신의 신분을 비공개하고 범죄현장(정보통신망 포함) 또는 범인으로 추정되는 자들에게 접근하여 범죄행위의 증거 및 자료 등을 수집하는 것을 말한다.

② 사법경찰관리가 신분비공개수사를 진행하고자 할 때에는 사전에 소속 기관의 장의 승인을 받아야 한다.

③ 아동 · 청소년에 대한 「성폭력범죄의 처벌 등에 관한 특례법」 제14조(카메라 등을 이용한 촬영) 제2항(반포등) 및 제3항(영리목적으로 반포등)의 죄를 대상으로 한다.

④ 신분위장수사의 기간은 3개월을 초과할 수 없는 것이 원칙이며, 그 수사기간 중 수사의 목적이 달성되었을 경우에는 즉시 종료하여야 한다.

37 「경찰 재난관리 규칙」에 대한 설명으로 옳지 않은 것은?

① 치안상황관리관은 재난대책본부가 설치되었거나 「재난 및 안전관리 기본법」 제38조에 따라 '심각' 단계의 위기경보가 발령된 경우에는 재난상황실을 설치 · 운영하여야 한다.

② 재난상황실은 위기관리센터 또는 치안종합상황실에 재난상황실을 설치 · 운영할 수 있다.

③ 경찰청장은 인명 또는 재산의 피해정도가 매우 큰 재난 또는 사회적, 경제적으로 광범위한 영향이 있는 재난이 발생하였거나 발생할 우려가 있어 이에 대한 전국적인 관리가 필요하다고 인정하는 경우 경찰청에 재난대책본부를 설치할 수 있다.

④ 경찰청 차장은 경찰의 재난관리 업무를 총괄 · 조정한다.

38 「도로교통법」상 개인형 이동장치에 대한 설명으로 옳은 것은?

① 개인형 이동장치를 운전하려는 사람은 2종 소형 운전면허를 받아야 한다.

② 개인형 이동장치의 운전자는 교차로에서 좌회전하려는 경우에는 미리 도로의 우측 가장자리로 붙어 서행하면서 교차로의 가장자리 부분을 이용하여 좌회전하여야 한다.

③ 「자전거이용 활성화에 관한 법률」상 전기자전거도 개인형 이동장치에 포함된다.

④ 개인형 이동장치의 운전자에 「도로교통법」상 난폭운전, 공동위험행위 및 「특정범죄 가중처벌 등에 관한 법률」상 도주차량 운전자의 가중처벌(제5조의3)은 적용되지 않는다.

39 집회현장에서 확성기 등의 소음기준(집시법 시행령 별표2) 중 최고소음도에 대한 내용이다. ㉠과 ㉡을 합한 값은?

대상 지역	시간대		
	주간 (07:00~ 해지기 전)	야간 (해진 후~ 24:00)	심야 (00:00~ 07:00)
주거지역, 학교, 종합병원	85 이하	80 이하	(㉠) 이하
공공도서관	85 이하		(㉡) 이하

① 150 ② 155
③ 160 ④ 165

40 「국가보안법」에 대한 설명으로 가장 옳은 것은?

① 국가보안법위반죄를 범한 자가 자수하거나 동 법을 위반한 사람을 고발할 경우에 그 형을 감면할 수 있다.

② 불고지죄에 있어서 본범과 친족관계가 있는 때에는 그 형을 반드시 감면한다.

③ 공소보류결정을 받은 자가 공소제기 없이 1년이 경과한 때에는 소추할 수 없다.

④ 국가보안법위반죄를 범한 자를 신고하거나 체포한 자에게는 상금을 지급할 수 있다.

전범위 모의고사

빠른 정답 p.167 / 해설 p.127

01 다음 판결에 대한 설명으로 옳지 않은 것은?

① Blanco 판결은 별건 수사로 수집된 증거는 위법하게 수집된 증거로서 배제한다는 원칙을 확립한 판결이다.

② 띠톱판결은 띠톱에서 발생하는 먼지와 소음에 대해 조치를 취해달라는 민원에 대하여, 행정청의 재량권이 0으로 수축되어 행정개입청구권이 인정된다는 판결이다.

③ Escobedo 판결은 변호인과의 접견교통권을 침해하여 획득한 자백의 증거능력을 부정한 판결이다.

④ Miranda 판결은 변호인선임권, 접견교통권 및 진술거부권을 고지하지 않은 상태에서 이루어진 자백의 증거능력을 부정하여, 자백의 임의성과 관계없이 채취과정에 위법이 있는 자백을 배제하게 되는 계기가 되었다.

02 경찰의 수단에 대한 설명으로 옳지 않은 것은?

① 경찰 임무를 수행하기 위한 수단에는 권력적 수단, 수사권, 비권력적 수단이 있다.

② 권력적 수단의 상대방은 통치권에 복종하는 모든 사람으로서, 법인이나 외국인도 포함된다.

③ 수사권은 일반적인 처분이 가능하고 경찰책임자 이외에 경찰 비책임자에 대해서도 권한을 발동할 수 있다.

④ 행정경찰 작용은 편의주의가 적용되지만, 사법경찰 작용은 법정주의가 적용된다.

03 현대 사회적 법치국가에 대한 설명으로 가장 적절하지 않은 것은?

① 오늘날 비범죄화, 과범죄화, 신범죄화에 따라 경찰의 수사활동 분야가 증가하고 있다.

② 오늘날 위험방지·범죄수사와 직접 관련이 없는 영역에서도 경찰은 다양한 비권력적 작용을 통한 적극적인 경찰개입이 증가하고 있다.

③ 「경찰관직무집행법」 제2조의 직무행위의 구체적 내용이나 방법 등은 경찰관의 전문적 판단에 기한 합리적인 재량에 위임되어 있다.

④ 경찰권 행사로 제3자가 받은 이익이 반사적 이익인 경우에는 경찰개입청구권이 인정되지 아니한다.

04 경찰의 부패이론과 내부고발에 대한 설명으로 가장 옳은 것은?

① 윤리적 냉소주의 가설은 경찰조직 내부적으로 경찰고위직의 이중적 태도가 아닌 경찰에 대한 외부적 통제 기능을 수행하는 정치권력, 대중매체, 시민단체의 부패로부터 비롯된다고 본다.

② 펠드버그(Feldberg)는 대부분의 경찰관들이 사소한 호의와 뇌물을 구별할 수 있으므로 '미끄러지기 쉬운 경사로 이론'은 비현실적이고, 더 나아가 경찰인의 지능에 대한 모독이라고 하였다.

③ '미끄러지기 쉬운 경사로 이론'은 셔먼이 주장한 이론으로서 작은 부패가 습관화 될 경우 더 큰 부패와 범죄로 빠진다고 보는 이론이다.

④ '사회 형성재 이론'은 작은 사례나 호의가 시민과의 부정적인 사회관계를 만들어 주는 형성재라고 보고 있다.

05 「부정청탁 및 금품등 수수의 금지에 관한 법률」 및 동법 시행령상 외부강의에 대한 설명 중 가장 옳은 것은?

① 공직자등은 사례금을 받는 외부강의등을 할 때에는 대통령령으로 정하는 바에 따라 외부강의등의 요청 명세 등을 소속기관장에게 사전에 서면으로 신고하여야 한다.

② 공직자등은 금액을 초과하는 사례금을 받은 경우에는 그 사실을 안 날부터 3일 이내에 서면으로 소속기관장에게 신고하여야 한다.

③ 초과 사례금 신고를 받은 소속기관장은 초과사례금을 반환하지 아니한 공직자등에 대하여 신고사항을 확인한 후 5일 이내에 반환하여야 할 초과사례금의 액수를 산정하여 해당 공직자등에게 통지하여야 한다.

④ 외부강의등을 신고하려는 공직자등은 상세 명세 또는 사례금 총액 등을 미리 알 수 없는 경우에는 해당 사항을 제외한 사항을 신고한 후 해당 사항을 안 날부터 5일 이내에 보완하여야 한다.

06 「경찰청 공무원 행동강령」에 대한 설명 중 가장 잘못된 것은?

① 부당한 요구를 받은 피감기관 소속 공직자는 그 이행을 거부해야 하며, 거부했음에도 불구하고 감독기관 소속 공무원으로부터 같은 요구를 다시 받은 때에는 그 사실을 별지 서식에 따라 피감기관의 행동강령책임관에게 알려야 한다.

② 공무원은 수사·단속의 대상이 되는 업소 중 경찰청장이 지정하는 유형의 업소 관계자와 부적절한 사적 접촉을 하여서는 아니 되며, 공적 또는 사적으로 접촉한 경우 경찰청장이 정하는 방법에 따라 신고하여야 한다.

③ 공무원은 수사 중인 사건의 관계자(해당 사건의 처리와 법률적·경제적 이해관계가 있는 자로서 경찰청장이 지정하는 자를 말한다)와 부적절한 사적접촉을 해서는 아니 되며, 소속 경찰관서 내에서만 접촉하여야 한다. 다만, 현장 조사 등 공무상 필요한 경우 외부에서 접촉할 수 있으며, 이 경우에는 경찰청장이 정하는 방법에 따라 신고하여야 한다.

④ 공무원은 현재 함께 근무하고 있는 소속 직원이 직무관련공무원인 경우에도 경조사를 알릴 수 있다.

07 「공직자의 이해충돌방지법」에 대한 설명으로 가장 옳지 않은 것은?

① 공직자의 직무수행과 관련하여 이익 또는 불이익을 직접적(간접적인 경우는 제외한다)으로 받는 개인이나 법인 또는 단체는 직무관련자에 해당한다.

② 공직자는 직무관련자(직무관련자의 대리인을 포함한다)가 사적이해관계자임을 안 날부터 14일 이내에 소속기관장에게 그 사실을 서면으로 신고하고 회피를 신청하여야 한다.

③ 공직자로부터 사적이해관계자의 신고·회피신청을 받은 소속기관장은 직무수행의 일시 중지 명령, 직무대리자 또는 직무 공동수행자의 지정, 직무 재배정, 전보 중 하나의 조치를 할 수 있다.

④ 고위공직자는 그 직위에 임용되거나 임기를 개시하기 전 3년 이내에 민간 부문에서 업무활동을 한 경우, 그 활동 내역을 그 직위에 임용되거나 임기를 개시한 날부터 30일 이내에 소속기관장에게 제출하여야 한다.

08 범죄의 원인과 통제에 대한 이론으로 가장 옳지 않은 것은?

① 집합효율성 이론은 공식적 사회통제, 즉 경찰 등 법집행기관의 중요성을 간과하고 있다는 비판을 받는다.

② J. F. Sheley가 주장한 범죄유발의 4요소는 범죄의 동기, 사회적 제재로부터의 자유, 범죄피해자, 범행의 기술이다.

③ 깨진 유리창 이론은 직접적인 피해자가 없는 사소한 무질서행위에 대한 경찰의 강경한 대응(Zero Tolerance)을 강조한다.

④ 자전거에 일련번호를 각인하여 도난당하더라도 확인이 가능하고 범인이 되팔기 어렵게 하는 것은 상황적 범죄예방 이론에 근거한 것으로 볼 수 있다.

09 「범죄피해자 보호법」에 관한 설명 중 옳은 것은? (다툼이 있는 경우 판례에 의함)

① 타인의 범죄행위로 피해를 당한 사람과 그 배우자(사실상의 혼인관계를 제외한다), 직계친족 및 형제자매를 말한다.

② 구조피해자나 유족이 해당 구조대상 범죄피해를 원인으로 하여 「국가배상법」이나 그 밖의 법령에 따른 급여 등을 받을 수 있는 경우에도 범죄피해 구조금은 그 목적과 취지가 다르므로 별도로 지급하여야 한다.

③ 외국인이 구조피해자이거나 유족인 경우에는 해당 국가의 상호보증과 조약이 체결되어 있는 경우에만 적용한다.

④ 검사는 피의자와 범죄피해자 사이에 형사분쟁을 공정하고 원만하게 해결하여 범죄피해자가 입은 피해를 실질적으로 회복하는 데 필요하다고 인정하면 당사자의 신청 또는 직권으로 수사 중인 형사사건을 형사조정에 회부할 수 있으며, 이는 광의의 회복적 사법으로 볼 수 있다.

10 경찰 순찰실험과 지역사회 경찰활동에 대한 설명으로 가장 옳은 것은?

① 뉴왁(Newark)시 도보순찰실험은 도보순찰을 강화하여 해당 순찰구역의 범죄율을 낮추고 시민의 경찰서비스에 만족감이 높아진 것을 확인하였다.

② 워커(Samuel Walker)는 순찰의 3가지 기능으로 범죄의 억제, 대민 서비스 제공, 교통지도단속을 언급하였다.

③ 문제지향 경찰활동의 전제로서 경찰의 능력은 극히 제한되어 있으며, 경찰은 종합적인 책임을 지는 것이 아니라 촉진자의 역할을 해야 한다고 본다.

④ 문제지향 경찰활동은 거주자들에게 지역에 관한 정보를 제공하며, 주민들은 민간순찰을 실시한다.

11 한국 경찰사에 관한 다음 설명 중 옳은 것은 모두 몇 개인가?

> ㉠ 미군정기에 고등경찰제도가 폐지되었으며, 정보업무를 담당할 정보과와 경제사범단속을 위한 경제경찰이 신설되었다.
> ㉡ 경찰법이 제정될 때까지 경찰체제의 근거가 되는 법률은 「경찰관직무집행법」이었다.
> ㉢ 1953년 「경찰관직무집행법」이 제정되었다.
> ㉣ 1969년 경찰공무원법의 제정으로 경정 이상의 계급정년 제도가 도입되었다.
> ㉤ 이준규는 5·18 광주 민주화운동 당시 과격한 진압을 지시했던 군과 달리, '분산되는 자는 너무 추격하지 말 것, 부상자 발생치 않도록 할 것, 기타 학생은 연행할 것' 등을 지시하고, '연행과정에서 학생의 피해가 없도록 유의'하라고 지시하였다.

① 1개　　　　② 2개
③ 3개　　　　④ 4개

12 프랑스 경찰제도에 대한 설명으로 옳지 않은 것은?

① 행정경찰과 사법경찰은 엄격히 구분되며, 사법경찰은 경찰청 소속이지만 수사에 있어서는 검사와 수사판사의 지휘를 받을 뿐 행정경찰의 지휘를 받지 않는다.

② 파리경찰청은 국립경찰에 편입되었지만 경찰청장의 지휘를 받지 않고 내무부장관의 지휘를 받는다.

③ 지방의 각 도에는 지방경찰청이 설치되어 있으며 경찰서는 지방경찰청 소속 기관이다.

④ 국립경찰청장은 민간인 신분이며 내무부장관의 직접적인 지휘를 받는다.

13 경찰조직관리를 위한 동기부여이론을 내용이론과 과정이론으로 나눌 때 과정이론에 해당하는 것이 아닌 것은?

① 아담스(Adams)의 공정성(형평성) 이론
② 브룸(Vroom)의 기대이론
③ 허즈버그(Herzberg)의 동기(만족) 위생(불만족) 요인 이론
④ 포터(Porter) & 롤러(Lawler)의 업적(성과) – 만족 이론

14 경찰인사관리에 대한 설명으로 옳지 않은 것은?

① 실적주의보다 직업공무원제도에서 공직 임용의 기회 균등을 확보할 수 있다.
② 실적주의는 직업공무원제로 발전되어 가는 기반이 되지만, 실적주의가 바로 직업공무원 제도를 의미하는 것은 아니다.
③ 계급제의 경우 널리 일반적 교양, 능력을 갖춘 사람을 채용하여 장기간에 걸쳐 능력을 향상시키므로 공무원이 종합적인 능력을 갖출 수 있다.
④ 직위분류제보다 계급제가 직업공무원제도의 정착에 유리하다.

15 「국가재정법」상 예산의 결산에 대한 설명으로 옳은 것은?

① 경찰청장은 중앙결산보고서를 다음 연도 1월 말일까지 기획재정부장관에게 제출하여야 한다.
② 기획재정부장관은 대통령의 승인을 받은 국가결산보고서를 다음 연도 4월 10일까지 감사원에 제출하여야 한다.
③ 감사원은 국가결산보고서를 검사하여 그 보고서를 다음 연도 4월 30일까지 기획재정부장관에게 송부하여야 한다.
④ 정부는 감사원 검사를 거친 국가결산보고서를 다음 연도 6월 말일까지 국회에 제출하여야 한다.

16 「경찰장비관리규칙」에 대한 설명으로 옳지 않은 것은?

① 물품출납공무원이란 물품관리관으로부터 물품의 출납과 보관에 관한 사무를 위임받은 공무원을 말하며, 물품운용관이란 물품관리관으로부터 물품의 사용에 관한 사무를 위임받은 공무원을 말한다.
② 차량은 용도별로 전용·지휘용·업무용·순찰용·특수용 차량으로 구분한다.
③ 경찰기관의 장은 무기를 휴대한 자가 직무상의 비위 등으로 인하여 감찰조사의 대상이 된 때에는 즉시 대여한 무기·탄약을 회수해야 한다.
④ 간이무기고는 근무자가 24시간 상주하는 지구대, 파출소, 상황실 및 112타격대 등 경찰기관의 장이 필요하다고 인정하는 상당한 이유가 있는 장소에 설치할 수 있다.

17 「개인정보 보호법」에 관한 다음 설명 중 가장 옳은 것은?

① "개인정보"는 살아 있는 개인에 관한 정보로서, 사망하였거나 단체에 관한 정보는 해당하지 아니한다.
② "개인정보처리자"란 사생활 침해 등의 목적으로 개인정보파일을 운용하기 위하여 스스로 또는 다른 사람을 통하여 개인정보를 처리하는 공공기관, 법인, 단체 및 개인 등을 말한다.
③ 공개된 장소에 설치된 고정형 영상정보처리기기는 범죄의 예방을 위하여 녹음기능을 사용할 수 있다.
④ 정보주체는 개인정보처리자가 이 법을 위반한 행위로 손해를 입으면 개인정보처리자에게 손해배상을 청구할 수 있으며, 이 경우 정보주체는 개인정보처리자의 고의 또는 과실을 입증하여야 한다.

제 **04** 회

18 「경찰청 감사 규칙」에 대한 설명으로 옳지 않은 것은?

① 감사의 종류는 종합감사, 특정감사, 재무감사, 성과감사, 복무감사, 교류감사로 구분한다.

② 종합감사의 주기는 1년에서 3년까지 하되 치안수요 등을 고려하여 조정 실시한다.

③ 직전 또는 당해연도에 감사원 등 다른 감사기관이 감사를 실시한(실시 예정인 경우를 포함한다) 감사대상기관에 대해서는 감사의 일부 또는 전부를 실시하지 아니할 수 있다.

④ 경찰청장으로부터 감사결과를 통보받은 감사대상기관의 장은 정당한 사유가 없으면 감사결과의 조치사항을 이행하고 30일 이내에 그 이행결과를 경찰청장에게 통보하여야 한다.

19 경찰의 법원에 대한 설명으로 옳지 않은 것은?

① 상호 모순되는 둘 이상의 상급관청의 훈령이 경합할 경우 주관상급관청이 불명확한 때에는 직근상급행정관청의 훈령에 따른다.

② 훈령의 실질적 요건으로는 훈령이 법규에 저촉되지 않을 것, 공익에 반하지 않을 것, 실현 가능성이 있을 것 등이 있다.

③ 훈령의 종류에는 '협의의 훈령', '지시', '예규', '일일명령' 등이 있으며, 이 중 예규는 반복적 경찰사무의 기준을 제시하기 위하여 발하는 명령을 의미한다.

④ 훈령은 원칙적으로 일반적·추상적 사항에 대해서 발해야 하지만, 개별적·구체적 사항에 대해서도 발해질 수 있다.

20 「국가경찰과 자치경찰의 조직 및 운영에 관한 법률」상 다음 (   )안에 들어갈 숫자의 합은?

> ㉠ 국가경찰위원회는 위원장 1명을 포함한 7명의 위원으로 구성하되, 위원장 및 (   )명의 위원은 비상임(非常任)으로 하고, 1명의 위원은 상임(常任)으로 한다.
> ㉡ 시·도자치경찰위원회는 위원장 1명을 포함한 7명의 위원으로 구성하되, (   )명의 위원은 비상임으로 한다.
> ㉢ 시·도자치경찰위원회 위원장과 위원의 임기는 (   )년으로 하며, 연임할 수 없다.
> ㉣ 시·도자치경찰위원회 위원 중 (   )명은 시·도의회가 추천하는 사람으로 시·도지사가 임명한다.

① 13
② 14
③ 15
④ 16

21 「국가경찰과 자치경찰의 조직 및 운영에 관한 법률」상 시·도자치경찰위원회에 대한 설명으로 옳지 않은 것은?

① 시·도자치경찰위원회는 합의제 의결기관으로서 그 권한에 속하는 업무를 독립적으로 수행한다.

② 시·도자치경찰위원회는 위원장 1명을 포함한 7명의 위원으로 구성하되, 위원장과 1명의 위원은 상임으로 하고, 5명의 위원은 비상임으로 한다.

③ 시·도자치경찰위원회 위원은 해당 시·도 교육감이 추천하는 1명을 시·도지사가 임명한다.

④ 시·도자치경찰위원회 상임위원은 시·도자치경찰위원회의 의결을 거쳐 위원 중에서 위원장의 제청으로 시·도지사가 임명한다.

22 「국가경찰과 자치경찰의 조직 및 운영에 관한 법률」상 국가수사본부장에 대한 설명으로 옳지 않은 것은?

① 국가수사본부장의 임기는 2년으로 하며, 중임할 수 없으며 임기가 끝나면 당연히 퇴직한다.

② 경찰청장이 국가수사본부장을 통하여 개별 사건의 수사에 대하여 구체적으로 지휘·감독한 경우, 국가수사본부장이 그 사유가 해소되었다고 판단하여 개별 사건의 수사에 대한 구체적 지휘·감독의 중단을 건의하는 경우 경찰청장은 이를 승인할 수 있다.

③ 국가수사본부장이 직무를 집행하면서 헌법이나 법률을 위배하였을 때에는 국회는 탄핵 소추를 의결할 수 있다.

④ 시·도경찰청장은 수사에 관한 사무에 대해서는 국가수사본부장의 지휘·감독을 받아 관할구역의 소관 사무를 관장하고 소속 공무원 및 소속 경찰기관의 장을 지휘·감독한다.

23 「경찰공무원법」 및 「경찰공무원 임용령」에 대한 설명으로 가장 옳지 않은 것은?

① 총경 이상 경찰공무원은 경찰청장의 추천을 받아 행정안전부장관의 제청으로 국무총리를 거쳐 대통령이 임용한다.

② 경정 이하의 경찰공무원은 경찰청장이 임용한다. 다만, 경정으로의 신규채용, 승진임용 및 면직은 경찰청장의 추천을 받아 행정안전부장관의 제청으로 국무총리를 거쳐 대통령이 한다.

③ 경무관 이상의 강등 및 정직과 경정 이상의 파면 및 해임은 경찰청장의 제청으로 행정안전부장관과 국무총리를 거쳐 대통령이 한다.

④ 경찰청장은 전시·사변이나 그 밖에 이에 준하는 비상사태에서는 2년의 범위에서 계급정년을 연장할 수 있다. 이 경우 경무관 이상의 경찰공무원에 대해서는 행정안전부장관과 국무총리를 거쳐 대통령의 승인을 받아야 하고, 총경·경정의 경찰공무원에 대해서는 국무총리를 거쳐 대통령의 승인을 받아야 한다.

24 「경찰공무원임용령」상 임용권의 위임에 대한 설명 중 가장 옳지 않은 것은?

① 경찰청장은 시·도지사에게 자치경찰사무를 담당하는 경찰공무원(지구대 및 파출소에서 근무하는 경찰공무원을 제외한다) 중 경정의 전보·파견·휴직·직위해제 및 복직에 관한 권한과 경감 이하의 임용권(신규채용 및 면직에 관한 권한을 포함한다)을 위임한다.

② 경찰청장은 국가수사본부장에게 국가수사본부 안에서의 경정 이하에 대한 전보권을 위임한다.

③ 시·도경찰청장은 소속 경감 이하 경찰공무원에 대한 해당 경찰서 안에서의 전보권을 경찰서장에게 다시 위임할 수 있다.

④ 임용권의 위임에도 불구하고 경찰청장은 경찰공무원의 정원 조정, 인사교류 또는 파견을 위하여 필요한 경우에는 임용권을 행사할 수 있다.

25 「경찰공무원법」 및 동법 시행령에 의한 경찰공무원 임용에 대한 설명으로 옳지 않은 것은?

① 채용후보자 명부의 유효기간은 2년으로 하되, 경찰청장은 필요에 따라 1년의 범위에서 그 기간을 연장할 수 있다.

② 채용후보자가 병역복무를 위하여 징집 또는 소집되거나 학업을 계속하는 경우 그 기간은 채용후보자 명부의 유효기간에 넣어 계산하지 아니한다.

③ 채용후보자가 6개월 이상의 장기요양이 필요한 질병이 있는 경우에는 채용후보자 명부의 유효기간의 범위에서 기간을 정하여 임용 또는 임용제청을 유예할 수 있다.

④ 채용후보자가 임신하거나 출산한 경우에는 채용후보자 명부의 유효기간의 범위에서 기간을 정하여 임용 또는 임용제청을 유예할 수 있다.

26 「행정기본법」상 취소와 철회에 대한 설명으로 가장 옳지 않은 것은?

① 행정청은 위법 또는 부당한 처분의 전부나 일부를 소급하여 취소할 수 있다. 다만, 당사자의 신뢰를 보호할 가치가 있는 등 정당한 사유가 있는 경우에는 장래를 향하여 취소할 수 있다.

② 당사자가 처분의 위법성을 알고 있었던 경우에도 취소로 인하여 당사자가 입게 될 불이익과 취소로 달성되는 공익을 비교·형량하여야 한다.

③ 법령등의 변경이나 사정변경으로 처분을 더 이상 존속시킬 필요가 없게 된 경우에는 철회할 수 있다.

④ 법률에서 정한 철회 사유에 해당하지 아니한 경우에도 중대한 공익을 위하여 철회할 수는 있다.

27 다음 중 행정질서벌에 대한 설명으로 옳지 않은 것은?

① 과태료는 당사자가 과태료 부과처분에 대하여 이의를 제기하지 아니한 채 「질서위반행위규제법」에 따른 이의제기 기한이 종료한 후 사망한 경우에는 그 상속재산에 대하여 집행할 수 있다.

② 하나의 행위가 둘 이상의 질서위반행위에 해당하는 경우에는 각 질서위반행위에 대하여 정한 과태료를 각각 부과한다.

③ 자신의 행위가 위법하지 아니한 것으로 오인하고 행한 질서위반행위는 그 오인에 정당한 이유가 있는 때에 한하여 과태료를 부과하지 아니한다.

④ 신분에 의하여 성립하는 질서위반행위에 신분이 없는 자가 가담한 때에는 신분이 없는 자에 대하여도 질서위반행위가 성립한다.

28 「경찰관직무집행법」상 '위험 방지를 위한 출입'에 대한 설명으로 옳지 않은 것은?

① 경찰관이 제7조(위험 방지를 위한 출입)에 의하여 필요한 장소에 출입할 때에 정복을 착용한 경우에는 그 신분을 표시하는 증표를 제시할 의무는 없다.

② 경찰관은 제5조 제1항·제2항 및 제6조에 따른 위험한 사태가 발생하여 사람의 생명·신체 또는 재산에 대한 위해가 임박한 때에 그 위해를 방지하거나 피해자를 구조하기 위하여 부득이하다고 인정하면 합리적으로 판단하여 필요한 한도에서 다른 사람의 토지·건물·배 또는 차에 출입할 수 있다.

③ 새벽에 영업이 끝난 식당에 주인만 머무르는 경우에는 범죄의 예방을 위해 출입을 요구할 수 없다.

④ 무장공비 검거를 위하여 주인의 허락 없이 작전 구역 안에 있는 극장을 검색할 수 있다.

29 「경찰관직무집행법」, 「위해성 경찰장비의 사용기준 등에 관한 규정」, 「경찰 물리력 행사의 기준과 방법에 관한 규칙」에 의한 분사기 및 가스발사총에 대한 설명으로 옳은 것은?

① 경찰관은 범인의 체포 또는 도주방지, 타인 또는 경찰관의 생명·신체에 대한 방호, 공무집행에 대한 항거의 억제를 위하여 필요한 때에는 최소한의 범위 안에서 분사기(「총포·도검·화약류 등의 안전관리에 관한 법률」에 따른 분사기)를 사용할 수 있다.

② 경찰관은 불법집회·시위로 인한 자신이나 다른 사람의 생명·신체와 재산 및 공공시설 안전에 대한 현저한 위해의 발생 억제를 위하여 현장책임자가 판단하여 가스발사총을 사용할 수 있다.

③ 경찰관은 범인의 체포 또는 도주방지, 타인 또는 경찰관의 생명·신체에 대한 방호, 공무집행에 대한 항거의 억제를 위하여 필요한 때에는 최소한의 범위 안에서 가스발사총을 사용할 수 있다.

④ 14세 미만이거나 임산부 또는 호흡기 질환을 가지고 있음을 인지한 경우(대상자의 저항 정도가 고위험 물리력을 사용할 수밖에 없는 상황은 제외), 1미터 이내의 거리에서 상대방의 얼굴을 향하여 분사기를 사용하여서는 아니 된다.

30 「경찰 물리력 행사의 기준과 방법에 관한 규칙」에 대한 설명으로 가장 옳지 않은 것은?

① 대상자가 경찰관의 지시, 통제에 따르지만 경찰관의 요구에 즉각 응하지 않고 약간의 시간만 지체하는 경우에, 경찰관은 대상자에 신체 접촉을 통해 경찰목적 달성을 강제하지만 신체적 부상을 야기할 가능성은 극히 낮은 물리력을 사용할 수 있다.

② 대상자가 경찰관에게 폭력을 행사하려는 자세를 취하여 그 행사가 임박한 상태에서, 경찰관은 대상자에게 신체적 부상을 입힐 수 있으나 생명·신체에 대한 중대한 위해 발생 가능성은 낮은 물리력을 사용할 수 있다.

③ 한 명의 대상자에게 동시에 두 대 이상의 전자충격기 전극침을 발사하거나 스턴 기능을 사용해서는 아니 된다.

④ 경찰관은 정당방위나 긴급피난의 요건이 충족되지 않는 한 대상자가 14세 미만이거나 임산부 또는 호흡기 질환을 가지고 있음을 인지한 경우(다만, 대상자의 저항 정도가 고위험 물리력을 사용할 수밖에 없는 상황은 제외한다)에는 분사기를 사용하여서는 아니 된다.

31 「행정절차법」에 대한 설명으로 옳은 것은?

① 행정청은 청문을 하려면 청문이 시작되는 날부터 7일 전까지 처분의 제목 등 일정한 사항을 당사자등에게 통지하여야 한다.

② 청문은 당사자가 공개를 신청하거나 청문 주재자가 필요하다고 인정하는 경우 공개할 수 있다. 다만, 공익 또는 제3자의 정당한 이익을 현저히 해칠 우려가 있는 경우에는 공개하여서는 아니 된다.

③ 당사자등은 의견제출의 경우에는 의견제출 기한 동안, 청문의 경우에는 청문 기한 동안 해당 사안의 조사결과에 관한 문서와 그 밖에 해당 처분과 관련되는 문서의 열람 또는 복사를 요청할 수 있다.

④ 행정청이 당사자에게 의무를 부과하거나 권익을 제한하는 처분을 할 때 법령등에 특별한 규정이 있는 경우를 제외하고는 당사자등에게 의견제출의 기회를 주어야 한다.

32 다음 중 재량행위에 대한 판례의 내용으로 옳지 않은 것은?

① 징계양정이 재량권을 일탈한 것인지 여부를 판단함에 있어서 이미 사면된 징계처분의 경력을 참작하였다고 하여 위법하다고 할 수는 없다.

② 「도로교통법」상 경찰공무원의 음주 측정 요구에 응하지 아니한 때에는 필요적으로 운전면허를 취소하도록 되어 있으므로 재량권의 일탈 또는 남용의 문제는 생길 수 없다

③ 자유재량에 의한 행정처분이 그 재량권의 한계를 벗어난 것이어서 위법하다는 점은 그 행정처분의 효력을 다투는 자가 이를 주장·입증하여야 한다.

④ "경찰공무원의 채용시험에서 부정행위를 한 응시자에 대하여는 당해 시험을 정지 또는 무효로 하고, 그로부터 5년간 이 영에 의한 시험에 응시할 수 없게 한다."라고 규정한 경찰공무원임용령 제46조 제1항은 그 수권형식과 내용에 비추어 이는 행정청 내부의 사무처리기준을 정한 재량준칙에 해당한다.

33 「행정심판법」에 대한 설명으로 옳지 않은 것은?

① 중앙행정심판위원회의 회의는 위원장, 상임위원 및 위원장이 회의마다 지정하는 비상임위원을 포함하여 총 9명으로 구성한다.

② 상임위원의 임기는 3년으로 하되, 1차에 한하여 연임할 수 있다.

③ 행정심판은 처분이 있었던 날부터 180일이 지나면 청구하지 못한다. 다만, 정당한 사유가 있는 경우에는 그러하지 아니하다.

④ 취소심판의 경우와 달리 무효등확인심판과 의무이행심판의 경우에는 심판청구의 기간에 제한이 없다.

34 다음 중 「경비업법」에 대한 설명으로 옳은 것은 모두 몇 개인가?

> ㉠ 신변보호업무는 사람의 생명·신체·재산에 대한 위해의 발생을 방지하고 그 신변을 보호하는 업무이다.
> ㉡ 시설주 등이 집단민원현장 발생 1개월 전까지 직접 고용한 경우에는 집단민원현장에 경비인력을 20명 이상 배치할 수 있다.
> ㉢ 경비업을 영위하고자 하는 법인은 시·도경찰청장의 허가를 받아야 하며, 허가의 유효기간은 허가받은 날부터 5년으로 한다.
> ㉣ 경비업자는 도급을 의뢰받은 경비업무가 위법 또는 부당한 것일 때에는 이를 거부할 수 있다.
> ㉤ 국가중요시설에 대한 특수경비업무의 수행이 중단되는 일이 없도록 특수경비업무를 개시하거나 종료하는 때에는 미리 시·도경찰청장의 허가를 받아야 한다.

① 1개   ② 2개
③ 3개   ④ 4개

35 「유실물법」에 대한 설명으로 옳은 것은?

① 습득일로부터 10일 이내에 습득물을 반환 또는 경찰서에 제출하지 아니한 경우에는 보상금을 받을 권리 및 습득물의 소유권을 취득할 권리를 상실한다.

② 착오로 점유한 타인의 물건이나 타인이 놓고 간 물건의 습득자는 보상금을 청구할 수 없다.

③ 유실물을 공고한 후 6개월 내에 소유자가 권리를 주장하지 아니하면 습득자가 그 소유권을 취득하며, 소유권 취득 후 6개월 내에 해당 습득물을 받아가지 아니하면 소유권이 상실된다.

④ 경찰서장은 물건의 보관에 과다한 불편이 수반되는 때에 대통령령으로 정하는 방법으로 이를 매각할 수 있다.

36 「가정폭력범죄의 처벌 등에 관한 특례법」, 「아동학대범죄의 처벌 등에 관한 특례법」, 「스토킹범죄의 처벌 등에 관한 법률」에 대한 설명으로 옳은 것은?

① 가정폭력범죄 사건 및 아동학대범죄 사건에서 사법경찰관이 응급조치(제지만 한 경우는 제외)를 한 경우에는 반드시 임시조치를 신청하여야 한다.

② 스토킹범죄 사건에서 사법경찰관이 긴급응급조치를 한 때에는 지체 없이 검사에게 잠정조치를 신청하고, 신청받은 검사는 법원에 48시간 이내에 잠정조치를 청구하여야 한다.

③ 가정폭력범죄 또는 아동학대범죄 사건에서 사법경찰관이 긴급 임시조치를 한 경우에는 반드시 임시조치를 신청하여야 하고, 검사는 48시간 이내에 임시조치를 청구하여야 한다.

④ 스토킹범죄(흉기를 이용한 경우 포함)는 피해자가 구체적으로 밝힌 의사에 반하여 공소를 제기할 수 없다.

37 「통합방위법」상 아래 빈 칸에 들어갈 말로 바르게 연결된 것은?

> 갑종사태 : (㉠) 또는 지역군사령관의 지휘·통제하에 통합방위작전을 수행
> 을종사태 : (㉡)의 지휘·통제하에 통합방위작전을 수행
> 병종사태 : (㉢), 지역군사령관 또는 함대사령관의 지휘·통제하에 통합방위작전을 수행

① ㉠ 국무총리, ㉡ 시·도지사, ㉢ 경찰청장
② ㉠ 국무총리, ㉡ 시·도지사, ㉢ 시·도경찰청장
③ ㉠ 통합방위본부장, ㉡ 지역군사령관, ㉢ 경찰청장
④ ㉠ 통합방위본부장, ㉡ 지역군사령관, ㉢ 시·도경찰청장

38 다음 중 운전할 수 있는 것으로 옳은 것은?

① 제1종 보통면허로 적재중량 12톤의 화물자동차를 운전한 경우

② 제1종 보통면허로 3톤의 지게차를 도로에서 운행한 경우

③ 제1종 소형견인차 면허로 승차정원 10인의 승합자동차를 운전한 경우

④ 제1종 보통연습면허로 총중량 5톤의 특수차(구난차 등 제외)를 운전한 경우

39 아래 「집회 및 시위에 관한 법률」에 대한 내용으로 옳지 않은 것은?

제8조 ② 관할경찰관서장은 집회 또는 시위의 시간과 장소가 중복되는 2개 이상의 신고가 있는 경우 그 목적으로 보아 서로 상반되거나 방해가 된다고 인정되면 ㉠ 각 옥외집회 또는 시위 간에 시간을 나누거나 장소를 분할하여 개최하도록 권유하는 등 각 옥외집회 또는 시위가 서로 방해되지 아니하고 평화적으로 개최·진행될 수 있도록 노력하여야 한다.
③ 관할경찰관서장은 제2항에 따른 권유가 받아들여지지 아니하면 뒤에 접수된 옥외집회 또는 시위에 대하여 제1항에 준하여 ㉡ 그 집회 또는 시위의 금지를 통고하여야 한다.
④ 제3항에 따라 뒤에 접수된 옥외집회 또는 시위가 금지 통고된 경우 먼저 신고를 접수하여 옥외집회 또는 시위를 개최할 수 있는 자는 ㉢ 집회 시작 1시간 전에 관할경찰관서장에게 집회 개최 사실을 통지하여야 한다.
제26조 ① 제8조 제4항에 해당하는 먼저 신고된 옥외집회 또는 시위의 주최자가 정당한 사유 없이 제6조 제3항(철회신고서 제출)을 위반한 경우에는 ㉣ 100만 원 이하의 과태료를 부과한다.

① ㉠ ② ㉡

③ ㉢ ④ ㉣

40 주한미군지위협정(SOFA)이 적용되는 대상자에 해당하지 않는 것은 모두 몇 개인가?

㉠ 주한미군에 근무하는 한국인 근로자
㉡ 카투사
㉢ 주한 미대사관에 근무하는 미군 사병
㉣ 미국의 법률에 따라 조직된 법인, 통상 미국에 거주하는 동 법인의 고용일 및 그들의 가족으로서 미국 정부에 의해 지정된 자
㉤ 주한미군·군속의 21세 이상 자녀로서 그 생계비의 반액 이상을 주한미군 또는 군속에 의존하는 자

① 1개 ② 2개
③ 3개 ④ 4개

제
04
회

01 다음 중 경찰의 개념에 대한 설명으로 가장 옳은 것은?

① 「프로이센 일반란트법」에서 경찰을 행정경찰과 사법경찰로 최초로 구분하였다.

② 법치국가 시대의 주요 법령과 판례는 『프로이센의 일반란트법 → 프로이센의 제국경찰법 → 프로이센의 크로이츠베르크 판결 → 프랑스의 지방자치법전 → 프랑스의 죄와 형벌법전』 순서로 발전하였다.

③ 경찰개념의 발달과정에서 경찰사무를 타 행정관청으로 이관하는 현상을 '비범죄화'라고 하는데, 위생경찰, 산림경찰 등을 비범죄화 사무의 예로 들 수 있다.

④ 1884년 프랑스 지방자치법전은 경찰의 직무범위에서 협의의 행정경찰적 사무를 포함시키고 있다.

02 경찰의 개념 형성과 경찰학에 대한 설명으로 가장 옳지 않은 것은?

① 한국의 경찰학의 연구로 1909년 일본 경찰학 요론을 번역한 조성구의 「경찰학」, 유문환의 「경찰학」이 있다.

② 19세기 초 영국의 로버트 필이 「영국 수도경찰의 조직과 운영에 관한 획기적인 개혁방안(The Metropolitan Police Ace of 1829)」을 제시한 이후부터 오늘날의 경찰학은 중립적 학문으로 자리 잡기 시작하였다.

③ 경찰학은 과학성과 기술성 양면성을 갖고 있다. 경찰학이 '과학적'이라는 것은 현실적 문제를 해결하고 바람직한 이상을 실현하기 위한 행위양식을 규명하고 처방할 수 있다는 것이다.

④ 오늘날의 경찰학은 행정학과 비슷하게 과학적 특성이 강한 학문이 아니라 기술적 특성이 강조되는 점에 그 특징이 있다.

03 경찰의 관할에 대한 다음 설명 중 가장 옳지 않은 것은?

① 「법원조직법」상 재판장은 법정에서의 질서유지를 위해 필요하다고 인정할 때에는 개정 전후를 불문하고 관할 경찰서장에게 경찰공무원의 파견을 요구할 수 있으며, 파견된 경찰공무원은 법정 내외의 질서유지에 관하여 재판장의 지휘를 받는다.

② 국회의장의 요구로 파견된 경찰공무원은 국회 회의장 안에 있는 국회의원은 국회의장의 명령 없이 체포할 수 없다.

③ 헌법상 대통령은 내란 또는 외환의 죄를 범한 경우를 제외하고는 재직 중 형사상의 소추를 받지 아니한다.

④ '사물관할'이란 경찰권이 발동될 수 있는 지역적 범위를 말하고, 대한민국의 영역 내 모든 범위에 적용되는 것이 원칙이다.

04 「경찰 인권보호규칙」(경찰청 훈령)에 의한 진상조사단에 대한 설명으로 옳은 것은?

① 경찰청 인권위원회는 경찰의 법 집행 과정에서 사람의 사망 또는 중상해 그 밖에 사유로 인하여 중대한 인권침해의 의심이 있는 경우 이를 조사하기 위하여 진상조사단을 구성할 수 있다.

② 진상조사단은 경찰청 차장 직속으로 두고 진상조사팀, 실무지원팀, 민간조사자문단으로 구성하여 운영한다.

③ 단장은 경찰청 소속 경무관급 공무원 중에서 경찰청 인권위원회의 추천을 받아 경찰청장이 임명한다.

④ 진상조사단은 원칙적으로 구성된 날로부터 6개월 내에 조사를 완료하여야 한다. 다만 필요한 경우에는 경찰청장의 승인을 받은 후 기간을 연장할 수 있다.

05 우리나라 경찰의 윤리강령에 대한 설명으로 옳은 것은?

① 정부수립 이후 최초의 윤리규정은 1945년 10월 21일 미군정청에 경무국이 창설되면서 초대 경무국장에 취임한 조병옥 박사의 지시문으로서, 경찰은 국민의 신뢰를 받고, 냉정하고, 공평하고, 검소하여야 하며 일상에 수양하고 내외정세에 사명을 알 것을 요구하였다.

② 국립경찰 탄생시 경찰의 이념적 지표가 된 경찰정신은 대륙법계의 영향을 받은 봉사와 질서였다.

③ 경찰윤리강령은 「경찰윤리헌장 – 경찰헌장 – 새경찰신조 – 경찰서비스헌장 – 경찰관 인권행동강령」 순으로 제정되었다.

④ 경찰헌장에서 "우리는 정의의 이름으로 진실을 추구하며 어떠한 불의나 불법과도 타협하지 않는 공정한 경찰이다." 라는 목표를 제시하였다.

06 경찰윤리강령에 관한 설명으로 가장 옳지 않은 것은?

① 경찰윤리강령은 대외적으로 서비스 수준의 보장, 국민과의 신뢰관계 형성, 과도한 요구에 대한 책임 제한 등과 같은 기능을 한다.

② 경찰윤리강령의 문제점 중 '냉소주의의 문제'란 강령의 수준 이상으로 근무하지 않으려는 근무수준의 최저화를 유발하며 강령의 내용을 울타리로 삼아 그 이상의 자기희생을 않으려 하는 것을 말한다.

③ 경찰윤리강령의 문제점으로 '비진정성'이란 경찰관의 도덕적 자각에 따른 자발적인 행동이 아니라 외부로부터 요구된 타율성으로 인해 진정한 봉사가 이루어지지 않을 수 있다는 것을 의미한다.

④ 조직에 대한 소속감의 고취는 내내적 기능에 해당한다.

07 「부정청탁 및 금품등 수수의 금지에 관한 법률」상 신고 방법에 대한 설명으로 가장 옳지 않은 것은?

① 신고를 하려는 자는 자신의 실명을 적은 문서와 증거물 등을 함께 제출하는 것이 원칙이며, 구두로는 신고할 수 없다.

② 비실명으로 대리신고를 하려는 자는 반드시 변호사를 선임하여 신고를 대리하게 하여야 한다.

③ 대리신고는 수사기관이나 국민권익위원회에 할 수 있으며, 대리신고의 취지를 밝히고 신고자의 인적사항, 신고자임을 입증할 수 있는 자료 및 위임장을 함께 제출하여야 한다.

④ 대리신고를 접수한 기관은 제출된 자료를 봉인하여 보관하여야 하며, 신고자 본인의 동의 없이 이를 열람하여서는 아니 된다.

08 「공직자의 이해충돌방지법」상 가족의 범위에 대한 설명으로 옳지 않은 것은?

① "사적이해관계자"에 해당하는 가족의 범위와 제11조(가족 채용 제한)에 의해 채용이 제한되는 가족의 범위는 같다.

② 공직자의 직계혈족 또는 형제자매는 생계를 같이하지 않더라도 "사적이해관계자"에 해당한다.

③ 공직자 배우자의 직계혈족 또는 형제자매는 생계를 같이 하는 경우에 한하여 "사적이해관계자"에 해당한다.

④ "생계를 같이 한다"는 것은 주민등록표상 세대를 같이 하며 동거하는 것을 의미한다.

09 Matza & Sykes의 중화기술 유형에 대한 설명으로 옳은 것은?

① 술에 너무 취해서 자신도 모르게 강간을 하게 되었다고 주장하는 것은 책임의 부정이다.

② 부자는 가진 게 많아서 반지 하나 정도 훔쳐도 괜찮다며 자기 합리화를 하는 것은 피해자의 부정이다.

③ "학교에서 집단 따돌림을 하면서 피해학생이 따돌림의 원인을 제공했다"라고 주장하는 것은 피해 부정(가해 부정)이다.

④ "시위 현장에서 폭력의 사용은 위법하지만 자유와 평등을 위한 것이다"라고 주장하는 것은 비난자에 대한 비난이다.

10 다음은 범죄자 甲과 乙의 범행장소 선정에 관한 가상 시나리오이다. 경찰의 순찰강화가 B지역과 C지역에 미친 효과에 해당하는 것으로 가장 적절하게 연결한 것은?

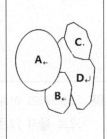

범죄자 甲은 A지역에서 범죄를 할 예정이었으나, A지역의 순찰이 강화된 것을 확인하고 C지역으로 이동해서 범죄를 저질렀다. 범죄자 乙은 B지역에서 범행을 계획하였으나, A지역의 순찰이 강화된 것을 인지하고 A지역과 인접한 B지역 대신 멀리 떨어진 지역으로 이동해서 범죄를 저질렀다.

① B지역 – 이익의 확산(diffusion of benefits)
　C지역 – 범죄전이(crime displacement)

② B지역 – 범죄전이(crime displacement)
　C지역 – 억제효과(deterrent effect)

③ B지역 – 범죄전이(crime displacement)
　C지역 – 이익의 확산(diffusion of benefits)

④ B지역 – 이익의 확산(diffusion of benefits)
　C지역 – 억제효과(deterrent effect)

11 임시정부 시기에 관한 다음 설명 중 옳은 것은?

① 상해 임시정부는 1919년 11월 「대한민국 잠행관제」에 근거하여 내무부 경무국장에 김구를 임명하였다.

② 경찰은 행정경찰, 사법경찰, 고등경찰에 관한 사항, 도서출판·저작권, 일체 위생업무를 담당하였다.

③ 상해시기에 의경대를 창설하여 김구는 초대 의경대장을 맡았다.

④ 중경 임시정부 시기 경무과는 일반경찰사무, 인구조사, 징병 및 징발, 국내 정보수집 등의 업무를 수행하였다.

12 외국 경찰제도에 대한 설명으로 옳은 것은 모두 몇 개인가?

　㉠ 일본의 관구경찰국은 전국에 6개가 설치되어 있다.
　㉡ 프랑스의 군인경찰은 모두 사법경찰권을 행사한다.
　㉢ 독일의 연방헌법보호청은 국가안보와 관련된 정보를 수집하고 수사한다.
　㉣ 미국의 연방범죄수사국(FBI)은 미국 최초의 연방법집행기관이다.
　㉤ 영국의 지방경찰은 4원 체제(지역치안위원장, 지역치안평의회, 지방경찰청장, 내무부장관)로 운영되며, 지역치안평의회에서 지방경찰청장과 차장에 대한 임명권을 행사한다.

① 없음　　　　　　② 1개
③ 2개　　　　　　④ 3개

13 정책결정 모델에 대한 설명으로 가장 옳지 않은 것은?

① 만족 모델은 모든 대안의 비용과 편익을 비교하여 만족할 만한 최선의 정책을 선택한다.

② 쓰레기통 모델은 의사결정에 필요한 4가지 요소(문제, 해결책, 참가자, 선택기회)가 독자적으로 표류하다가 어느 시점에 우연히 모두 만날 때 결정이 이루어진다.

③ 혼합탐사 모델은 점증 모델의 단점을 합리 모델과의 통합을 통해서 보완하기 위해 주장된 것이다. 정책결정을 근본적 결정과 세부적 결정으로 나누고, 합리적 결정과 점증적 결정을 적절하게 혼합하여 의사결정을 한다.

④ 최적 모델은 합리 모델의 비현실성과 점증 모델의 보수성을 극복하기 위하여 이상주의와 현실주의의 통합을 시도한 것이다. 이 모델은 기존의 정책을 바탕으로 이루어지는 점증주의 성향을 비판하면서, 새로운 결정을 내릴때마다 정책방향도 다시 검토할 것을 주장한다.

14 예산 제도에 대한 설명 중 가장 옳은 것은?

① 품목별 예산제도는 회계책임이 명확하며, 계획과 지출이 일치한다.

② 성과주의 예산제도는 일반국민이 정부사업에 대하여 이해가 용이하다는 장점이 있다.

③ 성과주의 예산제도는 자원배분에 관한 의사결정의 일관성과 합리성을 도모할 수 있다.

④ 계획 예산제도는 예산을 각 세부 사업별로 구분하여 「단위원가 × 업무량 = 예산액」으로 표시한다.

15 「보안업무규정」상 비밀의 보호에 대한 설명으로 옳은 것은?

① Ⅰ급비밀은 국가정보원장의 허가를 받아 그 원형을 재현하는 행위를 할 수 있다.

② Ⅱ급비밀 및 Ⅲ급비밀은 국가정보원장이 특정한 제한을 하지 아니한 것으로서 해당 등급의 비밀취급 인가를 받은 사람이 공용(共用)으로 사용하는 경우에는 원형을 재현하는 행위를 할 수 있다.

③ 중앙행정기관등의 장은 국가안전보장을 위하여 국민에게 긴급히 알려야 할 필요가 있다고 판단될 때 국가정보원장과 협의를 거쳐 비밀을 공개할 수 있다.

④ 공무원 또는 공무원이었던 사람은 법률에서 정하는 경우를 제외하고는 소속 기관의 장이나 소속되었던 기관의 장의 승인 없이 비밀을 공개해서는 아니 된다.

16 「언론중재 및 피해구제 등에 관한 법률」상 언론중재위원회(이하 "중재위원회"라 한다)의 설치에 관한 내용으로 가장 옳지 않은 것은?

① 중재위원회는 40명 이상 90명 이내의 중재위원으로 구성한다.

② 중재위원회에 위원장 1명과 2명 이내의 부위원장 및 2명 이내의 감사를 두며, 각각 중재위원 중에서 호선한다.

③ 위원장, 부위원장, 감사 및 중재위원의 임기는 각각 3년으로 하며, 연임할 수 없다.

④ 중재위원회의 회의는 재적위원 과반수의 출석과 출석위원 과반수의 찬성으로 의결한다.

제 **05** 회

17 「개인정보 보호법」상 영상정보처리기기의 설치 · 운영에 관한 내용으로 옳지 않은 것은?

① 누구든지 공개된 장소에 고정형 영상정보처리기기를 설치 · 운영할 수 있는 것이 원칙이다.

② 업무를 목적으로 이동형 영상정보처리기기를 운영하려는 자는 공개된 장소에서 이동형 영상정보처리기기로 사람 또는 그 사람과 관련된 사물의 영상(개인정보에 해당하는 경우로 한정한다)을 원칙적으로 촬영할 수 없다.

③ 촬영 사실을 명확히 표시하여 정보주체가 촬영 사실을 알 수 있도록 하였음에도 불구하고 촬영 거부 의사를 밝히지 아니한 경우(정보주체의 권리를 부당하게 침해할 우려가 없고 합리적인 범위를 초과하지 아니하는 경우로 한정한다)에는 이동형 영상정보처리기기로 사람 또는 그 사람과 관련된 사물의 영상을 촬영할 수 있다.

④ 이동형 영상정보처리기기로 사람 또는 그 사람과 관련된 사물의 영상을 촬영하는 경우에는 불빛, 소리, 안내판 등 대통령령으로 정하는 바에 따라 촬영 사실을 표시하고 알려야 한다.

18 「경찰 감찰 규칙」에 대한 설명으로 옳은 것은?

① 감찰관은 소속공무원의 의무위반사실에 대한 민원을 접수한 경우 접수일로부터 1개월 내에 신속히 처리하여야 한다.

② 감찰관은 다른 경찰기관 또는 검찰, 감사원 등 다른 행정기관으로부터 통보받은 소속공무원의 의무위반행위에 대해서는 통보받은 날로부터 2개월 이내에 신속히 처리하여야 한다.

③ 감찰관은 검찰 · 경찰, 그 밖의 수사기관으로부터 수사개시 통보를 받은 경우에는 감찰부서장의 결재를 받아 해당 기관으로부터 수사결과의 통보를 받을 때까지 감찰조사, 징계의결요구 등의 절차를 진행하지 아니 할 수 있다.

④ 감찰관은 조사대상자에게 감찰조사 결과 요지를 서면 또는 전화, 문자메시지(SMS) 전송 등의 방법으로 통지하여야 하며, 그 통지를 받은 조사대상자는 그 통지를 받은 날부터 10일 이내에 감찰을 주관한 경찰기관의 장에게 이의신청을 할 수 있다.

19 「자치경찰사무와 시 · 도자치경찰위원회의 조직 및 운영 등에 관한 규정」상 수사관련 자치경찰 사무의 범위에 해당하지 아니하는 사건은? (다툼이 있는 경우 판례에 의함)

① 공개된 장소에서 공공연하게 성기 · 엉덩이 등 신체의 주요한 부위를 노출한 사건

② 찜질방 수면실에서 옆에 누워 있던 피해자의 가슴 등을 손으로 만진 사건

③ 성적 욕망을 만족시킬 목적으로 공중화장실에 침입하여 용변을 보는 모습을 옆 칸에서 훔쳐본 사건

④ 술에 취한 채로 관공서에서 몹시 거친 말과 행동으로 주정하거나 시끄럽게 한 사건

20 「국가경찰 및 자치경찰의 조직 및 운영에 관한 법률」상 비상사태 등 전국적 치안유지에 대한 설명으로 가장 적절하지 않은 것은?

① 경찰청장은 비상사태 등 전국적 치안유지를 위한 지휘 · 명령이 필요한 경우에는 시 · 도자치경찰위원회에 자치경찰사무를 담당하는 경찰공무원을 직접 지휘 · 명령하려는 사유 및 내용 등을 구체적으로 제시하여 통보하여야 한다.

② 경찰청장이 비상사태 등 전국적 치안유지를 위한 지휘 · 명령이 필요한 경우에는 국가경찰위원회에 즉시 보고하여야 한다.

③ 경찰청장은 비상사태 등 전국적 치안유지를 위한 지휘 · 명령이 필요한 경우에는 자치경찰사무를 수행하는 경찰공무원(제주특별자치도의 자치경찰공무원을 제외한다)을 직접 지휘 · 명령할 수 있다.

④ 시 · 도의 경찰력으로는 국민의 생명 · 신체 · 재산의 보호 및 공공의 안녕과 질서유지가 어려워 경찰청장의 지원 · 조정이 필요하다고 인정할 만한 충분한 사유로 경찰청장이 지휘를 할 경우에는 미리 국가경찰위원회의 의결을 거쳐야 하는 것이 원칙이다.

21 행정권한의 위임과 내부위임에 대한 설명으로 옳지 않은 것은? (다툼이 있는 경우 판례에 의함)

① 「행정권한의 위임 및 위탁에 관한 규정」에 의하여 경찰청장은 시·도경찰청장, 경찰대학장, 경찰인재개발원장, 중앙경찰학교장 및 경찰수사연수원장에게 해당 소속기관의 4급 및 5급 공무원의 전보권과 6급 이하 공무원의 임용권을 각각 위임한다.

② 행정권한의 위임과 전결규정과 같은 내부위임은 법률이 위임을 허용하고 있는 경우에 한하여 인정된다.

③ 행정권한의 위임은 수임관청의 명의로 해야 하지만, 내부위임은 위임관청의 명의로 한다.

④ 행정관청이 내부의 위임전결에 관한 규칙을 위반하여 행정처분을 하였더라도 이를 무효의 처분이라고 할 수 없다.

22 공무원의 임용과 관련한 판례의 내용으로 옳지 않은 것은?

① 경찰공무원이 재직 중 자격정지 이상의 형의 선고유예를 받음으로써 당연퇴직하는 경우, 그 선고유예 판결의 확정일에 경찰공무원 신분을 상실한다.

② 임용당시 공무원임용결격사유가 있었다면 비록 국가의 과실에 의하여 임용결격자임을 밝혀내지 못하였다면 그 임용행위는 취소할 수 있는 사유에 해당한다.

③ 직위해제 중에 당연퇴직된 경찰공무원에게 임용권자가 복직처분을 하더라도 이 때문에 그 자가 공무원의 신분을 회복하는 것은 아니다.

④ 임용결격자가 공무원으로 임용되어 사실상 근무하여 왔다고 하더라도 그러한 피임용자는 공무원연금법에 의한 퇴직금청구를 할 수 없다.

23 「경찰공무원임용령」의 규정에 대한 내용으로 옳지 않은 것은?

① 임용권자 또는 임용제청권자는 채용후보자 명부에 등재된 채용후보자가 6개월 이상 학업을 계속하는 경우에 한하여 채용후보자 명부의 유효기간의 범위에서 기간을 정하여 임용 또는 임용제청을 유예할 수 있다.

② 시보임용예정자에게 교육훈련을 받는 기간 동안 예산의 범위에서 임용예정계급의 1호봉에 해당하는 봉급의 80퍼센트에 해당하는 금액 등을 지급할 수 있다.

③ 교육훈련성적이 만점의 60퍼센트 미만이거나 생활기록이 극히 불량한 경우 또는 제2 평정 요소의 평정점이 만점의 50퍼센트 미만인 경우에는 시보임용경찰공무원을 면직시키거나 면직을 제청할 수 있다.

④ 채용후보자 명부의 유효기간은 2년으로 하되, 경찰청장은 필요에 따라 1년의 범위에서 그 기간을 연장할 수 있다.

24 다음 중 위원회의 구성과 관련한 내용으로 옳지 않은 것은?

① 경찰청 또는 시·도경찰청 인권위원회는 위원장 1명을 포함하여 7명 이상 13명 이하의 위원으로 구성한다. 이때, 특정 성별이 전체 위원 수의 10분의 6을 초과하지 아니해야 한다.

② 경찰공무원 중앙징계위원회 또는 보통징계위원회는 위원장 1명을 포함하여 11명 이상 51명 이하의 공무원위원과 민간위원으로 구성한다. 이 경우 전체 위원 수의 2분의 1 이상을 민간위원으로 위촉하며, 특정 성별의 위원이 민간위원 수의 10분의 6을 초과하지 않도록 해야 한다.

③ 경찰공무원 중앙징계위원회 또는 보통징계위원회의 회의는 위원장과 징계위원회가 설치된 경찰기관의 장이 회의마다 지정하는 4명 이상 6명 이하의 위원으로 성별을 고려하여 구성하되, 민간위원의 수는 위원장을 포함한 위원 수의 2분의 1 이상이어야 한다.

④ 징계사유가 「성폭력범죄의 처벌 등에 관한 특례법」에 따른 성폭력범죄 또는 「양성평등기본법」에 따른 성희롱 사건이 경찰공무원 중앙징계위원회 또는 보통징계위원회의 회의를 구성하는 경우에는 피해자와 같은 성별의 위원이 위원장을 제외한 위원 수의 2분의 1 이상 포함되어야 한다.

제 **05** 회

25 「경찰공무원법」 및 「경찰공무원 징계령」상 임용권에 대한 설명으로 옳지 않은 것은?

① 총경 이상 경찰공무원은 경찰청장의 추천을 받아 행정안전부장관의 제청으로 국무총리를 거쳐 대통령이 임용한다. 다만, 총경의 전보, 휴직, 직위해제, 강등, 정직 및 복직은 경찰청장이 한다.

② 「국가공무원법」에 따라 국무총리 소속으로 설치된 징계위원회에서 의결한 징계 중 감봉과 견책은 경찰청장이 한다.

③ 파면·해임·강등 및 정직은 징계위원회의 의결을 거쳐 해당 경찰공무원의 임용권자가 하되, 총경 및 경정의 강등 및 정직은 경찰청장이 한다.

④ 경무관 이상의 강등 및 정직과 경정 이상의 파면 및 해임은 행정안전부장관의 제청으로 국무총리를 거쳐 대통령이 한다.

26 공무원의 고충처리에 대한 설명으로 옳지 않은 것은?

① 「공무원고충처리규정」에 따라 고충심사위원회가 청구서를 접수한 때에는 30일 이내에 고충심사에 대한 결정을 하여야 한다. 다만, 부득이하다고 인정되는 경우에는 고충심사위원회의 의결로 30일을 연장할 수 있다.

② 경찰공무원 고충심사위원회는 위원장 1명을 포함하여 7명 이상 15명 이하의 공무원위원과 민간위원으로 구성한다. 이 경우 민간위원의 수는 위원장을 제외한 위원 수의 2분의 1 이상이어야 한다.

③ 경찰공무원고충심사위원회의 회의는 위원장과 위원장이 회의마다 지정하는 5명 이상 7명 이내의 위원으로 성별을 고려하여 구성한다. 이 경우 민간위원이 3분의 1 이상 포함되어야 한다.

④ 경찰공무원 고충심사위원회의 심사를 거친 재심청구와 경정 이상의 경찰공무원의 인사상담 및 고충심사는 경찰청에 설치된 중앙고충심사위원회에서 한다.

27 「경찰관직무집행법」에 관한 판례의 내용으로 옳지 않은 것은 모두 몇 개인가?

㉠ 경고나 제지는 범죄의 예방을 위하여 범죄행위에 관한 실행의 착수 전에 행하여질 수 있을 뿐만 아니라, 이후 범죄행위가 계속되는 중에 그 진압을 위하여도 당연히 행하여질 수 있다.

㉡ 경찰관의 '제지'는 눈 앞의 급박한 경찰상 장해를 제거할 필요가 있고 의무를 명할 시간적 여유가 없거나 의무를 명하는 방법으로는 그 목적을 달성하기 어려운 상황에서 의무불이행을 전제로 하지 않는다.

㉢ 보호조치가 필요한 피구호자에 해당하는지 여부는 현장에 출동한 경찰관 개인을 기준으로 판단하되, 피구호자의 가족 등에게 인계할 수 있다면 특별한 사정이 없는 한 경찰관서에서 피구호자를 보호하는 것은 허용되지 않는다.

㉣ '술에 취한 상태'란 피구호자가 술에 만취하여 정상적인 판단능력이나 의사능력을 상실할 정도에 이른 것을 말한다.

㉤ 범인을 제압하는 과정에서 총기를 사용하여 범인을 사망에 이르게 한 사안에서 경찰관이 총기사용에 이르게 된 동기나 목적, 경위 등을 고려하여 형사사건에서 무죄판결이 확정되었다면 당해 경찰관의 과실의 내용과 그로 인하여 발생한 결과의 중대함은 상호 인과관계를 인정할 수 없으므로 민사상 불법행위책임을 인정할 수 없다.

① 1개 　　　② 2개
③ 3개 　　　④ 4개

28 「경찰 물리력 행사의 기준과 방법에 관한 규칙」에 대한 설명으로 가장 옳지 않은 것은?

① 대상자가 경찰관의 지시, 통제를 따르지 않고 비협조적이지만 경찰관 또는 제3자에 대해 직접적인 위해를 가하지 않는 상태에서 경찰관은 대상자가 통증을 느낄 수 있으나 신체적 부상을 당할 가능성은 낮은 물리력을 사용할 수 있다.

② 경찰관이 사람을 향해 전자충격기를 사용하는 경우에는 적정사거리(3~4.5m)에서 후면부(후두부 제외)나 전면부의 흉골 이하(안면, 심장, 급소 부위 제외)를 조준하여야 한다.

③ 한 명의 대상자에게 동시에 두 대 이상의 전자충격기 전극침을 발사하거나 스턴 기능을 사용해서는 아니 된다.

④ 경찰관이 리볼버 권총을 사용하는 경우 안전을 위해 가급적 복동식 격발 방법을 사용하여야 한다.

29 「행정심판법」에 관한 다음 설명 중 옳지 않은 것은?

① 당사자의 신청에 대한 행정청의 위법 또는 부당한 거부처분이나 부작위에 대하여 일정한 처분을 하도록 하는 행정심판은 의무이행심판이다.

② 위원회는 심판청구가 이유가 있다고 인정하는 경우에도 이를 인용하는 것이 공공복리에 크게 위배된다고 인정하면 그 심판청구를 기각하는 재결을 할 수 있다.

③ 사정재결은 무효등확인심판에는 적용하지 아니한다.

④ 다른 법률에 특별한 규정이 있는 경우 외에는 대통령의 처분 또는 부작위에 대하여 행정심판을 청구할 수 있다.

30 공무원의 징계에 대한 설명으로 옳지 않은 것은? (다툼이 있는 경우 판례에 의함)

① 징계위원회의 심의과정에 반드시 제출되어야 하는 공적(공적) 사항이 제시되지 않은 상태에서 결정한 징계처분은 위법하다

② 징계의결 요구권자인 경찰서장은 징계위원회의 의결이 가볍다고 인정되더라도 징계위원회의 결정이 경징계 해당하는 경우에는 그 처분을 하여야 한다.

③ 징계사유인 성희롱 관련 형사재판에서 무죄가 선고되었다고 하여 그러한 사정만으로 행정소송에서 징계사유의 존재를 부정할 것은 아니다.

④ 의원면직처분의 경우에는 처분사유 설명서가 요구되는 것이 아니다.

31 행정행위의 하자에 대한 설명으로 옳지 않은 것은? (판례에 의함)

① 흠의 치유는 원칙적으로 허용될 수 없는 것이지만, 행정행위의 무용한 반복을 피하고 당사자의 법적 안정성을 위해서 허용하는 때에도 다른 국민의 권리나 이익을 침해하지 않는 범위 내에서 인정된다.

② 행정행위의 하자가 치유되면 당해 행정행위는 처분 당시부터 하자가 없는 적법한 행정행위로 효력을 발생한다.

③ 음주운전단속 경찰관이 자신의 명의로 운전면허행정처분통지서를 작성·교부하였더라도 이를 무효의 처분으로 볼 수는 없다.

④ 절차상 하자로 인하여 무효인 행정처분이 있은 후 행정청이 관계 법령에서 정한 절차를 갖추어 다시 동일한 행정처분을 하였다면 당해 행정처분은 종전의 무효인 행정처분과 관계없이 새로운 행정처분이라고 보아야 한다.

32 다음 행정행위 중 강학상 특허에 해당하지 않는 것은? (다툼이 있는 경우 판례에 의함)

① 공유수면매립면허

② 재단법인의 정관변경 허가

③ 개인택시운송사업면허

④ 국유재산 등의 관리청이 행정재산의 사용·수익에 대한 허가

33 행정상 즉시강제에 관한 설명으로 옳은 것은?

① 행정상 즉시강제는 의무불이행을 전제로 한다.

② 즉시강제는 다른 수단으로는 행정목적을 달성할 수 없는 경우에만 허용되며, 현장에 파견되는 집행책임자는 그가 집행책임자임을 표시하는 증표를 보여 주어야 하며, 즉시강제의 이유와 내용을 고지하여야 한다.

③ 행정상 즉시강제는 어떠한 경우에도 이를 다툴 소의 이익이 없으므로 항고소송을 제기할 수 없다.

④ 행정상 즉시강제는 처분성이 인정되지 않기 때문에 항고소송을 제기할 수 없고, 손해배상청구만 가능하다.

34 「112치안종합상황실 운영 및 신고처리 규칙」에 관한 내용 중 가장 옳은 것은?

① "112시스템"이란 112신고의 목적 달성을 위하여 이루어지는 접수·지령·현장출동·현장조치·종결 등 일련의 처리과정을 말한다.

② code 3 신고는 즉각적인 현장조치는 불필요하나 수사, 전문상담 등이 필요한 경우로서, 당일 근무시간 내에 현장에 출동해야 한다.

③ 112요원은 접수한 신고 내용이 code 0 신고부터 code 4 신고의 유형에 해당하는 경우에는 1개 이상의 출동요소에 출동장소, 신고내용, 신고유형 등을 고지하고 처리하도록 지령해야 한다.

④ 112요원은 다른 관할 지역에서의 출동조치가 필요한 112신고를 받은 경우, 신고자에게 사건을 관할하는 112치안종합상황실에 신고하도록 안내하고 종결한다.

35 「지역경찰의 조직 및 운영에 관한 규칙」에 관한 설명 중 옳은 것은?

① 관리팀원에 대한 일일근무 지정 및 지휘·감독은 지역경찰관서장의 직무이다.

② 지역경찰관서의 시설·예산·장비의 관리는 관리팀의 직무이다.

③ 순찰근무를 지정받은 지역경찰은 지정된 장소에서 범법자 등을 단속·검거하기 위한 통행인 및 차량 등에 대한 검문검색을 한다.

④ 상황근무를 지정받은 지역경찰은 지역경찰관서 및 치안센터 내에서 방문민원 및 각종 신고사건의 접수 및 처리를 수행한다.

36 다음 사례에서 「가정폭력범죄의 처벌 등에 관한 특례법」상 "가정구성원"에 해당하지 않는 자는?

① 혼인신고를 하지 않았지만 사실상 혼인관계에 있는 사람

② 동거하지 않는 이혼한 남편과 부인

③ 동거하지 않는 계부모와 자녀

④ 동거하지 않는 형제자매

37 마약류에 대한 설명으로 가장 옳은 것은?

① 메스카린은 곡물의 곰팡이, 보리 맥각에서 추출한 물질을 인공합성시켜 만든 것으로 무색, 무취, 무미하며 환각제 중에서 가장 강력한 효과를 나타낸다.

② GHB는 무색무취의 짠맛이 나는 액체로 소다수 등의 음료에 타서 복용하며, 특히 미국, 유럽 등지에서 성범죄용으로 악용되어 '정글 쥬스'라고도 불린다.

③ 덱스트로메토르판은 진해거담제로서 의사의 처방전이 있으면 약국에서 구입이 가능하며, 강한 중추신경 억제성 진해작용이 있으나 의존성과 독성이 없다.

④ 메스암페타민은 강한 각성작용으로 의식이 뚜렷해지고 잠이 오지 않는 증상을 보이며, 「마약류관리에 관한 법률」상 마약에 해당한다.

38 「도로교통법」 및 동법 시행령상 긴급자동차에 대한 설명으로 가장 옳은 것은?

① 모든 긴급자동차에 대하여 도로교통법 제32조에 따른 정차 및 주차의 금지 위반 규정을 적용하지 아니한다.

② 앞지르기 방법 위반에 대한 특례는 소방차, 구급차, 혈액공급차, 대통령령으로 정하는 경찰용 자동차에 한하여 인정된다.

③ 국내외 요인(要人)에 대한 경호업무 수행에 공무로 사용되는 자동차의 운전자가 그 차를 본래의 긴급한 용도로 운행하는 중에 교통사고를 일으킨 경우에는 형을 감경 또는 면제할 수 있다.

④ 교차로나 그 부근에서 긴급자동차가 접근하는 경우에는 차마와 노면전차의 운전자는 교차로를 피하여 진로를 양보하여야 한다.

39 아래 「집회 및 시위에 관한 법률」에 대한 내용으로 옳지 않은 것은?

> 제6조(옥외집회 및 시위의 신고 등) ① 옥외집회나 시위를 주최하려는 자는 그에 관한 다음 각 호의 사항 모두를 적은 신고서를 옥외집회나 시위를 시작하기 ㉠ 720시간 전부터 48시간 전에 관할 경찰서장에게 제출하여야 한다. 다만, 옥외집회 또는 시위 장소가 두 곳 이상의 경찰서의 관할에 속하는 경우에는 관할 시·도경찰청장에게 제출하여야 하고, ㉡ 두 곳 이상의 시·도경찰청 관할에 속하는 경우에는 주최지를 관할하는 시·도경찰청장에게 제출하여야 한다.
>
> 1. ~ 6. (생략)
>
> ② 관할 경찰서장 또는 시·도경찰청장(이하 "관할경찰관서장"이라 한다)은 제1항에 따른 신고서를 접수하면 신고자에게 접수 일시를 적은 ㉢ 접수증을 즉시 내주어야 한다.
>
> ③ 주최자는 제1항에 따라 신고한 옥외집회 또는 시위를 하지 아니하게 된 경우에는 ㉣ 신고서에 적힌 집회 일시 12시간 전에 그 철회사유 등을 적은 철회신고서를 관할경찰관서장에게 제출하여야 한다.

① ㉠   ② ㉡

③ ㉢   ④ ㉣

40 「북한이탈주민의 보호 및 정착지원에 관한 법률」에 대한 설명으로 옳지 아니한 것은?

① 보호대상자를 정착지원시설에서 보호하는 기간은 1년 이내로 하고, 거주지에서 보호하는 기간은 5년으로 한다.

② 통일부장관은 협의회의 심의를 거쳐 보호 여부를 결정한다. 다만, 국가안전보장에 현저한 영향을 줄 우려가 있는 사람에 대하여는 국가정보원장이 그 보호 여부를 결정하고, 그 결과를 지체 없이 통일부장관과 보호신청자에게 통보하거나 알려야 한다.

③ 통일부장관은 보호대상자에 대한 보호 및 정착지원을 위하여 정착지원시설을 설치·운영한다. 다만, 국가정보원장이 보호하기로 결정한 사람을 위하여는 국가정보원장이 별도의 정착지원시설을 설치·운영할 수 있다.

④ 국가정보원장은 보호대상자가 거주지로 전입한 후 그의 신변안전을 위하여 경찰청장에게 협조를 요청할 수 있으며, 신변보호기간은 5년으로 한다.

전범위 모의고사

📋 빠른 정답 p.167 / 해설 p.139

01 다음 중 경찰의 개념에 대한 설명으로 가장 옳은 것은?

① 14세기경 프랑스에서는 검찰과 경찰기능을 가진 프레보가 파리에 도입되었고, 프레보는 국왕이 임명하였다.

② 1795년 프랑스「죄와 형벌법전」제16조에서 경찰은 공공의 질서를 유지하고 개인의 자유와 재산 및 안전을 유지하기 위한 기관이라고 규정하였다.

③ 1931년 프로이센의 경찰행정법은 '공공의 평온, 안전과 질서를 유지하고 공중 또는 그 구성원에 대한 절박한 위험을 제거하기 위하여 필요한 수단을 강구하는 것이 경찰의 책무이다' 라고 규정하였다.

④ 경찰개념의 발달과정에서 경찰사무를 타 행정관청으로 이관하는 현상을 '비경찰화'라고 하는데, 위생경찰, 산림경찰, 풍속경찰 등을 비경찰화 사무의 예로 들 수 있다.

02 경찰의 개념과 경찰학에 대한 설명으로 옳지 않은 것은?

① 독일 경찰학자 유스티(Justi)의 저서 '경찰학의 원리 (1756년)'는 오늘날의 경찰학과 그 성격이 유사하다고 할 수 없다.

② 미국에서 오거스트 볼머의 노력으로 대학에 경찰관련 학과가 설치되기 시작하였다.

③ 경찰학의 학문적 성격은 특수학문, 경험과학, 사회과학, 순수학문, 기초학문에 속한다고 볼 수 있다.

④ 경찰학은 실정법상의 경찰조직 및 활동에 관한 학문적 연구의 총체라고 정의할 수 있으며, 경찰관들의 의식세계나 경찰일탈도 경찰학의 연구영역에 포함된다.

03 경찰의 관할에 대한 설명으로 가장 적절하지 않은 것은?

① 인적관할이란 광의의 경찰권이 발동될 수 있는 인적 범위를 말한다.

② 사물관할이란 경찰이 처리할 수 있고 또 처리해야 하는 사무내용의 범위를 말한다.

③ 국회의원은 내란 또는 외환의 죄를 범한 경우를 제외하고는 회기 중 국회의 동의없이 체포 또는 구금되지 아니한다.

④ 국회의장은 국회 경호를 위하여 국회운영위원회의 동의를 얻어 일정 기간을 정하여 정부에 경찰공무원의 파견을 요구할 수 있다.

04 「경찰 인권보호규칙」(경찰청 훈령)상 인권위원회에 대한 설명으로 가장 옳은 것은?

① 경찰청장, 시·도경찰청장, 경찰서장의 자문기구로서 각각 경찰청 인권위원회, 시·도경찰청 인권위원회, 경찰서 인권위원회를 설치하여 운영한다.

② 경찰청 인권위원회는 반기에 1회 이상 인권영향평가 이행 여부를 점검하고 이를 경찰청장에게 보고한다.

③ 인권위원회의 위원장과 위촉 위원의 임기는 위촉된 날로부터 3년으로 하며 위원장의 직은 연임할 수 없고, 위촉 위원은 한 차례만 연임할 수 있다.

④ 정기회의는 경찰청은 월 1회, 시·도경찰청은 분기 1회 개최한다.

05 경찰의 윤리에 대한 설명으로 옳지 않은 것은?

① 클라이니히(J. Kleinig)의 경찰윤리교육의 목적에서 지구대를 방문한 노숙자에 대하여 편견을 갖는 것은 도덕적 결의가 약화된 것으로 보았다.

② 펠드버그(Feldberg)는 대부분의 경찰관들이 사소한 호의와 뇌물을 구별할 수 있으므로 '미끄러지기 쉬운 경사로 이론'은 비현실적이고, 더 나아가 경찰인의 지능에 대한 모독이라고 하였다.

③ 하이덴하이머는 적은 액수의 호의, 선물, 음료수 등을 공직자에게 주는 것을 회색부패로 분류하였다.

④ 코헨과 펠드버그가 주장한 경찰활동의 윤리적 표준에 있어서, 음주단속을 하다가 동료가 운전 중인 차량을 발견하고 음주운전의 의심이 들었지만 모른 체하고 통과시킨 것은 공정한 접근 위반으로 볼 수 있다.

06 부정부패에 관한 설명으로 가장 적절한 것은?

① 작은 호의를 제공받은 경찰관이 도덕적 부채를 느껴 이를 보충하기 위해 결과적으로 선한 후속행위를 하는 상황은 미끄러운 경사 가설의 맥락에서 이해할 수 있다.

② 대의명분 있는 부패와 Dirty Harry 문제는 부패의 개념적 징표를 개인적 이익 추구를 넘어 조직 혹은 사회적 차원의 이익 추구로 확대하고자 하는 시도라고 볼 수 있다.

③ 윤리적 냉소주의 가설은 경찰조직 내부적으로 경찰고위직의 이중적 태도가 아닌 경찰에 대한 외부적 통제 기능을 수행하는 정치권력, 대중매체, 시민단체의 부패로부터 비롯된다고 본다.

④ '사회형성재 이론'은 작은 사례나 호의가 시민과의 부정적인 사회관계를 만들어 주는 형성재라고 보고 있다.

07 「부패방지 및 국민권익위원회 설치와 운영에 관한 법률」에 대한 설명으로 옳지 않은 것은?

① "공공기관"의 범위에 「사립학교법」에 따른 학교법인으로서 국가나 지방자치단체로부터 출연금 또는 보조금을 받는 기관이 포함된다.

② 누구든지 부패행위를 알게 된 때에는 이를 국민권익위원회에 구두 또는 문서로 신고할 수 있다.

③ 경무관급 이상의 경찰공무원에 대한 부패혐의의 내용이 형사처벌을 위한 수사 및 공소제기의 필요성이 있는 경우에는 위원회의 명의로 검찰, 수사처, 경찰 등 관할 수사기관에 고발을 하여야 한다.

④ 18세 이상의 국민은 공공기관의 사무처리가 법령위반 또는 부패행위로 인하여 공익을 현저히 해하는 경우 대통령령으로 정하는 일정한 수 이상의 국민의 연서로 감사원에 감사를 청구할 수 있다.

08 「공직자의 이해충돌방지법」에 대한 설명으로 가장 옳지 않은 것은?

① 공직자는 자신의 배우자가 친족(민법 제777조의 친족)과 금전 거래를 하는 경우 그 친족이 직무관련자라면 이를 안 날부터 14일 이내에 소속기관장에게 그 사실을 서면으로 신고하여야 한다.

② 제9조(직무관련자와의 거래 신고)는 공직자 또는 그의 가족이 현재 자신의 직무관련자와 금전대차 등 일정한 거래를 하는 경우를 말하고 과거 자신의 직무관련자와 거래를 하는 경우는 신고대상에서 제외된다.

③ 공직자는 직무관련자(직무관련자의 대리인을 포함한다)가 사적이해관계자임을 안 날부터 14일 이내에 소속기관장에게 그 사실을 서면으로 신고하고 회피를 신청하여야 한다.

④ 공직자로 채용·임용되기 전 2년 이내에 공직자 자신이 재직하였던 법인 또는 단체는 사적이해관계자에 해당한다.

제 **06** 회

09 범죄원인이론에 대한 설명 중 가장 옳지 않은 것은?

① Merton은 목표와 그 목표를 이루기 위한 수단과의 간극이 커지면서 아노미 조건이 유발되어 분노와 좌절이라는 긴장이 초래되고, 그 목적을 달성하기 위한 수단으로서 범죄를 선택하게 된다고 한다.

② Miller는 하류계층의 청소년들이 목표와 수단의 괴리로 인해 중류계층에 대한 저항으로 비행을 저지르며, 목표달성의 어려움을 극복하기 위해 자신들만의 하위문화를 만들게 되는데 범죄는 이러한 하위문화에 의해 저질러진다고 한다.

③ '사회해체론'과 '아노미이론'은 범죄의 원인을 사회적 구조의 특성에서 찾는 사회적 수준의 범죄원인이론이다.

④ Reckless는 좋은 자아관념이 주변의 범죄적 환경에도 불구하고 비행행위에 가담하지 않도록 하는 중요한 요소라고 한다.

10 다음은 전통적 경찰활동과 지역사회 경찰활동에 관한 비교설명이다(Sparrow, 1988). 질문과 답변의 연결이 가장 옳지 않은 것은?

① 경찰은 누구인가? - 전통적 경찰활동의 관점에서는 경찰이 시민이고 시민이 경찰이라고 답변할 것이며, 지역사회 경찰 활동의 관점에서는 법집행을 주로 책임지는 정부기관이라고 답변할 것이다.

② 언론 접촉 부서의 역할은 무엇인가? - 전통적 경찰활동의 관점에서는 현장경찰관들에 대한 비판적 여론을 차단하는 것이라고 답변할 것이며, 지역사회 경찰활동의 관점에서는 지역사회와의 원활한 소통창구라고 답변할 것이다.

③ 경찰의 효과성은 무엇이 결정하는가? - 전통적 경찰활동의 관점에서는 경찰의 대응시간이라고 답변할 것이며, 지역사회 경찰활동의 관점에서는 시민의 협조라고 답변할 것이다.

④ 가장 중요한 정보란 무엇인가? - 전통적 경찰활동의 관점에서는 범죄사건 정보(특정 범죄사건 또는 일련의 범죄사건 관련 정보)라고 답변할 것이며, 지역사회 경찰활동의 관점에서는 범죄자 정보(개인 또는 집단의 활동사항 관련 정보)라고 답변할 것이다.

11 미군정시대의 경찰에 대한 설명으로 옳지 않은 것은?

① 1946년 여자경찰제도가 도입되어 여자경찰관은 부녀자와 19세 미만 미성년자를 대상으로 하는 사건을 담당하였으며, 서울, 인천, 대구, 부산 등 총 4곳에 여자경찰서를 신설하였다.

② 위생사무가 위생국으로 이관되는 등 비경찰화가 진행되고, 경제경찰과 고등경찰이 폐지되었다.

③ 6인으로 구성된 중앙경찰위원회가 설치되어 경찰정책의 수립, 경찰관리의 임면 등에 관한 사항을 심의하는 등 민주적 요소가 도입되었다.

④ 1945년에 정치법처벌법, 치안유지법, 예비검속법이 폐지되고, 1948년에 보안법이 폐지되었다.

12 영국 로버트 필(Sir Robert Peel)의 경찰개혁에 대한 설명으로 타당한 것은?

① 경찰은 안정되고, 능률적이고, 민주적으로 조직화되어야 한다.

② 경찰은 정부의 통제하에 있어야 한다.

③ 공공의 안전을 위해 모든 경찰관은 명찰을 부착하여야 한다.

④ 범죄 발생은 보안을 유지해야 한다.

13 관료제의 병리현상에 대한 설명으로 가장 옳은 것은?

① 피터의 원리는 관료조직의 인력과 예산 등은 업무량과 무관하게 늘어난다는 것이다.

② 상관의 권위에 의존하면서 소극적으로 일을 처리하려는 동조과잉이 나타난다.

③ 목표가 아닌 수단으로서의 규칙과 절차에 지나치게 집착하는 번문욕례(Red-Tape) 현상이 나타난다.

④ 한 가지 지식이나 기술에 관해 훈련받고 기존 규칙을 준수하도록 길들여진 사람은 다른 대안을 생각하지 못하는 훈련된 무능 현상이 나타난다.

14 「경찰장비관리규칙」상 장비 관리에 대한 설명으로 가장 옳은 것은?

① 각 경찰기관의 업무용차량은 운전요원의 부족 등 불가피한 사유가 없는 한 업무별 소관부서에서 관리한다.

② 부속기관 및 시·도경찰청의 장은 다음 년도 교체대상 차량을 매년 3월 말까지 경찰청장에게 보고하여야 하고, 11월 말까지 다음 년도 차량정수 소요계획을 경찰청장에게 제출하여야 한다.

③ 무기·탄약고 비상벨은 상황실과 숙직실 등 초동조치 가능장소와 연결하고, 외곽에는 철조망 장치와 조명등을 설치하여야 하며 순찰함을 설치할 수 있다.

④ 탄약고는 무기고와 분리되어야 하며 가능한 본 청사와 격리된 독립 건물로 하여야 한다.

15 「행정업무의 운영과 혁신에 관한 규정」상 공문서의 종류 및 용어의 정의에 관한 설명 중 가장 옳은 것은?

① "공문서"란 행정기관에서 공무상 작성하거나 시행하는 문서(도면·사진·디스크·테이프·필름·슬라이드·전자문서 등의 특수매체기록을 포함한다)를 말한다. 행정기관이 접수한 문서는 제외한다.

② '법규문서'란 훈령·지시·예규·일일명령 등 행정기관이 그 하급기관이나 소속 공무원에 대하여 일정한 사항을 지시하는 문서를 말한다.

③ '일반문서'란 민원인이 행정기관에 허가, 인가, 그 밖의 처분 등 특정한 행위를 요구하는 문서와 그에 대한 처리문서를 말한다.

④ "행정정보시스템"이란 행정기관이 행정정보를 생산·수집·가공·저장·검색·제공·송신·수신하고 활용할 수 있도록 하드웨어·소프트웨어·데이터베이스 등을 통합한 시스템을 말한다.

16 「공공기관의 정보공개에 관한 법률」에 대한 설명으로 옳지 않은 것은?

① 정보공개위원회는 성별을 고려하여 위원장과 부위원장 각 1명을 포함한 11명의 위원으로 구성한다. 이 중 위원장을 포함한 7명은 공무원이 아닌 사람으로 위촉하여야 한다.

② 정보공개심의회는 위원장 1명을 포함하여 5명 이상 7명 이하의 위원으로 구성하며, 위원장은 지명하거나 위촉한다.

③ 정보공개심의회의 2분의 1 이상은 해당 국가기관등의 업무 또는 정보공개의 업무에 관한 지식을 가진 외부 전문가로 위촉하여야 한다.

④ 정보의 공개 및 우송 등에 드는 비용은 실비의 범위에서 청구인이 부담하며, 공개를 청구하는 정보의 사용 목적이 공공복리의 유지·증진을 위하여 필요하다고 인정되는 경우에는 그 비용을 감면할 수 있다.

17 「개인정보 보호법」에 관한 다음 설명 중 가장 옳지 않은 것은? (다툼이 있는 경우 판례에 의함)

① 지문은 그 정보주체를 타인으로부터 식별가능하게 하는 개인정보에 해당한다.

② 개인정보자기결정권의 보호대상이 되는 개인정보는 개인의 내밀한 영역이나 사사(私事)의 영역에 속하는 정보에 국한되며, 공적 생활에서 형성되었거나 이미 공개된 개인정보는 포함되지 아니한다.

③ 고정형 영상정보처리기기를 설치·운영하는 자는 정보주체가 쉽게 인식할 수 있도록 안내판을 설치하는 등 필요한 조치를 하여야 한다. 다만, 「군사기지 및 군사시설 보호법」 제2조 제2호에 따른 군사시설, 「통합방위법」 제2조 제13호에 따른 국가중요시설에 대하여는 그러하지 아니하다.

④ 고정형 영상정보처리기기운영자는 영상정보처리기기의 설치 목적과 다른 목적으로 영상정보처리기기를 임의로 조작하거나 다른 곳을 비춰서는 아니 되며, 녹음기능은 사용할 수 없다.

18 「적극행정 운영규정(대통령령)」에 대한 설명으로 옳지 않은 것은?

① 중앙행정기관의 장은 반기별로 위원회의 심의를 거쳐 적극적으로 업무를 추진하여 성과를 창출한 공무원 등을 적극행정 우수공무원으로 선발해야 한다.

② 사전컨설팅 제도는 소속 공무원이 인가·허가·등록·신고 등과 관련한 규제나 불명확한 법령 등으로 인해 업무를 적극적으로 추진하기 곤란한 경우에는 소속 기관의 장이 아닌 감사기구의 장에게 해당 업무의 처리 방향 등에 관한 의견의 제시를 요청하는 것이다.

③ 공무원이 적극행정을 추진한 결과에 대해 그의 행위에 고의가 없는 경우에 한하여 「감사원법」 제34조의3 및 「공공감사에 관한 법률」 제23조의2에 따라 징계 요구 또는 문책 요구 등 책임을 묻지 않는다.

④ 법령이 없거나 법령이 명확하지 않다는 사유로 민원의 내용을 거부하는 통지 또는 국민제안이 채택되지 않았다는 통지를 받은 사람에 한하여 소관 중앙행정기관의 장에게 해당 업무를 적극적으로 처리해 줄 것을 신청할 수 있다.

19 「국가경찰과 자치경찰의 조직 및 운영에 관한 법률」과 대통령령인 「국가경찰위원회규정」, 「자치경찰사무와 시·도자치경찰위원회의 조직 및 운영 등에 관한 규정」상 국가경찰위원회 및 시·도자치경찰위원회의 회의에 대한 다음 설명 중 가장 옳은 것은?

① 정기회의는 특별한 사유가 있는 경우를 제외하고는 국가경찰위원회는 매월 2회 소집하고, 시·도자치경찰위원회는 월 1회 이상 소집·개최한다.

② 국가경찰위원회의 위원 2인 이상과 행정안전부장관 또는 경찰청장은 위원장에게 임시회의의 소집을 요구할 수 있다.

③ 시·도자치경찰위원회는 위원장이 필요하다고 인정하는 경우, 위원 3명 이상이 요구하는 경우 및 시·도지사가 필요하다고 인정하는 경우에는 임시회의를 개최할 수 있다.

④ 시·도자치경찰위원회의 위원장은 재의요구를 받은 날부터 7일 이내에 회의를 소집하여 재의결하여야 한다. 이 경우 재적위원 과반수의 출석과 출석위원 과반수의 찬성으로 전과 같은 의결을 하면 그 의결사항은 확정된다.

20 「국가경찰과 자치경찰의 조직 및 운영에 관한 법률」에 대한 설명으로 가장 옳지 않은 것은?

① 경찰의 사무를 지역적으로 분담하여 수행하게 하기 위하여 경찰청장 소속으로 시·도경찰청을 두고, 시·도경찰청장 소속으로 경찰서를 둔다.

② 경찰청장과 국가수사본부장의 임기는 2년으로 하며, 중임할 수 없다.

③ 국가수사본부장에 대한 국회의 탄핵 소추 의결권이 규정되어 있다.

④ 시·도자치경찰위원회는 시·도지사 소속의 합의제 행정기관으로서 그 권한에 속하는 업무를 독립적으로 수행한다.

21 행정관청의 권한의 위임과 대리에 대한 설명이다. 아래 ㉠부터 ㉣까지의 설명 중 옳고 그름의 표시(O, X)가 바르게 된 것은?

㉠ 권한의 위임이란 상급관청이 하급관청에 권한의 전부를 이전하여 수임기관의 권한으로 행하도록 하는 것으로 위임의 범위에는 제한이 없는 것이 원칙이다.

㉡ 권한의 위임은 수임관청에 권한이 이전되므로 수임관청에 효과가 귀속되나, 권한의 대리는 직무의 대행에 불과하므로 임의대리든 법정대리든 피대리관청에 효과가 귀속된다.

㉢ 원칙적으로 임의대리는 권한의 일부에 대해서만 가능하고 복대리가 불가능하나, 법정대리는 권한의 전부에 대해서 가능하고 복대리가 가능하다.

㉣ 임의대리의 경우 피대리관청은 대리기관의 행위에 대한 지휘·감독상의 책임을 지나, 법정대리의 경우 피대리관청은 원칙적으로 지휘·감독상의 책임을 지지 않는다.

① ㉠ (O) ㉡ (O) ㉢ (X) ㉣ (O)
② ㉠ (X) ㉡ (O) ㉢ (O) ㉣ (X)
③ ㉠ (X) ㉡ (O) ㉢ (O) ㉣ (O)
④ ㉠ (X) ㉡ (X) ㉢ (O) ㉣ (X)

22 「경찰청 직무대리 운영규칙(훈령)」에 대한 설명으로 옳은 것은?

① 직무대리자는 사고가 발생한 공무원의 모든 권한을 가지는 것은 아니다.

② 직무대리자는 직무대리 업무만을 수행하는 것을 원칙으로 한다.

③ 직무를 대리하는 경우 한 사람은 하나의 직위에 대해서만 직무대리를 할 수 있다.

④ 직무대리를 지정할 때에는 직무대리 명령서를 직무대리자에게 발급하여야 한다. 다만, 사고 기간이 30일 이하인 경우에는 직무대리 명령서의 발급을 생략할 수 있다.

23 「경찰공무원임용령」상 임용권에 대한 설명 중 옳지 않은 것은?

① 경찰청장은 시·도지사에게 자치경찰사무를 담당하는 경찰공무원 중 지구대 및 파출소에 근무하는 경찰공무원을 제외한 경찰서에 근무하는 경정의 전보·파견·휴직·직위해제 및 복직에 관한 권한과 경감 이하의 임용권(신규채용 및 면직에 관한 권한은 제외한다)을 위임한다.

② 시·도지사는 경감 또는 경위로의 승진임용에 관한 권한을 제외한 임용권을 시·도자치경찰위원회에 다시 위임한다.

③ 시·도자치경찰위원회는 임용권을 행사하는 경우에는 시·도경찰청장의 의견을 들어야 한다.

④ 시·도자치경찰위원회는 시·도지사와 시·도경찰청장의 의견을 들어 그 권한의 일부를 시·도청장에게 위임할 수 있다.

24 「경찰공무원법」에 대한 설명으로 옳지 않은 것은?

① 경무관 이하 계급으로의 승진은 승진심사에 의하여 한다. 다만, 경정 이하 계급으로의 승진은 대통령령으로 정하는 비율에 따라 승진시험과 승진심사를 병행할 수 있다.

② 총경 이하의 경찰공무원에 대해서는 대통령령으로 정하는 바에 따라 계급별로 승진대상자 명부를 작성하여야 한다.

③ 경찰청장은 경사 계급에서 6년 6개월 이상 근속자를 경위로 근속승진임용할 수 있다.

④ 경감 이하의 경찰공무원으로서 모든 경찰공무원의 귀감이 되는 공을 세우고 전사하거나 순직한 사람에 대하여는 2계급 특별승진 시킬 수 있다.

25 국가공무원법 제66조(집단 행위의 금지)에 관한 판례의 내용으로 옳지 않은 것은?

① 국가공무원법 제66조의 '공무 이외의 일을 위한 집단적 행위'는 공익에 반하는 목적을 위하여 직무전념의무를 해태하는 등의 영향을 가져오는 집단적 행위라고 축소해석해야 한다.

② 조직 개편안에 관한 불만의 의사표시에서 장관 주재의 정례조회에서의 집단퇴장한 행위는 '공무 외의 집단적 행위'에 해당한다.

③ 릴레이 1인 시위, 릴레이 언론기고, 릴레이 내부 전산망 게시는 집단성이 있다.

④ 실제 여럿이 모이지는 않고 발표문에 서명날인을 하는 등의 수단으로 여럿이 가담한 행위는 집단성이 인정된다.

26 경찰공무원 관련 법령에 따를 때, 다음 설명 중 가장 적절한 것은?

① 지구대 소속 경위 甲과 동일한 지구대 소속 순경 乙이 관련된 징계등 사건(甲의 감독상 과실책임만으로 관련된 경우, 관련자에 대한 징계등 사건을 분리하여 심의 의결하는 것이 타당하다고 인정되는 경우는 제외)은 시·도경찰청에 설치된 징계위원회에서 심의·의결한다.

② 경찰서 소속 경위 丙에 대한 감봉처분은 징계의결을 요구한 경찰서장이 한다.

③ 경찰서 소속 경정 丁에 대한 징계위원회는 경찰청에 설치되며, 丁에 대한 강등처분은 경찰청장의 제청으로 행정안전부장관과 국무총리를 거쳐 대통령이 한다.

④ 경찰대학 소속 경정 戊에 대한 정직처분은 경찰대학장이 한다.

27 인사혁신처에 설치된 소청심사위원회에 대한 설명으로 가장 옳지 않은 것은?

① 소청 사건의 결정은 재적 위원 3분의 2 이상의 출석과 출석 위원 과반수의 합의에 따르는 것이 원칙이다.

② 의견이 나뉘어 출석 위원 과반수의 합의에 이르지 못하였을 때에는 과반수에 이를 때까지 소청인에게 가장 유리한 의견에 차례로 불리한 의견을 더하여 그 중 가장 유리한 의견을 합의된 의견으로 본다.

③ 파면·해임·강등 또는 정직에 해당하는 징계처분을 취소 또는 변경하려는 경우와 효력 유무 또는 존재 여부에 대한 확인을 하려는 경우에는 재적 위원 3분의 2 이상의 출석과 출석위원 3분의 2 이상의 합의가 있어야 한다.

④ 소청심사위원회는 위원장 1명을 포함한 5명 이상 7명 이하의 상임위원과 상임위원 수의 2분의 1 이상인 비상임위원으로 구성하되, 위원장은 정무직으로 보한다.

28 「경찰관 직무집행법」에 대한 내용으로 가장 옳은 것은?

① 경찰청장, 시·도경찰청장 또는 경찰서장은 범인 또는 범인의 소재를 신고하여 검거하게 한 사람에게 보상금을 지급하여야 한다.

② 국가는 경찰관의 적법한 직무집행으로 인하여, 손실발생의 원인에 대하여 책임이 있는 자가 자신의 책임에 상응하는 정도를 초과하는 생명·신체 또는 재산상의 손실을 입은 경우 정당한 보상을 하여야 한다.

③ 경찰관은 '현행범이나 사형·무기 또는 장기 3년 이상의 징역이나 금고에 해당하는 죄를 범한 범인의 체포 또는 도주 방지', '자신이나 다른 사람의 생명·신체 및 재산의 보호', '공무집행에 대한 항거 제지'의 직무를 수행하기 위하여 필요하다고 인정되는 상당한 이유가 있을 때에는 그 사태를 합리적으로 판단하여 필요한 한도 내에서 경찰장구를 사용할 수 있다.

④ 경찰관은 수상한 행동이나 그 밖의 주위 사정을 합리적으로 판단해 볼 때 보호조치 대상자에 해당하는 것이 명백하고 응급구호가 필요하다고 믿을만한 상당한 이유가 있는 사람을 발견하였을 때에는 보건의료기관이나 공공구호기관에 긴급 구호를 요청하거나 경찰관서에 보호하는 등 적절한 조치를 하여야 한다.

29 「위해성 경찰장비의 사용기준 등에 관한 규정」에 대한 설명으로 가장 옳지 않은 것은?

① 경찰관은 14세 미만의 자 또는 임산부에 대하여 가스발사총을 발사하여서는 아니 된다.

② 경찰관은 14세 미만의 자 또는 임산부에 대하여 전자충격기 또는 전자방패를 사용하여서는 아니 된다.

③ 경찰관은 전극침(電極針) 발사장치가 있는 전자충격기를 사용하는 경우 상대방의 얼굴을 향하여 전극침을 발사하여서는 아니 된다.

④ 경찰관은 총기 또는 폭발물을 가지고 대항하는 경우를 제외하고는 14세 미만의 자 또는 임산부에 대하여 권총 또는 소총을 발사하여서는 아니 된다.

30 법치행정에 관한 설명으로 옳지 않은 것은? (다툼이 있는 경우 판례에 의함)

① 법률유보의 원칙은 '법률에 의한' 규율만을 뜻하는 것이 아니라 '법률에 근거한' 규율을 요청하는 것이므로 기본권 제한의 형식이 반드시 법률의 형식일 필요는 없다.

② 오늘날 법률유보원칙은 국민의 기본권실현과 관련된 영역에 있어서 국민의 대표자인 입법자가 그 본질적 사항에 대해서 스스로 결정하여야 한다는 요구까지 내포하고 있다.

③ 법치행정의 원칙에 관한 전통적 견해는 '법률의 법규창조력', '법률의 우위', '법률의 유보'를 내용으로 한다.

④ 헌법재판소는 국회의 의결을 거쳐 확정되는 예산도 일종의 법규범이므로 법률과 마찬가지로 국가기관뿐만 아니라 국민도 구속한다고 한다.

31 행정행위의 공정력과 선결문제에 대한 설명으로 옳지 않은 것은? (판례에 의함)

① 민사소송에 있어서 어느 행정처분의 당연무효 여부가 선결문제로 되는 때에는 당해 소송의 수소법원은 이를 판단하여 그 행정처분의 무효확인판결을 할 수 있다.

② 연령미달의 결격자가 이를 속이고 운전면허를 교부받아 운전 중 적발되어 기소된 경우 형사법원은 운전면허처분의 효력을 부인하고 무면허운전죄로 판단할 수 없다.

③ 무효인 행정행위에는 공정력이 인정되지 않는다.

④ 운전면허취소처분을 받은 후 자동차를 운전하였으나 위 취소처분이 행정쟁송절차에 의하여 취소된 경우, 행정행위에 인정되는 공정력에도 불구하고 무면허운전이 성립되지 않는다.

32 행정행위의 부관에 대한 설명으로 가장 옳지 않은 것은?

① 수익적 행정처분에 있어서는 법령에 특별한 근거규정이 없다고 하더라도 그 부관으로서 부담을 붙일 수 있다.

② 처분 전에 미리 상대방과 협의하여 부담의 내용을 협약의 형식으로 정한 다음 처분을 하면서 해당 부관을 붙이는 것도 가능하다.

③ 부관이 처분 당시의 법령으로는 적법하였으나 처분 후 근거법령이 개정되어 더 이상 부관을 붙일 수 없게 되었다면 당초의 부관도 소급하여 효력이 소멸한다.

④ 행정청이 수익적 행정처분을 하면서 부가한 부담의 위법 여부는 처분 당시 법령을 기준으로 판단하여야 한다.

33 공무원의 위법한 직무행위로 인한 국가배상책임에 대한 설명으로 옳은 것은? (다툼이 있는 경우 판례에 의함)

① 공무원의 행위가 실질적으로 공무집행행위가 아니라는 사정을 피해자가 알았다면 그것만으로 국가배상책임을 부인할 수 있다.

② 주관적 책임요소로서의 공무원의 고의·과실에 관한 증명책임은 피고인 국가에게 있다.

③ 직무행위가 위법하게 되었다고 하더라도 그것만으로 곧바로 담당공무원에게 과실이 있다고 할 수 없다.

④ 생명·신체상의 손해에 대한 배상청구권에 대하여 양도·압류할 수 있다.

34 「경찰청과 그 소속기관 직제」상 각 기관과 업무분장의 연결이 옳은 것은 모두 몇 개인가?

> ㉠ 국제협력관 – 외국인 관련 범죄에 대한 통계 및 수사자료 분석
> ㉡ 범죄예방대응국 – 아동·청소년 대상 성매매 단속
> ㉢ 생활안전교통국 – 경찰 수사 과정상의 범죄피해자 보호 및 지원에 관한 업무
> ㉣ 치안정보국 – 외사정보의 수집·분석 및 관리
> ㉤ 안보수사국 – 외사보안업무의 지도·조정

① 없음   ② 1개
③ 2개   ④ 3개

35 「아동·청소년의 성보호에 관한 법률」 및 동법 시행령에 의한 신분비공개수사 및 신분위장수사에 대한 설명으로 옳지 않은 것은?

① 신분비공개수사는 사법경찰관리가 디지털 성범죄에 대하여 자신의 신분을 비공개하고 범죄현장(정보통신망 포함) 또는 범인으로 추정되는 자들에게 접근하여 범죄행위의 증거 및 자료 등을 수집하는 것을 말한다.
② 경찰관임을 밝히지 않는 것은 신분비공개수사에 해당하지만, 경찰관 외의 신분을 고지하는 방식은 신분위장수사에 해당한다.
③ 아동·청소년에 대한 「성폭력범죄의 처벌 등에 관한 특례법」 제14조(카메라 등을 이용한 촬영) 제2항(반포등) 및 제3항(영리목적으로 반포등)의 죄를 대상으로 한다.
④ 신분위장수사의 기간은 3개월을 초과할 수 없는 것이 원칙이며, 그 수사기간 중 수사의 목적이 달성되었을 경우에는 즉시 종료하여야 한다.

36 「스토킹범죄의 처벌 등에 관한 법률」에 대한 설명으로 옳지 않은 것은?

① 정보통신망을 통하여 상대방등의 이름, 명칭, 사진, 영상 또는 신분에 관한 정보를 이용하여 자신이 상대방 등인 것처럼 가장하는 행위는 스토킹행위에 해당한다.
② 긴급응급조치(검사가 제5조 제2항에 따른 긴급응급조치에 대한 사후승인을 청구하지 아니하거나 지방법원 판사가 같은 조 제3항에 따른 승인을 하지 아니한 경우는 제외한다)를 이행하지 아니한 사람에 대하여 현행범 체포할 수 있다.
③ 「전자장치 부착 등에 관한 법률」 제2조 제4호의 위치추적 전자장치의 부착을 명하는 잠정조치기간은 최장 9개월까지 연장될 수 있다.
④ 피해자 또는 그의 동거인, 가족이나 그 주거등으로부터 100미터 이내의 접근 금지에 따른 잠정조치기간은 2개월을 초과할 수 없다. 다만, 법원은 피해자의 보호를 위하여 그 기간을 연장할 필요가 있다고 인정하는 경우에는 결정으로 두 차례에 한정하여 각 2개월의 범위에서 연장할 수 있다.

37 다중범죄 관리에 대한 내용으로 가장 옳지 않은 것은?

① 선수승화법은 불만집단과 이에 반대하는 대중의견을 크게 부각시켜 불만집단이 자진해산 및 분산하게 하는 정책적 치료법이다.
② 전이법은 다중범죄의 발생징후나 이슈가 있을 때 집단이나 국민들의 관심을 집중시킬 수 있는 경이적인 사건을 폭로하거나 규모가 큰 행사를 개최하여 그 발생징후나 이슈가 상대적으로 약화되도록 하는 방법이다.
③ 봉쇄·방어는 군중이 중요시설이나 기관 등 보호대상물의 점거를 기도할 경우 사전에 부대가 선점하여 바리케이트 등으로 봉쇄하는 방어조치로 충돌없이 효과적으로 무산시키는 진압의 기본원칙이다.
④ 세력분산은 일단 시위대가 집단을 형성한 이후에 부대가 대형으로 진입하거나 장비를 사용하여 시위집단의 지휘통제력을 차단하며, 수개의 소집단으로 분할시켜 시위의사를 약화시키는 진압의 기본원칙이다.

38 음주운전으로 운전면허 취소 또는 정지처분을 받았을 때 면허행정처분 감경 제외 사유로 규정된 것으로 옳은 것은?

① 혈중알코올농도가 0.08퍼센트를 초과하여 운전한 경우
② 과거 5년 이내에 3회 이상의 교통사고의 전력이 있는 경우
③ 과거 음주운전의 전력이 있는 경우
④ 경찰관의 음주측정요구에 도주한 경우

39 북한이탈주민의 보호에 대한 설명으로 옳은 것은?

① "북한이탈주민"이란 북한에 주소, 직계가족, 배우자, 직장 등을 두고 있는 사람으로서 북한을 벗어난 사람으로서 외국국적을 취득여부를 불문하다.
② "보호대상자"란 「북한이탈주민의 보호 및 정착지원에 관한 법률」에 의하여 보호 및 지원을 받으려는 북한이탈주민으로서 보호여부가 아직 결정되지 아니한 사람을 말한다.
③ 살인 등 중대한 비정치적 범죄자, 국내 입국 후 3년이 지나서 보호신청한 사람은 보호대상자로 결정하지 아니한다.
④ 통일부장관은 북한이탈주민 보호 및 정착지원 협의회의 심의를 거쳐 보호 여부를 결정한다. 다만, 국가안전보장에 현저한 영향을 줄 우려가 있는 사람에 대하여는 국가정보원장이 그 보호 여부를 결정한다.

40 「출입국관리법」에 대한 설명으로 가장 옳지 않은 것은?

① 출국이 금지되거나 출국금지기간이 연장된 사람은 그 사실을 안 날부터 10일 이내에 법무부장관에게 이의를 신청할 수 있다.
② 수사기관은 범죄 피의자로서 사형·무기 또는 장기 3년 이상의 징역이나 금고에 해당하는 죄를 범하였다고 의심할 만한 상당한 이유가 있는 경우에 긴급출국금지를 요청할 수 있다.
③ 수사기관은 긴급출국금지를 요청한 때로부터 12시간 이내에 법무부장관에게 긴급출국금지 승인을 요청하여야 한다.
④ 수사기관이 긴급출국금지 승인을 요청한 때로부터 12시간 이내에 법무부장관으로부터 긴급출국금지 승인을 받지 못한 경우, 법무부장관은 「출입국관리법」 제4조의6 제1항의 수사기관 요청에 따른 출국금지를 해제하여야 한다.

01 독일의 경찰개념 발달과정에 대한 설명으로 가장 옳지 않은 것은?

① 유스티(Justi)는 자신의 저서 '경찰학의 원리(1756년)'에서 경찰학의 임무는 국가목적을 실현하기 위한 '국가자원의 확보'라고 하여 경찰을 절대군주의 권력의 도구로 인식하였다.

② 요한 쉬테판 퓌터는 자신의 저서인 『독일공법제도(1776년)』에서 "경찰의 직무는 임박한 위험을 방지하는 것이다. 복리증진은 경찰의 본래 직무가 아니다."라며 경찰국가 시대를 거치면서 확장된 경찰의 개념을 제한하기 위한 노력의 일환으로 볼 수 있다.

③ 프로이센의 일반란트법(1794년)에서 '경찰은 절박한 위험을 방지하기 위한 기관'이라고 규정하였고 이에 부합하는 판결이 크로이츠베르크 판결(1882년)이다.

④ 『프로이센 경찰행정법(1931년)』은 크로이츠베르크 판결에 의해 발전된 형식적 의미의 경찰개념을 성문화시켰다.

02 경찰의 개념과 구분에 대한 설명 중 옳은 것은 모두 몇 개인가?

> ㉠ 형식적 의미의 경찰은 사회목적적 작용을 의미하며 작용을 중심으로 파악된 개념이고, 실질적 의미의 경찰은 조직을 기준으로 파악된 개념이다.
> ㉡ 「경찰관 직무집행법」 제2조에 규정된 경찰의 직무범위가 우리나라에서의 형식적 의미의 경찰개념에 해당한다.
> ㉢ 실질적 의미의 경찰개념은 사회 질서유지와 봉사활동과 같은 현대 경찰의 핵심적인 기능을 수행하는 경찰을 의미한다.
> ㉣ 우리나라는 국가수사본부의 설치로 사법경찰이 보통경찰기관에서 독립되었다.
> ㉤ 위해의 정도 및 담당기관에 따라서 질서경찰과 봉사경찰로 구분할 수 있다.

① 1개   ② 2개
③ 3개   ④ 4개

03 위험에 대한 설명으로 옳지 않은 것은?

① 위험의 예측(인식)과 관련한 비례의 원칙은 손해의 정도와 손해발생의 개연성이 반비례한다는 것이다.

② '위험'은 보호받는 개인 및 공동의 법익에 관한 정상적 상태의 객관적 감소를 뜻한다.

③ 대법원은 옥외집회 또는 시위로 인하여 타인의 법익이나 공공의 안녕질서에 대한 직접적인 위험이 명백하게 초래된 경우에 한하여 해산을 명할 수 있다고 하였다.

④ 대법원은 살수차와 물포의 직사살수의 사용요건에 대하여 타인의 법익이나 공공의 안녕질서에 직접적이고 명백한 위험이 현존하는 경우에 한해서만 사용이 가능하다고 하였다.

04 「경찰 인권보호규칙」(경찰청훈령)에 대한 설명으로 옳지 않은 것은?

① 경찰청장은 참가인원, 내용, 동원 경력의 규모, 배치 장비 등을 고려하여 인권침해 가능성이 높다고 판단되는 집회 및 시위는 집회 및 시위 종료일로부터 30일 이전에 인권영향평가를 실시하여야 한다.

② 조사담당자는 인권침해 사건을 조사하는 과정에서 감사원의 조사, 경찰·검찰 등 수사기관에서 조사 또는 수사가 개시된 사유로 사건 조사를 진행할 수 없는 경우에는 조사를 중지할 수 있다. 다만, 확인된 인권침해 사실에 대한 구제 절차는 계속하여 이행할 수 있다.

③ 인권진단은 서면으로 실시하되, 특별한 사유가 있는 경우에는 대상 경찰관서를 방문하여 관찰, 서류 점검, 면담, 설문 등의 방법으로 실시할 수 있다.

④ 경찰청장은 국민의 인권보호와 증진을 위하여 경찰 인권정책 기본계획을 5년마다 수립해야 하고, 경찰관 등(경찰공무원으로 신규 임용될 사람을 포함한다)이 근무하는 동안 지속적·체계적으로 교육을 받을 수 있도록 3년 단위로 인권교육종합계획을 수립하여 시행해야 한다.

05 바람직한 경찰의 역할 모델에 대한 설명으로 옳은 것은?

① '범죄와 싸우는 경찰모델'은 지역사회 경찰활동과 일맥상통한다.

② '범죄와 싸우는 경찰모델'은 경찰의 역할을 뚜렷하게 인식시키고 인권보호에 기여하는 측면이 있지만 경찰의 전문직화에는 장애가 된다는 것이 단점이다.

③ '치안서비스 제공자로서의 경찰모델'에서 대역적 권위에 의한 경찰활동은 일시적이고 임시방편적 수준에 머물러서는 아니된다.

④ '치안서비스 제공자로서의 경찰모델'에서 치안서비스의 개념에는 범죄와의 싸움도 치안서비스의 한 부분으로 보고 있다.

06 「공직자의 이해충돌방지법」상 "사적이해관계자"에 해당하는 가족의 범위(민법 제779조)로 옳은 것은?

① 형제자매는 생계를 같이 하는 경우에 한한다.

② 직계혈족의 배우자는 생계를 같이 하는 경우에 한한다.

③ 배우자는 사실혼을 포함한다.

④ 동거친족

07 「경찰청 공무원 행동강령」에 대한 설명으로 가장 적절하지 아니한 것은?

① 공무원은 자신의 직무권한을 행사하거나 지위·직책 등에서 유래되는 사실상 영향력을 행사하여 직무관련자 또는 직무관련공무원으로부터 사적 노무를 제공받거나 요구 또는 약속해서는 아니 된다. 다만, 다른 법령 또는 사회상규에 따라 허용되는 경우에는 그러하지 아니하다

② 공무원은 정치인이나 정당 등으로부터 부당한 직무수행을 강요받거나 청탁을 받은 경우에는 별지 서식 또는 전자우편 등의 방법으로 소속기관장에게 보고하거나 행동강령책임관과 상담할 수 있다.

③ 경찰유관단체원이 경찰 업무와 관련하여 경찰관에게 금품을 제공한 경우 행동강령책임관은 해당 경찰유관단체 운영 부서장과 협의하여 소속기관장에게 경찰유관단체원의 해촉 등 필요한 조치를 건의하여야 하며, 보고를 받은 소속기관장은 적절한 조치를 취해야 한다.

④ 공무원은 사례금을 받는 외부강의등을 할 때에는 외부강의등의 요청 명세 등을 소속 기관의 장에게 그 외부강의등을 마친 날부터 10일 이내에 신고하여야 한다. 다만, 외부강의등을 요청한 자가 국가나 지방자치단체인 경우에는 그러하지 아니하다.

08 범죄 통제이론에 대한 설명으로 가장 옳은 것은?

① 클락과 코니쉬가 주장한 합리적 선택이론은 공식적 사회통제, 즉 경찰등 법집행기관의 중요성을 간과하고 있다는 비판을 받고 있다.

② 경찰서에서 관내 자전거 절도사건이 증가하자 관내 자전거 소유자들을 대상으로 자전거에 일련번호를 각인해 주는 서비스를 제공하였다면 깨진 유리창 이론과 관련된다.

③ 뉴먼은 지역의 외관이 다른 지역과 고립되어 있지 않고, 보호되고 있으며, 주민의 적극적 행동의지를 보여주는 것을 방어공간 구성요소의 이미지로 설명한다.

④ 제프리의 환경설계론(CPTED)에 의하면 '울타리·펜스의 설치'는 자연적 접근통제의 원리이다.

09 톤리와 패링턴(Tonry&Farrington)의 구분에 따른 범죄예방 전략에 대한 설명으로 옳지 않은 것은?

① "상황적 범죄예방"은 범죄의 기회와 이익을 감소시키는 방법이다.
② "지역사회 기반 범죄예방"은 이웃 간의 결속력을 바탕으로 범죄를 예방하는 방법이다.
③ "발달적 범죄예방"은 청소년 범죄보다 성인 범죄에 적극 개입하여 범죄로 진행될 위험 요인을 차단하는 방법이다.
④ "법집행을 통한 범죄억제"는 경찰, 검찰, 법원, 교도소 등 법집행기관을 통하여 범죄를 억제하는 방법이다.

10 「범죄피해자 보호법」에 관한 설명 중 가장 옳지 않은 것은?

① "범죄피해자"란 타인의 범죄행위로 피해를 당한 사람과 그 배우자(사실상의 혼인관계를 포함한다), 직계친족 및 형제자매를 말하며, 범죄피해 방지 및 범죄피해자 구조 활동으로 피해를 당한 사람도 범죄피해자로 본다.
② 형법 제20조(정당행위), 제21조 제1항(정당방위), 제22조 제1항(긴급피난)에 따라 처벌되지 아니하는 행위 및 과실에 의한 행위로 인한 피해는 범죄피해 구조대상에서 제외된다.
③ "구조대상 범죄피해"란 사람의 생명 또는 신체를 해치는 죄에 해당하는 행위로 인하여 피해를 입은 것을 말하며 정신적 피해 또는 재산적 피해는 제외된다.
④ 단순폭행을 당한 자가 가해자로부터 배상을 받지 못하였더라도 구조금 지급대상이 되지 않는다.

11 갑오개혁 및 광무개혁 당시 경찰제도에 관한 설명 중 옳지 않은 것은 모두 몇 개인가?

┌───┐
⊙ 일본의 「행정경찰규칙」(1875년)과 「위경죄즉결례」(1885년)를 혼합하여 1894년 경찰조직법인 「행정경찰장정」을 제정하였다.
ⓛ 1894년 「경무청관제직장」에 의해 당시의 좌우포도청을 합하여 경무청을 신설하고, 전국의 경찰사무를 관장하게 하였다.
ⓒ 1900년 경부경찰 체제에서 지방에는 총순으로 하여금 치안업무를 전담하도록 하여 중앙과 지방을 일원화하였다.
ⓡ 1902년 경무청은 내부 소속으로 환원되고 관할은 한성부로 축소되었다.
└───┘

① 1개   ② 2개
③ 3개   ④ 4개

12 다음 설명 중 영국 경찰에 대한 설명으로 가장 옳은 것은?

① 1361년 치안판사법에서 범법자를 체포하여 법정에 데려오는 것은 보안관(Sheriff)의 주임무였다.
② 로버트 필은 경찰개혁안에서 경찰은 시민의 통제하에 있어야 한다고 주장하였다.
③ 런던시티경찰청은 왕궁 및 의사당 경비, 국가상황실 관리, 대테러업무등을 담당한다.
④ 런던시티경찰청은 수도경찰청과는 독립된 별개의 자치경찰이다

13 경찰조직편성의 원리에 대한 설명 중 가장 옳은 것은?

① 계층제의 원리는 조직의 목적달성을 위해 구성원의 행동이 통일을 기하도록 집단적 노력을 질서 있게 배열하는 과정이다.
② 계층제는 권한의 책임과 배분을 통하여 업무의 신중을 기할 수 있으므로 환경변화에 신축적으로 대응할 수 있다.
③ 상위직에 부여된 권한과 책임을 하위자에게 분담시키는 권한의 위임제도를 적절히 활용하여 분업의 문제점을 극복할 수 있다.
④ 통솔범위의 원리는 계층제의 원리와 상반관계에 있다.

14 계급제와 직위분류제에 대한 설명 중 가장 옳지 않은 것은?

① 계급제는 폐쇄형 충원 방식이고, 직위분류제는 개방형 충원 방식이 일반적이다.

② 직위분류제는 권한과 책임의 한계를 명확히 하는 장점이 있지만, 유능한 일반행정가의 확보 곤란, 신분보장의 미흡 등의 단점이 있다.

③ 계급제는 외부 환경의 변화에 신축적으로 대응할 수 있지만 직위분류제는 비신축적이다.

④ 계급제의 경우 널리 일반적 교양, 능력을 갖춘 사람을 채용하여 장기간에 걸쳐 능력을 향상시키므로 공무원이 종합적인 능력을 갖출 수 있다.

15 「보안업무규정 시행규칙(대통령훈령)」에 대한 설명으로 가장 적절하지 않은 것은?

① 각급기관에서 사용하는 Ⅲ급비밀 소통용 암호자재는 국가정보원장이 인가하는 암호체계에 따라 그 기관의 장이 개발·제작·변경·배부할 수 있으며, 이에 따라 Ⅲ급비밀 소통용 암호자재를 개발·제작하거나 변경한 때에는 국가정보원장에게 해당 암호자재 및 관련 자료를 제출하여 안전성을 확인받아야 한다.

② 비밀취급 인가권자는 소속 직원의 인사기록 카드에 기록된 비밀취급의 인가 및 인가해제 사유와 임용 시의 신원조사회보서에 따라 새로 신원조사를 하지 아니하고 비밀취급을 인가할 수 있다. 다만, Ⅰ급비밀 취급을 인가할 때에는 새로 신원조사를 하여야 한다.

③ 비밀취급 인가권자는 업무상 조정·감독을 받는 기업체나 단체에 소속된 사람에 대하여 소관 비밀을 계속적으로 취급하게 하여야 할 필요가 있을 때에는 Ⅲ급비밀에 한하여 미리 국가정보원장과의 협의를 거쳐 해당하는 사람에게 비밀취급을 인가할 수 있다.

④ 비밀은 일반문서나 암호자재와 혼합하여 보관하여서는 아니 된다.

16 「행정업무의 운영과 혁신에 관한 규정」에 관한 설명으로 옳지 않은 것은?

① 문서는 결재권자가 해당 문서에 서명(전자이미지서명, 전자문자서명 및 행정전자서명을 포함한다)의 방식으로 결재함으로써 성립한다.

② 문서는 수신자에게 도달(전자문서의 경우는 수신자가 관리하거나 지정한 전자적 시스템 등에 입력되는 것을 말한다)됨으로써 효력을 발생한다.

③ 공고문서는 그 문서에서 효력발생 시기를 구체적으로 밝히고 있지 않으면 그 고시 또는 공고 등이 있은 날부터 14일이 경과한 때에 효력이 발생한다.

④ "서명"이란 기안자 등이 전자문서를 제외한 공문서에 자필로 자기의 성명을 다른 사람이 알아볼 수 있도록 한글로 표시하는 것을 말한다.

17 정보공개에 관한 판례의 내용으로 옳지 않은 것은?

① 정보공개청구자는 공개를 요구하는 정보를 공공기관이 보유하고 있을 상당한 개연성이 있다는 점에 대하여 입증책임이 있으며, 공공기관은 그 정보를 보유하고 있지 않다는 점에 대한 증명책임이 있다.

② 공공기관은 정보공개청구자가 선택한 공개방법에 따라 정보를 공개하여야 하는 것은 아니므로 그 공개방법을 선택할 재량권이 있다.

③ 보안관찰법 소정의 보안관찰 관련 통계자료는 비공개대상정보에 해당한다.

④ 공무원이 시장이 주최한 간담회에 직무와 관련 없이 개인적인 자격으로 참석하여 금품등을 수령하였더라도 이는 비공개대상정보에 해당한다.

18 경찰법의 법원에 대한 설명으로 가장 옳은 것은?

① 집행명령은 상위법령의 집행에 필요한 새로운 법규사항을 정할 수 있다.

② 대통령령은 위임명령에 해당하고, 총리령과 부령은 집행명령에 해당한다.

③ 법규명령의 형식(대통령령)을 취하고 있지만, 그 내용이 행정규칙의 실질을 가지는 경우 판례는 당해 규범을 행정규칙으로 보고 있다.

④ 법규명령은 법률우위의 원칙과 법률유보의 원칙이 적용되지만, 행정규칙은 법률우위의 원칙은 적용되지만 법률유보의 원칙은 적용되지 않는다.

19 「국가경찰과 자치경찰의 조직 및 운영에 관한 법률」상 시·도자치경찰위원회의 소관사무에 관한 설명으로 가장 적절하지 않은 것은?

① 시·도자치경찰위원회는 정기적으로 경찰서장의 자치경찰사무 수행에 관한 평가결과를 경찰청장에게 통보하여야 하며 경찰청장은 이를 반영하여야 한다.

② 시·도자치경찰위원회는 국가경찰사무·자치경찰사무의 협력·조정과 관련하여 경찰청장과 협의한다.

③ 시·도자치경찰위원회는 자치경찰사무와 관련하여 해당 시·도의 경찰력으로는 국민의 생명·신체·재산의 보호 및 공공의 안녕과 질서유지가 어려워 경찰청장의 지원·조정이 필요하다고 인정할 만한 충분한 사유가 있는 경우, 의결로 지원·조정의 범위·기간 등을 정하여 경찰청장에게 지원·조정을 요청할 수 있다.

④ 자치경찰사무의 수행에 필요한 예산은 시·도자치경찰위원회의 심의·의결을 거쳐 시·도지사가 수립한다. 이 경우 시·도자치경찰위원회는 시·도경찰청장의 의견을 들어야 한다.

20 「국가경찰과 자치경찰의 조직 및 운영에 관한 법률」상 시·도자치경찰위원회의 소관사무에 해당하지 않는 것은?

① 자치경찰사무 감사 및 감사의뢰

② 자치경찰사무 담당 공무원의 주요 비위사건에 대한 감찰요구

③ 자치경찰사무 담당 공무원에 대한 징계요구

④ 자치경찰사무 외에 다른 국가기관으로부터의 업무협조 요청에 관한 사항

21 공무원의 임용과 관련한 판례의 내용으로 옳지 않은 것은?

① 당연퇴직의 경우에는 결격사유가 있어 법률상 당연퇴직되는 것이어서 공무원관계를 소멸시키기 위한 별도의 행정처분을 요하지 아니한다.

② 경찰공무원이 사직원을 제출한 후 3개월여 동안 출근하지 아니한 경우, 비록 사직원이 수리되지 않았다고 하여도 직장이탈을 이유로 한 파면처분은 재량권의 남용 또는 일탈에 해당한다.

③ 공무원으로 임용하였다가 사후에 결격사유가 있는 자임을 발견하고 공무원 임용행위를 취소하는 것은 당사자에게 원래의 임용행위가 당초부터 당연무효이었음을 통지하여 확인시켜 주는 행위에 지나지 아니하다.

④ 시험승진후보자명부에서의 삭제행위는 행정청 내부의 준비과정에 불과하고, 그 자체가 어떠한 권리나 의무를 설정하거나 법률상 이익에 직접적인 변동을 초래하는 별도의 행정처분이 된다고 할 수 없다.

22 「국가공무원법」상 직위해제 사유에 해당하는 것은 모두 몇 개인가?

> ㉠ 직무수행 능력이 부족하거나 근무성적이 극히 나쁜 자
> ㉡ 파면·해임·강등 또는 정직에 해당하는 징계 의결이 요구 중인 자
> ㉢ 형사사건으로 기소된 자(약식명령이 청구된 자 포함)
> ㉣ 「병역법」에 따른 병역 복무를 마치기 위하여 징집 또는 소집된 때
> ㉤ 휴직 기간이 끝나거나 휴직 사유가 소멸된 후에도 직무에 복귀하지 아니하거나 직무를 감당할 수 없을 때
> ㉥ 신체·정신상의 장애로 장기 요양이 필요할 때

① 1개 ② 2개
③ 3개 ④ 4개

23 경찰공무원의 「국가공무원법」상 의무에 대한 설명으로 가장 옳은 것은?

① 공무원의 직무상 의무로서 직무전념의 의무, 친절·공정의 의무, 법령준수의 의무, 종교중립의 의무, 집단행동 금지의 의무, 복종의 의무를 규정하고 있다.
② 공무원은 소속 기관의 장의 허가 또는 정당한 사유가 없으면 직장을 이탈하지 못한다.
③ 공무원은 직무와 관련하여 직접적이든 간접적이든 사례·증여 또는 향응을 주거나 받을 수 없다.
④ 공무원은 직무상 관련이 없는 경우에는 그 소속 상관에게 증여하거나 소속 공무원으로부터 증여를 받을 수 있다.

24 「경찰공무원 징계령 세부시행규칙(경찰청예규)」상 징계위원회가 징계를 감경할 수 있는 경우로 옳지 않은 것은? (다툼이 있을 경우 판례에 의함)

① 「정부표창규정」에 따라 국무총리 이상의 표창을 받은 공적이 있는 경우에는 징계를 감경할 수 있다.
② 경정 이하의 경찰공무원등은 경찰청장 또는 중앙행정기관 차관급의 표창을 받은 공적이 있는 경우에도 징계를 감경할 수 있다.
③ 경찰공무원등이 징계처분 또는 징계위원회의 권고에 의한 경고를 받은 사실이 있는 경우에는 그 징계처분 또는 경고처분 전의 공적은 감경대상 공적에서 제외한다.
④ 기관이나 단체에 수여된 단체표창은 징계대상자에 대한 징계양정의 감경사유에 해당하지 않는다.

25 「경찰공무원 승진임용 규정(대통령령)」상 승진임용 제한에 대한 설명으로 옳지 않은 것은?

① 징계의결 요구, 징계처분, 직위해제, 휴직(공무상 질병 또는 부상으로 인한 특별승진 제외), 시보임용 기간 중에 있는 사람 또는 계급정년이 연장된 사람은 승진임용될 수 없다.
② 경찰공무원이 징계처분을 받은 후 해당 계급에서 대통령표창 또는 국무총리표창을 받은 경우에는 승진임용 제한기간의 2분의 1을 단축할 수 있다.
③ 경감 이하의 경찰공무원등은 징계처분을 받은 후 해당 계급에서 경찰청장 또는 중앙행정기관 차관급의 표창을 받은 공적이 있는 경우에도 승진임용 제한기간의 2분의 1을 단축할 수 있다.
④ 경찰공무원이 징계처분을 받은 후 해당 계급에서 모범공무원 포상 또는 제안이 채택·시행되어 받은 포상을 받은 경우, 승진임용 제한기간의 2분의 1을 단축할 수 있다.

26 「행정기본법」상 '행정의 법 원칙'에 대한 설명으로 옳지 않은 것은?

① 행정청은 공익 또는 제3자의 이익을 현저히 해칠 우려가 있는 경우를 제외하고는 행정에 대한 국민의 정당하고 합리적인 신뢰를 보호하여야 한다.

② 비례의 원칙으로서 '행정청은 행정작용을 할 때 상대방에게 해당 행정작용과 실질적인 관련이 없는 의무를 부과해서는 아니 된다'고 규정하고 있다.

③ '경찰은 대포로 참새를 쏘아서는 안 된다'는 법언은 경찰비례의 원칙 중 상당성의 원칙을 표현한 것이다.

④ 성실의무와 권한남용금지의 원칙은 행정기본법에 명시적으로 규정되어 있다.

27 「행정기본법」상 처분에 대한 설명으로 옳은 것은?

① 행정청은 적법한 처분의 경우 당사자의 신청이 있는 경우에만 철회가 가능하다.

② 행정청은 처분에 재량이 있는 경우 법령이나 행정규칙이 정하는 바에 따라 완전히 자동화된 시스템으로 처분할 수 있다.

③ 당사자의 신청에 따른 처분은 다른 법령에 특별한 규정이 있는 경우를 제외하고는 신청 당시의 법령 등에 따른다.

④ 행정청은 위법 또는 부당한 처분의 전부나 일부를 소급하여 취소할 수 있다. 다만, 당사자의 신뢰를 보호할 가치가 있는 등 정당한 사유가 있는 경우에는 장래를 향하여 취소할 수 있다.

28 강학상 행정행위에 대한 설명으로 옳은 것은?

① 허가는 법령에 의하여 과하여진 작위·급부·수인의 무를 특정한 경우에 해제하여 주는 경찰상의 행정행위이다.

② 강학상 법률행위적 행정행위는 명령적 행정행위(하명·허가·면제 등)와 형성적 행정행위(특허·공증·대리)로 구분할 수 있고, 준법률행위적 행정행위는 인가, 확인, 통지, 수리 등으로 구분할 수 있다.

③ 경찰하명 위반 시에는 경찰상 강제집행의 대상이 되거나 경찰벌이 부과될 수 있으나, 하명을 위반한 행위의 법적 효력에는 원칙적으로 영향을 미치지 않는다.

④ 강학상 경찰상 강제는 강제집행과 직접강제로 나눌 수 있으며, 강제집행은 의무의 존재 및 그 불이행을 전제로 한다는 점에서 이를 전제로 하지 아니하고 급박한 경우에 행하여지는 직접강제와 구별된다.

29 「경찰관 직무집행법」에 대한 내용으로 가장 옳지 아니한 것은?

① 경찰청장은 경찰관이 제2조 각 호에 따른 직무의 수행으로 인하여 민·형사상 책임과 관련된 소송을 수행할 경우 변호인 선임 등 소송 수행에 필요한 지원을 할 수 있다

② 「가정폭력범죄의 처벌 등에 관한 특례법」에 따른 가정폭력범죄 사건 현장에서 자해를 시도하는 사람의 위해를 예방하기 위하여 타인에게 피해가 발생한 경우, 그 경찰관의 직무수행이 불가피한 것이고 필요한 최소한의 범위에서 이루어졌으며 해당 경찰관에게 고의 또는 중대한 과실이 없는 때에는 그 정상을 참작하여 형을 감경하거나 면제할 수 있다.

③ 경찰관이 구호대상자를 공공보건의료기관이나 공공구호기관에 인계하였을 때에는 그 사실을 소속 경찰관서의 장에게 보고하여야 하고, 보고를 받은 소속 경찰관서의 장은 구호대상자를 인계한 사실을 지체 없이 해당 공공보건의료기관 또는 공공구호기관의 장 및 그 감독행정청에 통보하여야 한다.

④ 구호대상자를 경찰관서에서 보호하는 기간은 24시간을 초과할 수 없고, 물건을 경찰관서에 임시로 영치하는 기간은 10일을 초과할 수 없다.

30 「경찰관직무집행법」 및 「경찰관직무집행법 시행령」상 손실보상에 대한 다음 설명 중 옳은 것은?

① 소속 경찰공무원의 직무집행으로 인하여 발생한 손실보상청구 사건을 심의하기 위하여 경찰청, 시·도경찰청 및 경찰서에 손실보상심의위원회를 설치한다.

② 보상금은 일시불로 지급하되, 예산 부족 등의 사유로 일시금으로 지급할 수 없는 특별한 사정이 있는 경우에는 상급 경찰관서장의 승인을 받아 분할하여 지급할 수 있다.

③ 손실보상을 청구할 수 있는 권리는 손실이 있음을 안 날부터 3년, 손실이 발생한 날부터 5년간 행사하지 아니하면 시효의 완성으로 소멸한다.

④ 손실보상심의위원회는 위원장 1명을 포함한 5명 이내의 위원으로 구성한다.

31 통고처분에 대한 설명으로 옳지 않은 것은? (다툼이 있을 경우 판례에 의함)

① 통고처분은 형식적 의미의 행정이며 실질적 의미의 사법이다.

② 통고처분에 의해 부과된 금액(범칙금)은 벌금이다.

③ 「도로교통법」에 따른 경찰서장의 통고처분은 행정소송의 대상이 되는 행정처분이 아니다.

④ 행정법규 위반자가 통고처분에 의해 부과된 금액을 납부하면 과벌절차가 종료되며 동일한 사건에 대하여 다시 처벌받지 아니한다.

32 국가배상에 대한 설명으로 옳지 않은 것은? (다툼이 있는 경우 판례에 의함)

① 국가배상청구권의 소멸시효 기간이 지났으나 국가가 소멸시효 완성을 주장하는 것이 신의성실의 원칙에 반하는 권리남용으로 허용될 수 없어 배상책임을 이행한 경우에, 국가가 해당 공무원에게 구상권을 행사하는 것은 신의칙상 허용되지 않는다.

② 공무원의 직무집행이 법령이 정한 요건과 절차에 따라 이루어진 것이라면 특별한 사정이 없는 한 이는 법령에 적합한 것이나, 그 과정에서 개인의 권리가 침해된 경우에는 법령 적합성이 부정된다.

③ 학생이 담배를 피우기 위하여 3층 건물 화장실 밖의 난간을 지나다가 실족하여 사망한 경우, 학교관리자에게 그와 같은 이례적인 사고가 있을 것을 예상하여 화장실 창문에 난간으로의 출입을 막기 위한 출입금지장치나 추락 위험을 알리는 경고표지판을 설치할 의무는 없다.

④ 공무원이 통상의 근무지로 자기 소유 차량을 운전하여 출근하던 중 교통사고를 일으킨 경우, 특별한 사정이 없는 한 「국가배상법」 제2조 제1항에 따른 직무집행 관련성이 부정된다.

33 「행정심판법」에 대한 설명으로 옳은 것은?

① 행정심판은 처분이 있음을 알게 된 날부터 180일 이내에 청구하여야 한다.

② 행정심판은 처분이 있었던 날부터 1년이 지나면 청구하지 못한다. 다만, 정당한 사유가 있는 경우에는 그러하지 아니하다.

③ 행정심판을 청구하려는 자는 심판청구서를 작성하여 피청구인이나 위원회에 제출하여야 한다.

④ 행정심판위원회는 피청구인이 제49조 제3항(의무이행심판 재결)에도 불구하고 처분을 하지 아니하더라도 직접 처분을 할 수는 없다.

34 다음 중 「경비업법」에 규정된 '집단민원현장'에 대한 설명으로 옳은 것은?

① 경비업자는 집단민원현장에 경비원을 배치하는 때에는 경비지도사를 선임하고 그 장소에 배치하여 대통령령으로 정하는 바에 따라 경비원을 지도·감독하게 하여야 한다.

② 경비업자는 도급을 의뢰받은 경비업무가 위법 또는 부당한 것일 때에는 이를 거부할 수 있다.

③ 100명 이상의 사람이 모이는 문화 행사장은 집단민원현장에 해당한다.

④ 「행정대집행법」에 따라 대집행을 하는 장소는 집단민원현장에 해당하지 아니한다.

35 다음 중 「유실물법」상 유실물 처리에 대한 설명으로 옳은 것은?

① 물건을 반환받는 자는 물건가액의 100분의 10 이상 100분의 20 이하의 범위에서 보상금을 습득자에게 지급하여야 한다.

② 습득일부터 7일 이내에 습득물을 반환하거나 제출하지 않은 자는 보상금을 청구할 수 없다.

③ 물건의 소유권을 취득한 자가 그 취득한 날부터 6개월 이내에 물건을 경찰서로부터 받아가지 아니할 때에는 그 소유권을 상실한다.

④ 착오로 점유한 타인의 물건이나 타인이 놓고 간 물건의 습득자는 보상금을 청구할 수 없다.

36 「성매매알선 등 행위의 처벌에 관한 법률」에 대한 설명으로 가장 적절한 것은?

① 자위행위를 하거나 하게 하는 행위는 성매매에 포함된다.

② 신체의 접촉 또는 노출하는 행위로서 일반인의 성적 수치심이나 혐오감을 일으키는 행위는 성매매에 포함된다.

③ 단순히 성매매의 장소를 제공하는 행위도 "성매매 알선 등 행위"에 포함된다.

④ '불특정인을 상대로' 성매매를 한다는 의미는 행위 당시에 상대방이 특정되어 있지 않다는 의미이다.

37 「가정폭력범죄의 처벌 등에 관한 특례법」, 「아동학대범죄의 처벌 등에 관한 특례법」, 「스토킹범죄의 처벌 등에 관한 법률」에 대한 설명으로 가장 옳지 않은 것은?

① 사법경찰관이 가정폭력사건에서 응급조치를 한 경우 반드시 검사에게 임시조치 청구를 신청할 필요는 없고 피해자에게 임시조치를 신청할 수 있음을 통보해 주면 된다.

② 사법경찰관이 아동학대사건에서 응급조치를 한 경우 반드시 검사에게 임시조치 청구를 신청하여야 한다.

③ 사법경찰관은 스토킹범죄사건에서 긴급응급조치를 할 경우 '스토킹행위의 상대방이나 그 주거등으로부터 격리'의 조치를 할 수 없다.

④ 스토킹범죄 사건에서 응급조치는 72시간을 넘을 수 없다. 다만, 그 기간에 공휴일이나 토요일이 포함되는 경우로서 피해자의 보호를 위하여 필요하다고 인정되는 경우에는 48시간의 범위에서 그 기간을 연장할 수 있다.

38 「경찰 비상업무 규칙」에 대한 내용으로 옳지 않은 것은?

① "정착 근무"라 함은 사무실 또는 상황과 관련된 현장에 위치하는 것을 말한다.

② "필수요원"이라 함은 전 경찰공무원 및 일반직공무원 중 경찰기관의 장이 지정한 자로 비상소집 시 1시간 이내에 응소하여야 할 자를 말한다.

③ "가용경력"이라 함은 총원에서 휴가·출장·교육·파견 등을 제외하고 실제 동원될 수 있는 모든 인원을 말한다.

④ "작전준비태세"라 함은 '경계강화'단계를 발령하기 이전에 별도의 경력동원 없이 경찰관 등은 비상연락체계를 유지하고 경찰작전부대는 상황발생 시 즉각 출동이 가능하도록 출동대기태세를 유지하는 것을 말한다. 지휘관과 참모는 지휘선상 위치 근무를 원칙으로 한다.

39 「도로교통법」상 통행방법에 대한 설명으로 가장 적절하지 않은 것은?

① 모든 차의 운전자는 회전교차로에서는 반시계방향으로 통행하여야 한다.

② 회전교차로를 진행하고 있는 차는 회전교차로에 진입하려는 다른 차가 있는 때에는 그 차에 진로를 양보하여야 한다.

③ 교통정리를 하고 있지 아니하는 교차로에 동시에 들어가려고 하는 차의 운전자는 우측도로의 차에 진로를 양보하여야 한다.

④ 교통정리를 하고 있지 아니하는 교차로에서 좌회전하려고 하는 차의 운전자는 그 교차로에서 직진하거나 우회전하려는 다른 차가 있을 때에는 그 차에 진로를 양보하여야 한다.

40 「경찰관의 정보수집 및 처리 등에 관한 규정(대통령령)」상 경찰관이 정보활동을 위해 필요한 경우에 한정하여 일시적으로만 출입이 가능한 곳은 모두 몇 개인가?

⊙ 민간단체인 언론기관
ⓛ 민간단체인 교육기관
ⓒ 민간기업
ⓔ 정당의 사무소
ⓜ 공공기관

① 2개   ② 3개
③ 4개   ④ 5개

77

🗐 빠른 정답 p.167 / 해설 p.150

01 대륙법계 국가의 경찰제도에 관한 다음 설명 중 옳은 것은 모두 몇 개인가?

> ⊙ 대륙법계 국가의 경찰개념은 경찰권이라고 하는 일반 통치권적 개념을 전제로, 경찰이 시민을 위해서 수행하는 기능 또는 역할을 중심으로 형성되었다.
> ⓒ 크로이츠베르크 판결(1882)은 승전기념비의 전망을 확보할 목적으로 주변 건축물의 고도를 제한하기 위해 베를린 경찰청장이 제정한 법규명령은 독일의 『제국경찰법』상 개별적 수권조항에 위반되어 무효라고 하였다.
> ⓒ 경찰국가시대에 경찰권은 소극적인 치안유지만 할 뿐, 적극적인 공공복지의 증진을 위하여 강제력을 행사할 수 없었다.
> ② 17세기 국가작용의 분화 현상이 나타나 경찰개념이 외교·군사·재정·사법을 제외한 내무행정 전반에 국한되었다.

① 1개
② 2개
③ 3개
④ 4개

02 경찰의 개념과 구분에 대한 설명 중 옳은 것은?

① 대륙법계 국가에서는 '경찰은 무엇인가'라는 문제보다 '경찰은 무엇을 하는가' 또는 '경찰활동이란 무엇인가' 라는 문제를 중심으로 경찰개념이 논의되었다.

② 대륙법계 국가의 경찰개념 형성과정은 경찰의 임무범위를 확대하는 과정이었으며 경찰과 시민을 대립하는 구도로 파악하였다.

③ 형식적 의미의 경찰작용은 실정법상 보통경찰기관에 분배된 사무를 말하며, 이에 따른 경찰활동의 범위는 나라마다 차이가 있을 수 있다.

④ 삼권분립 사상에 투철했던 프랑스에서 확립된 개념으로서 경찰의 목적·임무를 기준으로 협의의 행정경찰과 사법경찰로 구분하였다.

03 경찰의 기본적 임무에 대한 설명 중 옳지 않은 것은?

① 인간의 존엄·자유·명예·생명 등과 같은 개인적 법익뿐만 아니라 사유재산적 가치나 무형의 권리에 대한 위험방지도 경찰의 임무에 해당한다. 그러나 개인적 권리와 법익이 보호된 경우라고 하더라도 경찰의 원조는 잠정적인 보호에 국한되어야 한다.

② 법적 안정성의 확보를 위해 불문규범이 성문화되어 가는 현상으로 인하여 오늘날 공공의 질서라는 개념은 그 범위가 점차 축소되고 있다.

③ 위험은 경찰개입의 전제조건이나 위험이 보호를 받게 되는 법익에 구체적으로 존재해야 하는 것은 아니기 때문에 보행자의 통행이 거의 없는 밤 시간에 횡단보도 보행자 신호등이 녹색등일 때 정지하지 않고 진행한 경우에도 통행한 운전자는 경찰 책임자가 된다. 이는 국가의 존립과 기능성 불가침성을 침해하기 때문이다.

④ 외관적 위험에 대한 경찰권 발동은 경찰상 위험에 해당하는 적법한 개입이므로 경찰관에게 민·형사상 책임을 물을 수 없다. 단, 경찰개입으로 인한 피해가 '공공필요에 의한 특별한 희생'에 해당하는 경우에는 국가의 손실보상 책임은 발생할 수 있다.

04 경찰의 관할에 대한 설명으로 옳은 것은?

① 인간의 존엄·자유·명예·생명 등과 같은 개인적 법익뿐만 아니라 사유재산적 가치에 대한 위험방지도 경찰의 임무에 해당하나, 무형의 권리에 대한 위험방지는 경찰의 임무에 해당하지 아니한다.

② 경찰공무원이 국회 안에서 현행범인을 체포한 후에는 국회의장의 지시를 받을 필요가 없지만, 회의장 안에 있는 국회의원에 대하여는 국회의장의 명령 없이 체포할 수 없다.

③ 국회의장은 국회의 경호를 위하여 필요할 때에는 국회운영위원회의 동의를 받아 일정한 기간을 정하여 정부에 경찰공무원의 파견을 요구할 수 있다.

④ 재판장은 법정에서의 질서유지를 위해 필요하다고 인정할 때에는 개정 전후에 상관 없이 관할 경찰서장에게 경찰공무원의 파견을 요구할 수 있으며, 파견된 경찰공무원은 법정 내에서만 질서유지에 관하여 재판장의 지휘를 받는다.

05 경찰의 전문직업화에 대한 설명으로 가장 옳지 않은 것은?

① 미국의 오거스트 볼머 등에 의하여 경찰의 사회적 지위를 높이기 위한 전문직업화가 추진되었다.

② 경찰이 전문직업화되어 저학력자 등 경제적, 사회적 약자에게 경찰 직업에의 진입을 차단할 경우 소외의 문제가 발생한다.

③ 경찰 전문직업화의 윤리적 문제점으로 전문가가 상대방의 입장을 고려하지 않고 일방적으로 결정하는 부권주의 문제가 있을 수 있다.

④ 경찰의 전문직업화는 경찰위상과 사기제고, 치안서비스 질의 향상 등의 이점이 있다.

06 「부정청탁 및 금품등 수수의 금지에 관한 법률」상 신고에 대한 설명으로 가장 옳지 않은 것은?

① 조사기관은 국민권익위원회부터 사건을 조사·감사 또는 수사를 마친 날부터 10일 이내에 그 결과를 신고자와 국민권익위원회에 통보하여야 한다.

② 국민권익위원회는 조사기관의 조사·감사 또는 수사결과가 충분하지 아니하다고 인정되는 경우에는 결과를 통보받은 날부터 30일 이내에 조사기관에 재조사를 요구할 수 있다.

③ 재조사를 요구받은 조사기관은 재조사를 종료한 날부터 7일 이내에 그 결과를 국민권익위원회에 통보하여야 한다.

④ 누구든지 이 법에 따라 신고를 하려는 자는 자신의 인적사항을 밝히지 아니하고 대리인에게 위임하여 신고를 대리하게 할 수 있다. 이 경우 신고는 국민권익위원회에 하여야 한다.

07 「공직자의 이해충돌방지법」에 의할 때 "사적이해관계자"에 해당하는 것은?

① 공직자 자신 또는 그 친족(「민법」 제767조에 따른 친족을 말한다)

② 공직자로 채용·임용되기 전 2년 이내에 공직자 자신이 재직하였던 법인 또는 단체

③ 공직자 자신이나 그 가족이 2년 이내에 대리하거나 고문·자문 등을 제공하는 개인이나 법인 또는 단체

④ 최근 3년 이내에 퇴직한 공직자로서 퇴직일 전 3년 이내에 사적이해관계 신고 대상 직무를 수행하는 공직자와 대통령령으로 정하는 범위의 부서에서 같이 근무하였던 사람

08 「경찰청 공무원 행동강령」에 대한 내용으로 가장 옳지 않은 것은?

① 공무원은 정치인이나 정당 등으로부터 부당한 직무수행을 강요받거나 청탁을 받은 경우에는 소속 기관의 장에게 보고하거나 행동강령책임관과 상담한 후 처리하여야 한다.

② 공무원은 「범죄수사규칙」 제30조에 따른 경찰관서 내 수사 지휘에 대한 이의제기와 관련하여 행동강령책임관에게 상담을 요청하여야 한다.

③ 공무원은 직무의 범위를 벗어나 사적 이익을 위하여 소속기관의 명칭이나 직위를 공표·게시하는 등의 방법으로 이용하거나 이용하게 하여서는 아니 된다.

④ 경찰관은 자신이 소속된 종교단체·친목단체 등의 회원이 직무관련자나 직무관련공무원인 경우에도 경조사를 알릴 수 있다.

09 사회통제이론에 대한 설명으로 가장 옳지 않은 것은?

① 사회통제이론은 '어떤 사람들은 왜 범죄를 범하게 되는가?'보다는 '어떤 사람들은 왜 범죄를 하지 않는가?'라는 물음에 중점을 두고 있다.

② 사회통제이론은 인간은 범죄성을 본질적으로 지니고 있기 때문에 그대로 두면 누구든지 범죄를 저지를 것이라고 본다.

③ Hirschi의 사회유대이론, Briar & Phliavin의 동조성 전념이론, Matza & Sykes의 중화기술이론, Glaser의 차별적 동일화이론은 사회통제이론에 속한다.

④ Hirschi는 사회생활에 대한 참여가 낮으면 그만큼 일탈행동의 기회가 증가됨으로써 비행이나 범죄를 저지를 가능성이 높아진다고 보았다.

10 「범죄피해자 보호법」상 피해구조금 지급에 관한 설명 중 가장 옳지 않은 것은?

① 자기 또는 타인의 형사사건의 수사 또는 재판에서 고소·고발 등 수사단서를 제공하거나 진술, 증언 또는 자료제출을 하다가 구조피해자가 된 경우에도 범죄피해 구조금을 지급한다.

② 구조금은 유족구조금·장해구조금 및 중상해구조금으로 구분하며, 일시금으로 지급한다.

③ 유족의 범위에서 태아는 구조피해자가 사망할 때 이미 출생한 것으로 보고, 부모의 경우에는 친부모를 선순위로 하고 양부모를 후순위로 한다.

④ 구조금 신청은 해당 구조대상 범죄피해의 발생을 안 날부터 3년이 지나거나 해당 구조대상 범죄피해가 발생한 날부터 10년이 지나면 할 수 없다. 구조금을 받을 권리는 그 구조결정이 해당 신청인에게 송달된 날부터 2년간 행사하지 아니하면 시효로 인하여 소멸된다.

11 한국 경찰사에 관한 다음 설명 중 옳은 것은 모두 몇 개인가?

㉠ 1895년 「내부관제」의 제정을 통해 내부대신의 경찰에 대한 지휘감독권을 정비하였고, 1896년 「지방경찰규칙」을 제정하여 지방경찰의 조직법적 근거를 마련하였다.

㉡ 연통제는 임시정부와 국내와의 비밀연락망 조직으로서, 국내 각 도에는 경무사라는 경찰기구를 두고, 부·군 단위에는 경무과를 두었다.

㉢ 미군정기에 고등경찰제도가 폐지되었으며, 정보업무를 담당할 정보과와 경제사범단속을 위한 경제경찰이 신설되었다.

㉣ 경찰법이 제정될 때까지 경찰체제의 근거가 되는 법률은 「경찰관직무집행법」이었다.

㉤ 안종삼은 성산포경찰서장 재직 시 계엄군의 예비검속자 총살 명령에 '부당함으로 불이행'한다고 거부하고 주민들을 방면하였다.

① 1개　　　　② 2개
③ 3개　　　　④ 4개

12 프랑스 경찰제도에 대한 설명으로 옳지 않은 것은?

① 행정경찰과 사법경찰은 엄격히 구분되며, 사법경찰은 경찰청 소속이지만 수사에 있어서는 검사와 수사판사의 지휘를 받을 뿐 행정경찰의 지휘를 받지 않는다.

② 파리경찰청은 국립경찰에 편입되었지만 경찰청장의 지휘를 받지 않고 내무부장관의 지휘를 받는다.

③ 파리경찰청을 제외한 지방경찰은 중앙의 국가경찰이 직접 관장하는 방식의 강력한 집권형태이다.

④ 행정경찰과 사법경찰이 엄격히 구분되어 군경찰은 사법경찰 업무를 담당하지 아니한다.

13 동기부여이론에 관한 설명으로 옳지 않은 것은?

① 알더퍼(C. Alderfer)의 ERG 이론에 의하면 상위욕구 충족이 좌절되면 하위욕구를 충족시키고자 할 수 있다.

② 아담스(J. Adams)의 공정성 이론에 의하면, 자기의 노력과 보상을 다른 사람(준거인물)과 비교하여 불공정하다고 인식할 때 행동이 유발된다.

③ 허즈버그(F. Herzberg)의 동기·위생 2요인론에 의하면 위생요인은 주로 생리적 욕구, 안전 욕구 등을 만족시키는 요인들이다.

④ 매슬로우(Maslow) 욕구계층이론에 의하면 존경의 욕구는 동료·상사·조직 전체에 대한 친근감·귀속감 충족에 관한 것으로 인간관계의 개선, 고충처리 상담 등을 통해 충족시켜 줄 수 있다.

14 예산의 과정에 대한 내용으로 옳은 것은?

① 각 중앙관서의 장은 매년 3월 31일까지 당해 회계연도부터 5회계연도 이상의 기간 동안의 신규사업 및 기획재정부장관이 정하는 주요 계속사업에 대한 중기사업계획서를 기획재정부장관에게 제출하여야 한다.

② 국회 예산결산특별위원회의 예산안 종합심사는 '종합정책질의 → 계수조정소위원회의 계수조정 → 부별심사 → 예산결산특별위원회 전체회의에서 소위원회의 조정안 승인' 순서로 진행된다.

③ 국회는 회계연도 개시 30일 전까지 예산안을 의결하여야 한다.

④ 각 중앙관서의 장은 예산의 목적 범위 안에서 재원의 효율적 활용을 위하여 대통령령으로 정하는 바에 따라 기획재정부장관의 승인을 얻어 각 장·관·항의 금액을 전용할 수 있다.

15 「보안업무규정」 및 「보안업무규정 시행규칙」상 비밀의 관리방법에 대한 설명으로 옳지 않은 것은?

① 보관용기에 넣을 수 없는 비밀은 제한지역에 보관하는 등 그 내용이 노출되지 아니하도록 특별한 보호대책을 마련하여야 한다.

② Ⅱ급비밀 및 Ⅲ급비밀은 금고 또는 이중 철제캐비닛 등 잠금장치가 있는 안전한 용기에 보관하여야 하며, 보관책임자가 Ⅱ급비밀 취급 인가를 받은 때에는 Ⅱ급비밀과 Ⅲ급비밀을 같은 용기에 혼합하여 보관할 수 있다.

③ 경찰청장은 Ⅱ급 및 Ⅲ급비밀 취급 인가권자이다.

④ 비밀은 보관하고 있는 시설 밖으로 반출해서는 아니된다. 다만, 공무상 반출이 필요할 때에는 소속 기관의 장의 승인을 받아야 한다.

16 「언론중재 및 피해구제 등에 관한 법률」과 판례에 따를 때 옳지 않은 것은?

① 사실적 주장에 관한 언론보도등이 진실하지 아니함으로 인하여 피해를 입은 자는 해당 언론보도등이 있음을 안 날부터 3개월 이내에 언론사, 인터넷뉴스서비스사업자 및 인터넷 멀티미디어 방송사업자에게 그 언론보도등의 내용에 관한 정정보도를 청구할 수 있다. 다만, 해당 언론보도등이 있은 후 6개월이 지났을 때에는 그러하지 아니하다.

② 정정보도를 청구하는 경우에 그 언론사의 고의·과실이나 위법성에 대한 증명책임은 피해자가 부담한다.

③ "반론보도"란 언론의 보도 내용의 진실 여부에 관계없이 그와 대립되는 반박적 주장을 보도하는 것으로, 사실적 주장뿐만 아니라 의견표명에 관한 언론보도등으로 인하여 피해를 입은 자는 그 보도 내용에 관한 반론보도를 언론사등에 청구할 수 있다.

④ 정정보도 청구는 언론사등의 대표자에게 서면으로 하여야 하며, 정정보도문을 명시하여야 한다.

17 「경찰 감찰 규칙」상 감찰활동에 대한 설명으로 가장 옳은 것은?

① 경찰기관의 장은 상급 경찰기관의 장의 지시에 따라 의무위반행위가 자주 발생하거나 그 발생 가능성이 높다고 인정되는 시기, 업무분야 및 경찰관서 등에 대하여는 일정기간 동안 전반적인 조직관리 및 업무추진 실태 등을 집중 점검할 수 있다.

② 경찰기관의 장은 상급 경찰기관의 장의 지시에 따라 소속 감찰관으로 하여금 일정기간 동안 다른 경찰기관 소속 직원의 복무실태, 업무추진 실태 등을 점검하게 할 수 있다.

③ 감찰관은 소속공무원의 의무위반행위에 관한 단서(현장인지, 진정·탄원 등을 포함한다)를 수집·접수한 경우 소속 경찰기관의 장에게 보고하여야 한다.

④ 감찰관은 검찰·경찰, 그 밖의 수사기관으로부터 수사개시 통보를 받은 경우에는 감찰부서장의 결재를 받아 해당 기관으로부터 수사결과의 통보를 받을 때까지 감찰조사, 징계의결요구 등의 절차를 진행하지 아니할 수 있다.

18 「경찰청 감사 규칙」상 감사결과의 조치기준에 대한 설명으로 옳지 않은 것은 모두 몇 개인가?

> ㉠ 변상명령 – 감사결과 위법 또는 부당하다고 인정되는 사실이 있어 추징·회수·환급·추급 또는 원상복구 등이 필요하다고 인정되는 경우
> ㉡ 경고·주의 요구 – 감사결과 경미한 지적사항으로서 현지에서 즉시 시정·개선조치가 필요한 경우
> ㉢ 개선 요구 – 감사결과 문제점이 인정되는 사실이 있어 그 대안을 제시하고 감사대상기관의 장 등으로 하여금 개선방안을 마련하도록 할 필요가 있는 경우
> ㉣ 권고 – 감사결과 법령상·제도상 또는 행정상 모순이 있거나 그 밖에 개선할 사항이 있다고 인정되는 경우

① 1개　　　　　② 2개
③ 3개　　　　　④ 4개

19 「국가경찰과 자치경찰의 조직 및 운영에 관한 법률」에 대한 설명으로 가장 옳은 것은?

① 자치경찰사무는 제3조에서 정한 경찰의 임무 범위에서 관할 지역의 생활안전·교통·정보·수사 등에 관한 사무이다.

② 가정폭력과 아동학대범죄에 해당하는 수사사무는 자치경찰사무로서 대통령령으로 정하는 기준에 따라 시·도조례로 정한다.

③ 국가경찰위원회의 위원은 행정안전부장관의 제청으로 국무총리를 거쳐 대통령이 임명한다. 행정안전부장관은 위원 임명을 제청할 때 경찰의 정치적 중립이 보장되도록 하여야 한다.

④ 국가경찰위원회의 보궐위원의 임기는 전임자 임기의 남은 기간으로 하되, 전임자의 남은 임기가 1년 미만인 경우 그 보궐위원은 한 차례만 연임할 수 있다.

20 「국가경찰과 자치경찰의 조직 및 운영에 관한 법률」상 국가경찰위원회의 심의·의결을 거쳐야 하는 사항으로 옳지 않은 것은?

① 국가경찰사무에 관한 인사, 예산, 장비, 통신 등에 관한 주요정책 및 경찰 업무 발전에 관한 사항

② 국가경찰사무 외에 다른 국가기관으로부터의 업무협조 요청에 관한 사항

③ 시·도자치경찰위원회 위원 추천, 자치경찰사무에 대한 주요 법령·정책 등에 관한 사항

④ 국가경찰사무 감사 및 감사의뢰

21 행정관청의 권한의 위임과 대리에 대한 설명으로 옳지 않은 것은?

① 권한의 위임은 수임관청에 권한이 이전되므로 수임관청에 효과가 귀속되나, 권한의 대리는 직무의 대행에 불과하므로 임의대리든 법정대리든 피대리관청에 효과가 귀속된다.

② 원칙적으로 대리는 대리관청이 행정소송의 피고가 되고, 위임은 수임관청이 피고가 된다.

③ 원칙적으로 임의대리는 권한의 일부에 대해서만 가능하고 복대리가 불가능하나, 법정대리는 권한의 전부에 대해서 가능하고 복대리가 가능하다.

④ 권한의 위임은 수임관청이 자기명의로 권한을 행사하지만, 권한의 대리는 피대리관청을 위한 것임을 표시하여 대리기관 명의로 권한을 행사한다.

22 「국가공무원법」 및 「경찰공무원 임용령」상 휴직에 대한 설명으로 옳지 않은 것은?

① 공무원이 천재지변이나 전시사변, 그 밖의 사유로 생사 또는 소재가 불명확하게 된 때의 휴직기간은 3개월 이내로 명하여야 한다.

② 만 8세 이하 또는 초등학교 2학년 이하의 자녀를 양육하기 위하여 필요하거나 여성공무원이 임신 또는 출산하게 된 때에 공무원이 휴직을 원하면 대통령령으로 정하는 특별한 사정이 없으면 휴직을 명하여야 한다.

③ 조부모, 부모(배우자의 부모를 포함한다), 배우자, 자녀 또는 손자녀를 부양하거나 돌보기 위하여 필요한 경우 휴직 기간은 1년 이내로 하되, 재직 기간 중 총 3년을 넘을 수 없다.

④ 휴직 기간이 끝나거나 휴직 사유가 소멸된 후에도 직무에 복귀하지 아니하거나 직무를 감당할 수 없는 사유로 직권으로 면직시키는 경우, 휴직기간의 만료일의 다음 날 또는 휴직사유 소멸 일자의 다음 날에 임용된 것으로 본다.

23 「경찰공무원법」에 대한 설명으로 옳지 않은 것은?

① 총경 이상 경찰공무원은 경찰청장의 추천을 받아 행정안전부장관의 제청으로 국무총리를 거쳐 대통령이 임용한다. 다만, 총경의 전보, 휴직, 직위해제, 강등, 정직 및 복직은 경찰청장이 한다.

② 경정 이하의 경찰공무원은 경찰청장이 임용한다. 다만, 경정으로의 신규채용, 승진임용 및 면직은 경찰청장의 제청으로 국무총리를 거쳐 대통령이 한다.

③ 경찰청장은 전시·사변이나 그 밖에 이에 준하는 비상사태에서는 2년의 범위에서 계급정년을 연장할 수 있다.

④ 수사, 정보, 경비, 보안, 자치경찰사무 등 특수 부문에 근무하는 경찰공무원으로서 대통령령으로 정하는 바에 따라 지정을 받은 사람은 총경 및 경정의 경우에는 4년의 범위에서 계급정년을 연장할 수 있다.

24 다음 중 '징계위원회의 권고에 의한 경고(이하 "불문경고"라 한다)'에 대한 설명으로 옳지 않은 것은? (다툼이 있을 경우 판례에 의함)

① 불문경고는 징계처분에 해당하지 아니한다.

② 「경찰공무원 징계령 세부시행규칙(경찰청예규)」에 의하여 불문경고를 받은 사실이 있는 경우에는 그 경고처분 전의 공적은 차후 다른 징계처분이나 경고를 받게 될 경우 징계감경사유로 사용될 수 없다.

③ 어떠한 처분의 근거나 법적인 효과가 행정규칙에 규정되어 있다고 하더라도 그 처분이 상대방의 권리 의무에 직접 영향을 미치는 행위라면, 항고소송의 대상이 되는 행정처분에 해당한다.

④ 불문경고는 공무원의 권리 의무에 직접 영향을 미치는 행위로 볼 수 없으므로 항고소송의 대상이 되는 행정처분에 해당하지 아니한다.

25 경찰공무원의 징계에 대한 설명으로 옳은 것은?

① 「경찰공무원 징계령 세부시행규칙(경찰청예규)」에 의하여 「정부표창규정」에 따라 장관 이상의 표창을 받은 공적이 있는 경찰공무원에 대하여 징계위원회는 징계를 감경할 수 있다.

② 징계위원회는 「경찰공무원 징계령 세부시행규칙(경찰청예규)」에 의하여 징계감경 사유가 있는 경우에는 의무위반행위의 내용에 상관없이 징계를 감경할 수 있다.

③ 승진임용 제한기간 중에 있는 사람이 다시 징계처분을 받은 경우 승진임용 제한기간은 전(前) 처분에 대한 승진임용 제한기간이 끝난 날부터 계산한다.

④ 경감인 경찰공무원이 징계처분을 받은 후 해당 계급에서 경찰청장의 표창을 받은 경우에는 「경찰공무원 승진임용 규정(대통령령)」에 의하여 승진임용 제한기간의 2분의 1을 단축할 수 있다.

26 신뢰보호의 원칙에 대한 설명으로 옳은 것(○)과 옳지 않은 것(×)을 바르게 연결한 것은? (다툼이 있는 경우 판례에 의함)

> (가) 행정청이 공적인 의사표명을 하였다면 이후 사실적·법률적 상태의 변경이 있더라도 행정청이 이를 취소하지 않는 한 여전히 공적인 의사표명은 유효하다.
> (나) 재량권 행사의 준칙인 행정규칙의 공표만으로 상대방은 보호가치 있는 신뢰를 갖게 되었다고 볼 수 있다.
> (다) 행정청이 공적 견해를 표명하였는지를 판단할 때는 반드시 행정조직상의 형식적인 권한분장에 구애될 것은 아니다.
> (라) 신뢰보호원칙의 위반은 「국가배상법」상의 위법 개념을 충족시킨다.

	(가)	(나)	(다)	(라)
①	×	×	○	○
②	○	○	×	○
③	○	×	○	×
④	×	○	○	×

27 「행정기본법」상 "처분"에 대한 설명으로 가장 옳은 것은?

① 처분은 권한이 있는 기관이 취소 또는 철회하거나 기간의 경과 등으로 소멸되기 전까지는 적법한 것으로 통용된다.

② 무효인 처분은 소급하여 그 효력이 발생하지 아니한다.

③ 당사자의 신청에 따른 처분은 법령등에 특별한 규정이 있거나 처분 당시의 법령등을 적용하기 곤란한 특별한 사정이 있는 경우를 제외하고는 처분 당시의 법령등에 따른다.

④ 법령등을 위반한 행위의 성립과 이에 대한 제재처분은 법령등에 특별한 규정이 있는 경우를 제외하고는 변경된 법령등을 적용하는 것이 원칙이다.

28 행정상 강제집행에 해당하는 것은 모두 몇 개인가?

> ㉠ 「경찰관직무집행법」 제5조 위험발생 방지 등 조치
> ㉡ 「경찰관직무집행법」 제4조 제1항 제1호에서 규정하는 술에 취한 상태로 인하여 자기 또는 타인의 생명·신체와 재산에 위해를 미칠 우려가 있는 피구호자에 대한 보호조치
> ㉢ 「행정대집행법」 제2조 대집행
> ㉣ 「집회 및 시위에 관한 법률」에 따른 직접해산
> ㉤ 「질서위반행위규제법」에 의한 과태료 부과

① 1개   ② 2개
③ 3개   ④ 4개

29 「위해성 경찰장비의 사용기준 등에 관한 규정」에 대한 설명으로 옳은 것은?

① 경찰관은 14세 미만의 자 또는 임산부에 대하여 가스발사총을 발사하여서는 아니된다.

② 안전성 검사에 참여한 외부 전문가는 안전성 검사가 끝난 후 3개월 이내에 신규 도입 장비의 안전성 여부에 대한 의견을 경찰청장에게 제출하여야 한다. 경찰청장은 신규 도입 장비에 대한 안전성 검사를 실시한 후 30일 이내에 안전성 검사 결과보고서를 국회 소관 상임위원회에 제출하여야 한다.

③ 국가경찰관서의 장은 폐기대상인 위해성 경찰장비 또는 성능이 저하된 위해성 경찰장비를 개조할 수 있으며, 소속경찰관으로 하여금 이를 본래의 용법에 준하여 사용하게 할 수 있다.

④ 경찰관은 체포·구속영장을 집행하거나 신체의 자유를 제한하는 판결 또는 처분을 받은 자를 법률이 정한 절차에 따라 호송하거나 수용하기 위하여 필요한 때에는 최소한의 범위 안에서 수갑·포승 또는 호송용 포승을 사용하여야 한다.

30 범인검거 등 공로자 보상금의 지급 기준에 대한 설명으로 옳지 않은 것은?

① 「경찰관 직무집행법 시행령」에 따라 범인검거 등 공로자 보상금의 최고액은 5억 원으로 하며, 구체적인 보상금 지급 기준은 행정안전부령으로 정한다.

② 사형, 무기징역 또는 무기금고, 장기 10년 이상의 징역 또는 금고에 해당하는 범죄에 대한 보상금 지급기준 금액은 100만 원이다.

③ 경찰청장 또는 경찰청장의 승인을 받은 시·도경찰청장이 미리 보상금액을 정하여 수배할 경우에는 보상금 지급기준에도 불구하고 예산의 범위에서 금액을 따로 결정할 수 있다.

④ 동일한 사람에게 지급결정일을 기준으로 연간(1월 1일부터 12월 31일까지를 말한다) 5회를 초과하여 보상금을 지급할 수 없다.

31 행정조사에 관한 설명으로 옳지 않은 것은?

① 「도로교통법」에 따라 호흡측정 또는 혈액 검사 등의 방법으로 운전자의 음주운전 여부를 조사하는 것은, 수사로서의 성격과 행정조사로서의 성격을 동시에 가지고 있다.

② 조사대상자가 행정조사의 실시를 거부하거나 방해하는 경우 조사원은 「행정조사기본법」상의 명문규정에 의하여 조사대상자의 신체와 재산에 대해 실력을 행사할 수 있다.

③ 우편물 통관검사절차에서 이루어지는 우편물의 개봉, 시료채취, 성분분석 등의 검사는 행정조사의 성격을 가지는 것으로서 압수수색영장 없이 우편물의 개봉, 시료채취, 성분분석 등 검사가 진행되었다 하더라도 특별한 사정이 없는 한 위법하다고 볼 수 없다.

④ 마약류불법거래 방지에 관한 특례법 제4조 제1항(화물에 마약류가 감추어져 있다고 밝혀지거나 그러한 의심이 드는 경우)에 따른 조치의 일환으로 특정한 수출입물품을 개봉하여 검사하고 그 내용물의 점유를 취득한 행위는 범죄수사인 압수 또는 수색에 해당하여 사전 또는 사후에 영장을 받아야 한다.

32 「질서위반행위 규제법」의 내용으로 옳지 않은 것은?

① 행정청에 의해 부과된 과태료는 질서위반행위가 종료된 날(다수인이 질서위반행위에 가담한 경우에는 최종행위가 종료된 날을 말한다)부터 5년간 징수하지 아니하거나 집행하지 아니하면 시효로 인하여 소멸한다.

② 고의 또는 과실이 없는 질서위반행위는 과태료를 부과하지 아니하며, 자신의 행위가 위법하지 아니한 것으로 오인하고 행한 질서위반행위는 그 오인에 정당한 이유가 있는 때에 한하여 과태료를 부과하지 아니한다.

③ 2인 이상이 질서위반행위에 가담한 때에는 각자가 질서위반행위를 한 것으로 본다.

④ 하나의 행위가 2 이상의 질서위반행위에 해당하는 경우에는 각 질서위반행위에 대하여 정한 과태료 중 가장 중한 과태료를 부과한다.

33 「행정소송법」상 행정소송의 종류에 대한 설명으로 옳지 않은 것은?

① 항고소송이란 행정청의 처분 등이나 부작위에 대하여 제기하는 소송이다.

② 당사자소송이란 행정청의 처분 등을 원인으로 하는 법률관계에 관한 소송 그 밖에 공법상의 법률관계에 관한 소송으로서 그 법률관계의 한쪽 당사자를 피고로 하는 소송이다.

③ 기관소송이란 국가 또는 공공단체의 기관이 법률에 위반되는 행위를 한 때에 직접 자기의 법률상 이익과 관계없이 그 시정을 구하기 위하여 제기하는 소송

④ 민중소송 및 기관소송은 법률이 정한 경우에 법률에 정한 자에 한하여 제기할 수 있다.

34 「지역경찰의 조직 및 운영에 관한 규칙」에 의한 상시교육에 대한 설명 중 옳지 않은 것은?

① 지역경찰관리자는 주간근무시간에 신고사건 처리에 지장이 없는 범위에서 별도의 시간을 지정하여 지역경찰의 직무수행 능력 향상을 위한 상시교육을 실시할 수 있다.

② 경찰서 112치안종합상황실장은 필요한 경우 상시교육 계획을 수립하여 지역경찰관서에 사전에 공지해야 한다.

③ 교육방식과 내용은 지역경찰관서 실정에 따라 경찰서장이 정한다.

④ 지역경찰관리자는 신고출동 지령시 상시교육 중에 있는 지역경찰을 최후순위 출동요소로 지정한다.

35 「실종아동등의 보호 및 지원에 관한 법률」과 「실종아동등 및 가출인 업무처리 규칙」에 관한 설명으로 옳은 것은?

① 법률상 "아동등"은 실종 당시 18세 미만인 아동, 「장애인복지법」 제2조의 장애인 중 지체장애인, 자폐성장애인 또는 정신장애인, 「치매관리법」 제2조 제2호의 치매환자이다.

② 법률상 "실종아동등"은 아동등이 약취·유인 또는 유기된 경우 등을 말하며 가출한 경우는 포함되지 않는다.

③ 규칙상 "장기실종아동등"이란 보호자로부터 이탈된 지 48시간이 경과하도록 발견하지 못한 실종아동등을 말한다.

④ 규칙상 "가출인"이란 신고 당시 보호자로부터 이탈된 18세 이상의 사람을 의미한다.

36 「가정폭력범죄의 처벌 등에 관한 특례법」에 대한 설명 중 가장 옳지 않은 것은?

① 사법경찰관은 가정폭력범죄를 신속히 수사하여 범죄의 혐의 인정 여부를 불문하고 사건을 검사에게 송치하여야 한다.

② 가정폭력범죄에 대하여는 이 법을 우선 적용한다. 다만, 아동학대범죄에 대하여는 「아동학대범죄의 처벌 등에 관한 특례법」을 우선 적용한다.

③ 「성폭력범죄의 처벌 등에 관한 특례법」 제14조(카메라 등을 이용한 촬영)는 가정폭력범죄에 해당하지 아니한다.

④ 동거하지 않는 형제자매는 가정구성원에 해당하지 아니한다.

37 「검사와 사법경찰관의 상호협력과 일반적 수사준칙에 관한 규정」, 「경찰수사규칙」 및 「범죄수사규칙」에 의한 변사사건 처리 방법으로 옳은 것은?

① 경찰관은 변사자 또는 변사로 의심되는 시체를 발견하거나 시체가 있다는 신고를 받았을 때에는 즉시 관할 검사에게 보고하여야 한다.

② 경찰관은 검시를 한 경우에 범죄로 인한 사망이라 인식한 때에는 신속하게 수사를 개시하고 소속 경찰관서장에게 보고하여야 한다.

③ 사법경찰관이 검시를 할 때에는 의사와 검시 조사관을 참여시켜야 한다.

④ 사법경찰관은 변사자에 대한 검시 또는 검증이 종료된 때에는 검사의 승인을 얻어 사체를 소지품 등과 함께 신속히 유족 등에게 인도한다.

38 청원경찰에 대한 설명으로 옳은 것은? (다툼이 있는 경우 판례에 따름)

① 경찰서장은 청원경찰이 직무를 수행하기 위하여 필요하다고 인정하면 청원주의 신청을 받아 청원경찰에게 무기를 대여하여 지니게 할 수 있다.

② 시·도경찰청장은 청원경찰의 효율적인 운영을 위하여 청원경찰을 지도하며 감독상 필요한 명령을 할 수 있다.

③ 청원경찰(국가기관이나 지방자치단체에 근무하는 청원경찰은 제외한다)의 직무상 불법행위에 대한 배상책임에 관하여는 「민법」의 규정을 따른다.

④ 국가나 지방자치단체에 근무하는 청원경찰의 근무관계는 사법상의 고용계약관계이다.

39 음주운전에 대한 설명으로 가장 옳지 아니한 것은? (다툼이 있는 경우 판례에 의함)

① 무면허인 자가 술에 취한 상태에서 자동차 등을 운전한 경우, 무면허운전죄와 음주운전죄는 상상적 경합 관계에 있다.

② 도로가 아닌 곳에서 술에 취한 상태로 자동차 등을 운전하더라도 음주운전으로 처벌하고 운전면허의 정지 또는 취소처분을 부과한다.

③ 신체 이상 등의 사유로 인하여 호흡조사에 의한 측정에 응할 수 없는 운전자가 혈액채취에 의한 측정을 거부하거나 이를 불가능하게 한 행위는 측정불응에 해당하지 아니한다.

④ 「특정범죄가중처벌 등에 관한 법률」상 위험운전치사상죄와 「도로교통법」상 음주운전죄는 실체적 경합 관계에 있다.

40 「범죄인 인도법」 제7조에 따른 절대적 인도거절 사유에 해당하지 않는 것은?

① 대한민국 또는 청구국의 법률에 따라 인도범죄에 관한 공소시효 또는 형의 시효가 완성된 경우

② 범죄인이 인도범죄를 범하였다고 의심할 만한 상당한 이유가 없는 경우(인도범죄에 관하여 청구국에서 유죄의 재판이 있는 경우는 제외)

③ 인도범죄의 전부 또는 일부가 대한민국 영역에서 범한 것인 경우

④ 범죄인이 인종, 종교, 국적, 성별, 정치적 신념 또는 특정 사회단체에 속한 것 등을 이유로 처벌되거나 그 밖의 불리한 처분을 받을 염려가 있다고 인정되는 경우

01 독일의 경찰개념 발달과정에 대한 설명으로 가장 옳지 않은 것은?

① 15세기 말 프랑스에서 독일로 도입된 경찰권이론은 '국민의 공공복리를 위해 강제력을 동원할 수 있는 통치자의 권한'으로 인정되어 절대적 국가권력의 기초를 제공하였다.

② 15세기부터 17세기에 이르기까지 경찰은 공동체의 질서정연한 상태 또는 공동체의 질서정연한 상태를 창설하고 유지하기 위한 활동으로 이해되었고, 이러한 공동체의 질서정연한 상태를 창설·유지하기 위하여 신민(臣民)의 거의 모든 생활영역이 포괄적으로 규제될 수 있었다.

③ 독일 경찰학자 유스티(Justi)는 자신의 저서인 『독일 공법제도(1776년)』에서 주장한 "경찰의 직무는 임박한 위험을 방지하는 것이다. 복리증진은 경찰의 본래 직무가 아니다." 라는 내용은 경찰국가 시대를 거치면서 확장된 경찰의 개념을 제한하기 위한 노력의 일환으로 볼 수 있다.

④ 1931년 제정된 『프로이센 경찰행정법』 제14조 제1항은 "경찰행정청은 현행법의 범위 내에서 공공의 안녕 또는 공공의 질서를 위협하는 위험으로부터 공중이나 개인을 보호하기 위하여 필요한 조치를 의무에 적합한 재량에 따라 취하여야 한다." 라고 규정하여 크로이츠베르크 판결(1882)에 의해 발전된 실질적 의미의 경찰개념을 성문화시켰다.

02 경찰의 개념에 대한 설명으로 가장 옳지 않은 것은?

① 국가의 권력작용에 속하는지 여부와는 무관하게 경찰조직이 현실적으로 수행하는 사무나 역할을 통틀어 '형식적 의미의 경찰'이라 부른다.

② 비행청소년 지도 및 선도활동, 범죄예방 홍보활동은 형식적 의미의 경찰이지만 실질적 의미의 경찰에 해당되지 않는다.

③ '형식적 의미의 경찰'로부터 '실질적 의미의 경찰'로 진화된다.

④ '형식적 의미의 경찰'과 '실질적 의미의 경찰'은 서로 배타적이지 않다.

03 경찰의 임무를 공공의 안녕과 질서에 대한 위험의 방지라고 정의할 때, 이에 대한 설명으로 가장 옳은 것은?

① '공공의 안녕'이란 개념은 '법질서의 불가침성'과 '국가의 존립 및 국가기관 기능성의 불가침성', '개인의 권리와 법익의 보호'를 포함하며, 이 중 공공의 안녕의 제1요소는 '개인의 권리와 법익의 보호'이다.

② 외관적 위험의 경우 적법한 경찰개입이므로 경찰관 개인에게 민·형사상 책임을 물을 수 없다.

③ 외관적 위험은 경찰이 의무에 합당한 사려 깊은 판단을 할 때 실제로 위험의 가능성은 예측되나 불확실한 경우를 말한다.

④ 위험의 현실화 여부에 따라 '추상적 위험'과 '구체적 위험'으로 구분할 수 있으며 경찰의 개입은 구체적 위험의 경우에만 정당화된다.

04 위험에 대한 설명으로 옳지 않은 것은?

① 도로교통법 위반(음주운전)죄는 운전자가 혈중 알코올농도의 최저기준치를 초과한 주취상태에서 자동차 등을 운전한 경우에는 구체적으로 정상적인 운전이 곤란한지 여부와 상관없이 추상적으로 도로교통상의 위험이 발생한 것으로 본다.

② 특정범죄가중처벌 등에 관한 법률 위반(위험운전치사상)죄는 형식적으로 혈중 알코올농도의 법정 최저기준치를 초과하였는지 여부와는 상관없이 운전자가 음주의 영향으로 실제 정상적인 운전이 곤란한 상태에 있어야만 한다.

③ 현대사회는 다양한 형태의 위험이 발생하고 있는데, 사회법치국가 아래서 국가는 위험의 문제를 해결하기 위해 적극 개입하므로 경찰의 위험방지 활동영역이 확장되어 가고 있다.

④ 경찰상 '위험의 사전배려' 활동은 구체적 위험을 방지하기 위한 모든 활동으로서 전통적 경찰활동의 개념에서 그 허용성이 도출된다.

05 경찰의 기본이념 및 임무에 대한 설명으로 옳은 것은?

① 「경찰관직무집행법」 제1조는 경찰의 민주적인 관리·운영과 효율적인 임무수행을 규정하고 있다.

② 「국가인권위원회법」상 국가인권위원회는 필요하다고 인정하면 그 의결로써 구금·보호시설을 방문하여 조사할 수 있다.

③ 경찰의 중앙과 지방간의 적절한 권한 분배, 성과급제도의 확대는 경영주의 이념을 추구한다.

④ 경찰의 비권력적 활동은 조직법적 또는 작용법적 근거가 없어도 가능하다.

07 「공직자의 이해충돌방지법」에 관한 내용 중 옳은 것은?

① "공공기관"에는 「사립학교법」에 따른 학교법인과 언론사가 포함된다.

② 공직자로부터 사적이해관계자의 신고·회피신청을 받거나 이해관계자로부터 기피신청을 받은 소속기관장은 직무수행의 일시 중지 명령, 직무 대리자 또는 직무 공동수행자의 지정, 직무 재배정, 전보 중 어느 하나에 해당하는 조치를 반드시 하여야 한다.

③ 고위공직자는 그 직위에 임용되거나 임기를 개시하기 전 3년 이내에 민간 부문에서 업무활동을 한 경우, 그 활동 내역을 그 직위에 임용되거나 임기를 개시한 날부터 14일 이내에 소속기관장에게 제출하여야 한다.

④ 사건의 수사에 관한 직무를 수행하는 공직자는 직무관련자(직무관련자의 대리인을 제외한다)가 사적이해관계자임을 안 경우 안 날부터 14일 이내에 소속기관장에게 그 사실을 서면(전자문서를 포함한다)으로 신고하고 회피를 신청하여야 한다.

06 「부정청탁 및 금품등 수수의 금지에 관한 법률 시행령」상 수수금지 금품등의 예외에 해당하는 가액범위에 대한 설명으로 옳지 아니한 것은?

① 직무관련자가 공직자에게 사교·의례의 목적으로 3만 원 가격의 식사를 제공하고, 10만 원 가격의 과일을 선물한 경우 위반이 된다.

② 직무관련자가 공직자에게 사교·의례의 목적으로 1만 원 상당의 음료수 쿠폰(기프트콘)을 휴대폰으로 전송하여 선물할 수 있다.

③ 직무관련자가 장례식장에서 조의금 7만 원과 3만 원 상당의 조화를 제공하면 위반이 된다.

④ 직무관련자와 사교·의례 목적으로 식사 후 1인당 5만 원이 나온 경우에 제공자가 3만 원을 결제하고 공직자가 2만 원을 결제한 경우 위반되지 않는다.

08 사회학적 범죄이론에 대한 설명으로 가장 옳지 않은 것은?

① Shaw & Mckay는 미국 시카고시의 범죄발생률을 조사하면서, 이 지역에 거주하는 주민의 인종, 국적과 그 지역의 특성이 범죄 발생과 매우 중요한 관련성이 있다고 보았다.

② Merton은 아노미의 발생 원인을 문화적 목표와 제도화된 수단 간의 괴리에서 찾았다.

③ Cohen이 하위문화란 중상류층의 보편적인 문화에 대항하고 반항하기 위해서 형성되는 것이라고 생각한 반면, Miller는 하위문화를 하위계층의 고유문화로 보았다.

④ Sutherland는 차별적 접촉이론에서 범죄자의 학습과정과 비범죄자의 학습과정에는 아무런 차이가 없다고 보았다.

제 09 회

09 멘델손(B. Mendelsohn)의 피해자 분류에 대한 설명으로 옳지 않은 것은?

① 피해자가 공격을 유발하여 정당방위의 상대자가 되는 경우는 피해자가 가해자와 같은 책임이 있는 것으로 보았다.

② 무지에 의한 낙태여성은 책임이 조금 있는 피해자로 보았다.

③ 영아살해에 있어서의 영아는 완전히 책임이 없는 피해자로 보았다.

④ 자신의 부주의로 인한 피해자는 가해자보다 더 책임이 있는 피해자로 보았다.

10 에크와 스펠만(Eck & Spelman)의 SARA 모델에 대한 설명으로 적절한 것은?

① 조사단계(Scanning)는 지역사회에서 드물게 발생하지만 중대하고 심각한 강력범죄 사건을 우선적으로 조사한다.

② 분석단계(Analysis)에서는 각종 통계자료 등 수집된 자료를 활용하여 심층적인 분석을 실시하며, 상황적 범죄예방에서 제시하는 25가지 범죄예방기술을 적용하여 분석해 볼 수도 있다.

③ 대응단계(Response)에서는 경찰이 보유한 자원과 역량만으로는 한계가 있으므로 지역사회 내의 여러 다른 기관들과의 협력을 통한 대응방안을 추구하며, 일상활동이론을 바탕으로 만들어진 '문제분석 삼각모형'을 적용해 볼 수도 있다.

④ 평가단계(Assessment)는 각 단계가 지속적인 순환과정으로 작동할 수 있도록 한다는 점에서 중요한 의미를 가지며, 과정평가와 효과평가의 두 단계로 구성된다.

11 6·25 전쟁과 경찰의 활동에 대한 설명으로 옳은 것은?

① 안종삼은 성산포경찰서장 재직 시 1950.8. 계엄군의 예비검속자 총살 명령에 '부당함으로 불이행'한다고 거부하고 주민들을 방면하였다.

② 김해수는 양구경찰서 내평지서장으로서 1950.6.25. 10여 명의 인력으로 춘천으로 가는 길목을 지키고 북한군 1만 명의 진격을 1시간 이상 지연시킨 후 전사하였다.

③ 경찰부대인 '화랑부대'는 미군으로부터 정예훈련을 받고 장진호 전투에서 참가하여 뛰어난 전공을 거두었다.

④ 라희봉은 함안 전투에서 경남경찰을 지휘하여 북한군 4개 사단을 격파하고 방어선을 지켜내었다.

12 일본의 경찰제도에 대한 설명으로 옳지 않은 것은?

① 국가공안위원회는 합의제 의결기관으로서 내각총리대신 소할하에 설치한다.

② 국가공안위원회에 경찰청을 설치하고, 국가공안위원회는 그 임무를 수행하기 위하여 경찰청을 관리한다.

③ '소할'의 의미는 형식적으로 소속되어 있으나 실질적인 지휘감독은 이루어지지 않는 관계이다.

④ 지방경찰청장은 국가공안위원회가 도도부현 공안위원회의 동의를 얻어 임명한다.

13 경찰조직편성의 원리에 대한 설명 중 가장 옳지 않은 것은 모두 몇 개인가?

> ㉠ 통솔범위의 원리는 계층제의 원리와 상반관계에 있다.
> ㉡ 구조조정의 문제와 깊은 관련성이 있는 것은 통솔범위의 원리이다.
> ㉢ 갈등의 장기적 대응을 위해서 조직의 구조, 보상체계, 인사 등의 제도개선과 조직원의 행태를 합리적으로 개선하는 방안이 있다.
> ㉣ 갈등의 문제해결이 어려운 경우에는 관리자가 갈등을 초래할 수 있는 결정을 보류 또는 회피하는 방법을 사용할 수도 있다.
> ㉤ 계층제의 원리는 조직의 일체감, 통일성을 유지하므로 조직의 환경변화에 신축적으로 대응하기 용이하다.

① 1개   ② 2개

③ 3개   ④ 4개

14 다음은 경찰예산의 과정을 순서 없이 나열한 것이다. 과정의 순서를 가장 바르게 나열한 것은?

> ㉠ 경찰청장은 다음 연도의 세입세출예산·계속비·명시이월비 및 국고채무부담행위요구서를 작성하여 기획재정부장관에게 제출한다.
> ㉡ 경찰청장은 「국가회계법」에서 정하는 바에 따라 회계연도마다 작성한 결산보고서("중앙관서결산보고서")를 다음 연도 2월 말일까지 기획재정부장관에게 제출하여야 한다.
> ㉢ 기획재정부장관은 대통령의 승인을 받은 국가결산보고서를 감사원에 제출하여야 한다.
> ㉣ 경찰청장은 예산배정요구서를 기획재정부장관에게 제출하여야 한다.
> ㉤ 기획재정부장관은 국무회의 심의를 거쳐 대통령의 승인을 얻은 다음 연도의 예산편성지침을 경찰청장에게 통보한다.
> ㉥ 정부는 대통령의 승인을 얻은 예산안을 국회에 제출하고 국회는 심의와 의결을 거쳐 예산안을 확정한다.

① ㉤ - ㉠ - ㉥ - ㉣ - ㉡ - ㉢
② ㉠ - ㉤ - ㉥ - ㉣ - ㉢ - ㉡
③ ㉤ - ㉠ - ㉣ - ㉥ - ㉢ - ㉡
④ ㉣ - ㉤ - ㉠ - ㉥ - ㉡ - ㉢

15 성인지 예산에 대한 설명으로 옳지 않은 것은?

① 성인지 예산이란 예산이 남성과 여성에게 미치는 효과를 분석하여 국가재정이 양성평등한 방식으로 집행될 수 있도록 편성된 예산을 의미한다.
② 예산과정에 대한 '성 주류화'의 적용을 의미하며, '성 주류화'는 정부의 모든 정책을 '젠더(gender·性)'의 관점을 고려하여 추진하자는 개념이다.
③ 「국가재정법」에 성인지 예산서 작성을 의무화하고 있으나, 성인지 결산서에 대한 내용은 규정되어 있지 않다.
④ 성인지 예산서에는 성평등 기대효과, 성과목표, 성별 수혜분석 등을 포함하여야 한다.

16 「보안업무규정 시행 세부규칙(경찰청훈령)」상 비밀의 관리에 대한 설명으로 옳은 것은?

① 모든 경찰공무원은 정규 경찰공무원으로 임용된 날부터 Ⅲ급 비밀취급권을 가지며, 정보, 안보, 외사, 감찰, 감사 담당부서에 근무하는 자는 그 보직발령과 동시에 Ⅱ급 비밀취급권을 인가받은 것으로 한다.
② 비밀의 취급인가를 받은 경찰공무원에 대하여는 특별인가증을 발급한다.
③ 각 경찰기관의 장은 정보, 안보, 외사, 감찰, 감사 담당부서 등에 근무하는 경찰공무원 중 신원특이자에 대하여는 그 즉시 인사조치한다.
④ 음어자재는 비밀관리기록부에 등재하지 아니하며, 음어자재기록부에만 기록 정리한다.

17 「공공기관의 정보공개에 관한 법률」에 대한 설명 중 가장 옳지 않은 것은?

① 청구인이 정보공개와 관련한 공공기관의 결정에 대하여 불복이 있거나 정보공개 청구 후 20일이 경과하도록 정보공개 결정이 없는 때에는 「행정심판법」에서 정하는 바에 따라 행정심판을 청구할 수 있다.
② 청구인은 공공기관으로부터 정보공개 여부의 결정 통지를 받은 날 또는 정보공개 청구 후 20일이 경과한 날부터 30일 이내에 당해 공공기관에 문서로 이의신청을 할 수 있다.
③ 공공기관은 이의신청을 받은 날부터 7일 이내에 그 이의신청에 대하여 결정하고 그 결과를 청구인에게 지체 없이 문서로 통지하여야 한다. 다만, 부득이한 사유로 정하여진 기간 이내에 결정할 수 없을 때에는 그 기간이 끝나는 날의 다음 날부터 기산하여 7일의 범위에서 연장할 수 있으며, 연장 사유를 청구인에게 통지하여야 한다.
④ 정보공개위원회는 성별을 고려하여 11명의 위원으로 구성하되, 위원장을 제외한 7명은 공무원이 아닌 사람으로 위촉하여야 한다.

18 「적극행정 운영규정(대통령령)」에 대한 설명으로 옳은 것은?

① 사전컨설팅 제도는 소속 공무원이 인가·허가·등록·신고 등과 관련한 규제나 불명확한 법령 등으로 인해 업무를 적극적으로 추진하기 곤란한 경우에는 소속 기관의 장에게 해당 업무의 처리 방향 등에 관한 의견의 제시를 요청하는 것이다.

② 중앙행정기관의 장은 반기별로 위원회의 심의를 거쳐 적극행정 우수공무원으로 선발해야 한다.

③ 공무원이 적극행정을 추진한 결과에 대해 그의 행위에 고의 또는 중대한 과실이 없는 경우에는 그 책임을 감경한다.

④ 공무원이 사전컨설팅 의견대로 업무를 처리한 경우에는 징계 및 문책의 감경 요건을 충족한 것으로 추정한다. 다만, 공무원과 대상 업무 사이에 사적인 이해관계가 있거나 감사원이나 감사기구의 장이 사전컨설팅을 하는 데 필요한 정보를 충분히 제공하지 않은 경우에는 그렇지 않다.

19 행정법의 법원(法源)에 관한 설명이다. 다음 중 가장 적절하지 않은 것은? (다툼이 있으면 판례에 의함)

① 헌법재판소의 위헌결정은 법원 기타 국가기관이나 지방자치단체를 기속하기 때문에 법원(法源)으로서의 성격을 갖는다.

② 지방자치법에 의하면 지방자치단체가 조례로 주민의 권리 제한 또는 의무 부과에 관한 사항이나 벌칙을 정할 때에는 법률의 위임이 있어야 한다.

③ 행정규칙이 법규성을 가지는 경우에는 법원성을 인정할 수 있다.

④ 관습법은 성문법을 개폐하는 효력이 있다.

20 「국가경찰과 자치경찰의 조직 및 운영에 관한 법률」상 시·도자치경찰위원회의 위원 자격 및 결격사유에 대한 설명으로 옳지 않은 것은?

① 대학이나 공인된 연구기관에서 법률학·행정학 또는 경찰학 분야의 조교수 이상의 직이나 이에 상당하는 직에 3년 이상 있었던 사람은 자격 요건을 충족한다.

② 정당의 당원이거나 당적을 이탈한 날부터 3년이 지나지 아니한 사람은 위원이 될 수 없다.

③ 선거에 의하여 취임하는 공직에 있거나 그 공직에서 퇴직한 날부터 3년이 지나지 아니한 사람은 위원이 될 수 없다.

④ 경찰, 검찰, 국가정보원 직원 또는 군인의 직에 있거나 그 직에서 퇴직한 날부터 3년이 지나지 아니한 사람은 위원이 될 수 없다.

21 「국가경찰과 자치경찰의 조직 및 운영에 관한 법률」상 경찰청장 및 시·도경찰청장의 지휘에 대한 설명으로 옳은 것은?

① 경찰청장은 긴급하고 중요한 사건의 수사에 있어서 국가수사본부장을 통하여 개별 사건의 수사에 대하여 구체적 지휘·감독을 개시한 때에는 이를 행정안전부장관에 보고하여야 한다.

② 국가수사본부장이 경찰청장의 긴급하고 중요한 사건의 수사에 있어서 개별 사건의 수사에 대한 구체적 지휘·감독의 중단을 건의하는 경우 경찰청장은 이를 승인할 수 있다.

③ 시·도경찰청장은 경찰청장이 시·도자치경찰위원회와 협의하여 제청한 사람 중에서 행정안전부장관과 국무총리를 거쳐 대통령이 임용한다.

④ 시·도의 경찰력으로는 국민의 생명·신체·재산의 보호 및 공공의 안녕과 질서유지가 어려워 경찰청장의 지원·조정이 필요하다고 인정할 만한 충분한 사유로 경찰청장이 지휘를 할 경우에는 미리 국가경찰위원회의 의결을 거쳐야 하는 것이 원칙이다.

22 「행정권한의 위임 및 위탁에 관한 규정」에 대한 설명으로 옳지 않은 것은?

① 행정기관의 장은 행정권한을 위임 및 위탁할 때에는 위임 및 위탁하기 전에 수임기관의 수임능력 여부를 점검하고, 필요한 인력 및 예산을 이관하여야 한다.

② 위임 및 위탁기관은 수임 및 수탁기관의 수임 및 수탁사무 처리에 대하여 지휘·감독하고, 그 처리가 위법하거나 부당하다고 인정될 때에는 이를 취소하거나 정지시킬 수 있다.

③ 수임 및 수탁사무의 처리에 관하여 위임 및 위탁기관은 수임 및 수탁기관에 대하여 사전승인을 받거나 협의를 할 것을 요구할 수 없다.

④ 수임 및 수탁사무에 관한 권한을 행사할 때에는 위임 및 위탁기관의 명의로 하여야 한다.

23 「경찰공무원법」에 대한 설명으로 옳은 것은?

① "복직"이란 휴직·직위해제 또는 정직(강등에 따른 정직을 포함한다), 파견 중에 있는 경찰공무원을 직위에 복귀시키는 것을 말한다.

② 대한민국 국적을 가지지 아니한 사람은 경찰공무원으로 임용될 수 없지만, 복수국적자는 경찰공무원으로 임용될 수 있다.

③ 경무관 이하 계급으로의 승진은 승진심사에 의하여 한다. 다만, 경정 이하 계급으로의 승진은 대통령령으로 정하는 비율에 따라 승진시험과 승진심사를 병행할 수 있다.

④ 경정 이하의 경찰공무원은 경찰청장이 임용한다. 다만, 경정으로의 신규채용, 직위해제 및 면직은 경찰청장의 제청으로 국무총리를 거쳐 대통령이 한다.

24 「경찰공무원 승진임용 규정」상 경찰공무원의 근무성적 평정에 대한 내용 중 옳지 않은 것은?

① 총경의 근무성적은 근무실적, 직무수행능력, 직무수행태도 등 제2 평정 요소로만 평정한다.

② 근무성적 평정 시 제2 평정 요소들에 대한 평정은 수(10%), 우(50%), 양(30%), 가(10%)의 분포비율에 맞도록 하여야 한다. 다만 '가'에 해당하는 사람이 없는 경우에는 '가'의 비율을 '양'의 비율에 가산하여 적용한다.

③ 경찰서 수사과에서 고소·고발 등에 대한 조사업무를 직접 처리하는 경위 계급의 경찰공무원을 평정할 때에는 제2 평정 요소의 분포비율을 적용하지 아니할 수 있다.

④ 정기평정 이후에 신규채용되거나 승진임용된 경찰공무원에 대해서는 2개월이 지난 후부터 근무성적을 평정하여야 한다.

25 경찰공무원의 권리와 의무에 대한 설명으로 옳은 것은?

① '정치관여 금지' 의무는 「경찰공무원법」상의 직무상 의무이다.

② 「경찰공무원법」에 근거하여 무기를 휴대하고 사용할 수 있다.

③ 「공직자윤리법」에서는 총경 이상의 경찰공무원을 재산등록의무자로 규정하고 있다.

④ '친절·공정의 의무'는 「국가공무원법」상의 신분상 의무이다.

26 경찰공무원의 징계에 대한 내용으로 옳지 않은 것은? (다툼이 있을 경우 판례에 의함)

① 징계권자가 징계요구를 하였다가 이를 철회하고 다시 징계요구를 할 수 있다.

② 국가공무원으로 임용되기 전의 행위라고 하더라도 이로 인하여 임용 후의 공무원의 체면 또는 위신을 손상하게 된 경우에는 징계 사유가 될 수 있다.

③ 총경 이상의 강등 및 정직과 경정 이상의 파면 및 해임은 경찰청장의 제청으로 행정안전부장관과 국무총리를 거쳐 대통령이 한다.

④ 「국가공무원법」에 따라 국무총리 소속으로 설치된 징계위원회에서 의결한 징계 중 경찰공무원에 대한 감봉과 견책은 경찰청장이 한다.

27 「경찰공무원 징계령」상 징계위원회에 대한 설명으로 옳은 것은 모두 몇 개인가?

> ㉠ 보통징계위원회는 해당 징계위원회가 설치된 경찰기관 소속 경정 이하 경찰공무원에 대한 징계등 사건을 심의·의결한다.
> ㉡ 경정 이상의 경찰공무원을 장으로 하는 경찰서에 설치된 보통징계위원회는 소속 경위 이하의 경찰공무원에 대한 징계등 사건을 심의·의결한다.
> ㉢ 징계위원회의 회의는 위원장과 징계위원회가 설치된 경찰기관의 장이 회의마다 지정하는 4명 이상 6명 이하의 위원으로 성별을 고려하여 구성하되, 민간위원의 수는 위원장을 포함한 위원 수의 2분의 1 이상이어야 한다.
> ㉣ 성폭력범죄 또는 성희롱에 해당하는 징계 사건이 속한 징계위원회의 회의를 구성하는 경우에는 피해자와 같은 성별의 위원이 위원장을 제외한 위원 수의 2분의 1 이상 포함되어야 한다.
> ㉤ 징계등 의결을 요구한 자는 특별한 사유가 없는 한 징계위원회에 출석하여 의견을 진술할 수 없다.

① 1개
② 2개
③ 3개
④ 4개

28 「위해성 경찰장비의 사용기준 등에 관한 규정」에 대한 설명으로 옳지 않은 것은?

① 경찰관은 공공의 안전을 위협하는 동물을 사살하기 위하여 부득이한 때에는 권총 또는 소총을 사용할 수 있다.

② 경찰관은 시·도경찰청장의 명령에 따라 필요한 최소한의 범위에서 최루액을 혼합하여 살수할 수 있다. 이 경우 최루액의 혼합 살수 절차 및 방법은 경찰청장이 정한다.

③ 경찰관은 인질범의 체포 또는 대간첩·대테러작전등 국가안전에 관련되는 작전을 수행하는 경우 외에 공공시설의 안전에 대한 현저한 위해의 발생을 방지하기 위하여 필요한 때에도 최소한의 범위 안에서 다목적발사기를 사용할 수 있다.

④ 경찰관은 범죄(무면허운전이나 음주운전을 제외한다)에 이용되었다고 의심할 만한 차량 또는 수배 중인 차량이 정당한 검문에 불응하고 도주하는 경우에는 도주차량차단장비를 사용할 수 있다.

29 「경찰관 직무집행법 시행령」상 손실보상에 대한 설명으로 옳지 아니한 것은?

① 물건의 멸실·훼손으로 인한 손실 외의 재산상 손실에 대해서는 직무집행과 상당한 인과관계가 있는 범위에서 보상한다.

② 경찰청장등은 손실보상심의위원회의 결정일부터 10일 이내에 그 결정 내용을 적어서 청구인에게 통지하여야 한다.

③ 손실보상심의위원회는 보상금 지급과 관련된 심사자료와 결과를 반기별로 시·도자치경찰위원회에 보고해야 한다.

④ 손실보상심의위원회의 위원장이 부득이한 사유로 직무를 수행할 수 없는 때에는 위원장이 미리 지명한 위원이 그 직무를 대행한다.

30 행정청이 행하는 구체적 사실에 관한 법 집행으로서 공권력의 행사 또는 그 거부와 그 밖에 이에 준하는 행정작용에 해당하지 않는 것은 모두 몇 개인가? (다툼이 있는 경우 판례에 의함)

> ㉠ 행정청의 도로보수 행위
> ㉡ 우선통행 지정
> ㉢ 교통경찰관의 수신호
> ㉣ 교차로 또는 커브길을 안내하는 표지
> ㉤ 시·도경찰청장의 횡단보도 설치

① 1개 ② 2개
③ 3개 ④ 4개

31 「행정기본법」상 행정상 강제에 관한 설명 중 옳지 않은 것은?

① 행정대집행은 의무자가 행정상 의무로서 타인이 대신하여 행할 수 있는 의무를 이행하지 아니하는 경우 법률로 정하는 다른 수단으로는 그 이행을 확보하기 곤란하고 그 불이행을 방치하면 공익을 크게 해칠 것으로 인정될 때에 행정청이 의무자가 하여야 할 행위를 스스로 하거나 제3자에게 하게 하고 그 비용을 의무자로부터 징수하는 것을 말한다.

② 이행강제금의 부과는 의무자가 행정상 의무를 이행하지 아니하는 경우 행정청이 적절한 이행기간을 부여하고, 그 기한까지 행정상 의무를 이행하지 아니하면 금전급부의무를 부과하는 것을 말한다.

③ 직접강제는 의무자가 행정상 의무 중 금전급부의무를 이행하지 아니하는 경우 행정청이 의무자의 재산에 실력을 행사하여 그 행정상 의무가 실현된 것과 같은 상태를 실현하는 것을 말한다.

④ 즉시강제를 실시하기 위하여 현장에 파견되는 집행책임자는 그가 집행책임자임을 표시하는 증표를 보여주어야 하며, 즉시강제의 이유와 내용을 고지하여야 한다.

32 다음 「행정절차법」이 규정하고 있는 내용으로 옳지 않은 것은?

① 행정청은 청문을 하려면 청문이 시작되는 날부터 10일 전까지 의견제출 절차 등을 당사자등에게 통지하여야 한다.

② 인허가 등의 취소, 신분·자격의 박탈, 법인이나 조합 등의 설립허가의 취소를 할 때에는 공청회를 개최한다.

③ 행정청이 당사자에게 의무를 부과하거나 권익을 제한하는 처분을 할 때 청문 또는 공청회를 개최하는 경우 외에는 당사자등에게 의견제출의 기회를 주어야 한다.

④ 행정청은 처분을 할 때, 당사자의 신청 내용을 모두 그대로 인정하는 처분인 경우에는 당사자에게 그 근거와 이유를 제시할 의무가 없다.

33 국가배상에 대한 설명으로 옳지 않은 것은? (다툼이 있는 경우 판례에 의함)

① 국가나 지방자치단체는 공무원이 직무를 집행하면서 고의 또는 과실로 위법하게 타인에게 손해를 가한 때에 「국가배상법」상 배상책임이 있지만, 공무원의 선임 및 감독에 상당한 주의를 한 경우에는 그 배상책임을 면한다.

② 공무원에게 부과된 직무상 의무의 내용이 순전히 행정기관 내부의 질서를 유지하기 위한 것이거나 전체적으로 공공 일반의 이익을 도모하기 위한 것인 경우, 국가 또는 지방자치단체가 배상책임을 부담하지 아니한다.

③ 「국가배상법」이 정한 손해배상청구의 요건인 '공무원의 직무'에는 국가나 지방자치단체의 권력적 작용뿐만 아니라 비권력적 작용도 포함되지만 단순한 사경제의 주체로서 하는 작용은 포함되지 않는다.

④ 공무원이 재량준칙에 따라 행정처분을 하였는데 결과적으로 그 처분이 재량을 일탈 남용하여 위법하게 된 때에는 그에게 직무집행상의 과실이 인정되지 않는다.

34 「경범죄 처벌법」에 대한 설명으로 가장 옳은 것은?

① '관공서에서의 주취소란'과 '장난전화'는 범인의 주거가 분명하더라도 현행범인 체포가 가능하다.

② '업무방해'와 '거짓 광고'는 20만 원 이하의 벌금, 구류 또는 과료의 형으로 처벌한다.

③ 시·도경찰청장, 경찰서장, 해양경찰서장, 제주특별자치도지사 또는 철도특별사법경찰대장은 범칙자로 인정되는 사람에 대하여 그 이유를 명백히 나타낸 서면으로 범칙금을 부과하고 이를 납부할 것을 통고할 수 있다.

④ 범칙금 납부 기한 내 범칙금을 납부하지 않아 즉결심판이 청구된 피고인이 통고받은 범칙금에 그 금액의 100분의 50을 더한 금액을 납부하고 그 증명서류를 즉결심판 선고 전까지 제출하였을 때에는 경찰청장, 해양경찰청장, 제주특별자치도지사는 그 피고인에 대한 즉결심판 청구를 취소할 수 있다.

35 「아동·청소년의 성보호에 관한 법률」에 의한 신분비공개수사 및 신분위장수사에 대한 설명으로 옳은 것은?

① 신분비공개수사는 사법경찰관리가 모든 성범죄에 대하여 자신의 신분을 비공개하고 범죄현장(정보통신망 포함) 또는 범인으로 추정되는 자들에게 접근하여 범죄행위의 증거 및 자료 등을 수집하는 것을 말한다.

② 사법경찰관리가 신분위장수사를 진행하고자 할 때에는 사전에 상급 경찰관서 수사부서의 장의 승인을 받아야 한다.

③ 아동·청소년에 대한 「성폭력범죄의 처벌 등에 관한 특례법」 제14조(카메라 등을 이용한 촬영) 제2항(반포등) 및 제3항(영리목적으로 반포등)의 죄를 대상으로 한다.

④ 신분위장수사의 기간은 1개월을 초과할 수 없는 것이 원칙이며, 그 수사기간 중 수사의 목적이 달성되었을 경우에는 즉시 종료하여야 한다.

36 「가정폭력범죄의 처벌 등에 관한 특례법」상 가정폭력범죄에 해당하지 않는 것은 몇 개인가?

㉠ 주거침입죄	㉡ 퇴거불응죄
㉢ 중손괴죄	㉣ 공갈죄
㉤ 모욕죄	㉥ 약취유인
㉦ 강간치사	㉧ 상해치사

① 3개 ② 4개

③ 5개 ④ 6개

37 「검사와 사법경찰관의 상호협력과 일반적 수사준칙에 관한 규정」상 '보완수사요구' 및 '재수사요청'에 대한 설명으로 옳은 것은?

① 검사의 보완수사요구는 송치받은 사건에 대하여 하는 것이고, 재수사요청은 불송치 사건에 대하여 하는 것이다.

② 검사는 특별히 사법경찰관에게 보완수사를 요구할 필요가 있다고 인정되는 경우를 제외하고는 직접 보완수사 하는 것을 원칙으로 한다.

③ 검사는 사법경찰관에게 재수사를 요청하려는 경우에는 관계 서류와 증거물을 송부받은 날부터 30일 이내에 해야 한다.

④ 검사는 재수사 결과를 통보받은 경우 다시 재수사를 요청하거나 송치 요구를 할 수 있는 것이 원칙이다.

38 「통합방위법」상 국가중요시설 경비에 대한 설명으로 옳지 않은 것은?

> 제21조(국가중요시설의 경비·보안 및 방호) ① 국가중요시설의 관리자(소유자를 포함한다. 이하 같다)는 경비·보안 및 방호책임을 지며, 통합방위사태에 대비하여 자체방호계획을 수립하여야 한다. 이 경우 국가중요시설의 관리자는 자체방호계획을 수립하기 위하여 필요하면 ㉠ 시·도경찰청장 또는 지역군사령관에게 협조를 요청할 수 있다.
> ② 시·도경찰청장 또는 지역군사령관은 통합방위사태에 대비하여 국가중요시설에 대한 ㉡ 방호지원계획을 수립·시행하여야 한다.
> ③ 국가중요시설의 평시 경비·보안활동에 대한 ㉢ 지도·감독은 관계 행정기관의 장과 국가정보원장이 수행한다.
> ④ 국가중요시설은 ㉣ 국가정보원장이 국방부장관 및 관계 행정기관의 장과 협의하여 지정한다.

① ㉠   ② ㉡
③ ㉢   ④ ㉣

39 다음 중 판례의 태도로 옳지 않은 것은?

① 화물차를 주차한 상태에서 적재된 상자 일부가 떨어지면서 지나가던 피해자에게 상해를 입힌 경우 교통사고로 볼 수 없다.

② 교통사고 발생 시의 구호조치의무 및 신고의무는 당해 사고의 발생에 귀책사유가 없는 경우에는 인정되지 않는 의무이다.

③ 교차로에서 차량 신호등이 적색이고 교차로 직전에 설치된 횡단보도의 보행등이 녹색인 상태에서 횡단보도를 지나 우회전을 하던 차량이 신호에 따라 직진하던 자전거 운전자를 충격하여 다치게 한 경우 「교통사고처리특례법」상 '신호위반'으로 인한 사고에 해당한다.

④ 피해자가 보행신호등의 녹색등화가 점멸되고 있는 상태에서 횡단보도를 횡단하기 시작하여 횡단을 완료하기 전에 보행신호등이 적색등화로 변경된 후 차량신호등의 녹색등화에 따라서 직진하던 차량에 충격된 경우에, 운전자는 보행자보호의무 위반에 해당하지 않는다.

40 북한이탈주민의 보호에 대한 설명으로 옳지 않은 것은?

① 북한이탈주민을 대한민국 헌법에 의하여 대한민국 국민으로 인정할 경우 「출입국관리법」상 북한 주민을 대한민국 밖으로 강제퇴거시킬 수 없다.

② 「북한이탈주민의 보호 및 정착지원에 관한 법률」상 살인 등 중대한 비정치적 범죄자는 보호대상자로 결정하지 아니할 수 있다.

③ 「북한이탈주민의 보호 및 정착지원에 관한 법률」상 보호대상자로 결정되지 아니한 경우 대한민국 밖으로 강제퇴거시킬 수 있다.

④ 범죄인인 북한이탈주민을 인도조약이 체결되어 있지 아니한 국가로 인도할 경우에는 「범죄인 인도법」 제4조(상호주의)에 의하여 범죄인의 인도를 청구하는 국가가 같은 종류 또는 유사한 인도범죄에 대한 대한민국의 범죄인 인도청구에 응한다는 보증을 하여야 한다.

제 **09** 회

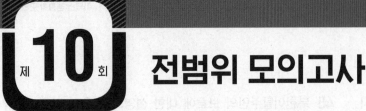
01 경찰개념의 발달과정에 대한 다음 설명 중 가장 옳지 않은 것은?

① Police의 어원은 고대 그리스어의 Ploliteia, 라틴어 Politea에서 유래하였으며, 그리스에서는 국가의 헌법 또는 이상적인 상태 등을 의미하였다.

② 11세기경에 프랑스 파리에서 법원과 경찰기능을 가진 프레보가 나타나게 되었는데, 왕이 임명하였으며 집행관의 보좌를 받았다.

③ 14세기 프랑스 파리에서 La Police를 행사하는 경찰대(police force)가 설립되었는데, 이는 '파리시의 질서를 바로 잡아 시민들을 문명인으로 만드는 조직체'라는 뜻으로 사용되었다.

④ 15세기 독일에서 경찰권 이론이 등장하였는데, 군주는 개인 간의 결투를 억제하기 위하여 공동체의 원만한 질서를 보호할 권리와 의무를 갖고 있으며 이를 위한 필수불가결한 조치를 경찰권에 근거하고 갖고 있다고 하였다.

02 경찰의 개념에 대한 설명 중 옳은 것은?

① 보통경찰과 고등경찰은 보호법익에 따른 구분이며, 프랑스의 「죄와 형벌법전」에서 이와 같은 구분을 최초로 법제화하였다.

② 국회의장의 국회경호권이나 법원의 법정경찰권은 일반 국민에게 명령·강제하는 권력적 작용이어서 실질적 의미의 경찰에 해당한다.

③ 실질적 의미의 경찰개념은 독일의 행정법학에서 말하는 일반조항의 존재를 전제로 경찰행정관청에 대한 권한의 포괄적 수권과 법치국가적 요청을 조화시키기 위하여 구성된 도구개념이다.

④ 프로이센의 「일반란트법」(1794년)이 일본의 「행정경찰규칙」(1875년)에 영향을 주고, 일본의 「행정경찰규칙」이 우리나라의 「행정경찰장정」(1894년)에 영향을 미쳤다.

03 경찰의 개념에 대한 설명으로 옳은 것은?

① 오늘날과 같은 중립적 학문으로서의 경찰학은 18세기 독일의 경찰학(관방학)에서 기원한 것으로 본다.

② 유길준은 유럽을 견문하고 저술한 「서유견문」 '제10편 순찰의 규제'에서 영국의 로버트 필을 소개하며, 우리나라의 경찰제도를 행정경찰과 사법경찰을 통합하여 운영할 것을 주장하였다.

③ 일반행정기관이 형식적 의미의 경찰작용을 하는 경우는 있으나, 실질적 의미의 경찰작용을 하지는 않는다.

④ 「경찰관직무집행법」상 불심검문을 즉시강제로 보는 견해에 의하면 불심검문은 형식적 의미의 경찰이면서 동시에 실질적 의미의 경찰에 해당한다.

04 「경찰 인권보호규칙」(경찰청 훈령)에 대한 설명으로 가장 옳은 것은?

① 인권보호담당관은 연 1회 이상 인권영향평가의 이행 여부를 점검하고, 이를 경찰청 인권위원회에 제출하여야 한다.

② 경찰청장은 참가인원, 내용, 동원 경력의 규모, 배치 장비 등을 고려하여 인권침해 가능성이 높다고 판단되는 집회 및 시위는 집회 및 시위 종료일로부터 60일 이전에 인권영향평가를 실시하여야 한다.

③ 경찰청장은 국민의 인권에 영향을 미치는 정책 및 계획 확정되기 30일 이전에 인권영향평가를 실시하여야 한다.

④ 조사담당자는 인권침해 사건을 조사하는 과정에서 감사원의 조사, 경찰·검찰 등 수사기관에서 조사 또는 수사가 개시된 사유로 사건 조사를 진행할 수 없는 경우에는 조사를 중지할 수 있다.

05 경찰윤리강령에 관한 설명으로 가장 옳지 않은 것은?

① 경찰윤리강령은 대외적으로 서비스 수준의 보장, 국민과의 신뢰관계 형성, 과도한 요구에 대한 책임 제한 등과 같은 기능을 한다.

② 경찰윤리강령은 대내적으로 경찰공무원 개인적 기준 설정, 경찰조직의 기준 제시, 경찰조직에 대한 소속감 고취, 경찰조직구성원에 대한 교육자료 제공 등의 기능을 한다.

③ 경찰윤리강령의 문제점으로 비진정성은 강령의 내용을 울타리로 삼아 그 이상의 자기희생을 하지 않으려고 하는 근무수준의 최저화를 유발한다.

④ 경찰윤리강령의 문제점으로 냉소주의는 제정과정에 참여 부족, 일방적 하달로 발생할 수 있다.

06 코헨과 펠드버그의 경찰활동의 기준으로 바르게 연결된 것은 모두 몇 개인가?

㉠ 박순경은 강도범을 추격하던 중 도주하는 범인의 등 뒤에서 권총을 쏘아 사망하게 하였다. - <냉정하고 객관적인 자세>

㉡ 김경장은 사람을 납치하여 도주 중인 범인의 차를 추격하기 위하여 신호위반을 하였다. - <공공의 신뢰>

㉢ 이순경은 어렸을 적 아버지로부터 가정폭력을 경험하였는데, 가정폭력 사건을 처리하면서 모든 잘못은 남편에게 있다고 단정 지었다. - <냉정하고 객관적인 자세>

㉣ 고순경은 음주단속을 하다가 동료가 운전 중인 차량을 발견하고 음주운전의 의심이 들었지만 모른 체하고 통과시켰다. - <팀웍과 역할한계>

---

① 1개   ② 2개
③ 3개   ④ 4개

07 다음 중 「이해충돌방지법」상 형사처벌 대상에 해당하는 공직자는?

① 직무관련자에게 사적으로 노무 또는 조언·자문 등을 제공하고 대가를 받는 행위를 한 공직자

② 직무수행 중 알게 된 소속 공공기관의 미공개정보를 제3자로 하여금 이용하게 한 공직자

③ 부동산을 직접적으로 취급하는 대통령령으로 정하는 소속 공공기관의 업무와 관련된 부동산을 보유하고 있음에도 소속기관장에게 그 사실을 서면으로 신고하지 아니한 공직자

④ 소속 공공기관에 자신의 가족이 채용되도록 지시·유도 또는 묵인한 경우 고위 공직자

08 현대적 범죄예방이론에 대한 설명으로 가장 옳지 않은 것은?

① 상황적 범죄예방이론은 개인의 범죄성에 초점을 맞춘 이론으로서 범죄성향이 높은 개인들에게 범죄예방 역량을 집중할 것을 주장한다.

② Brantingham의 범죄패턴이론에 의하면 범죄자도 가정, 학교, 직장 등으로 이동하는 패턴이 일반인과 동일하며, 이러한 일상활동의 과정에서 범죄에 적합한 대상을 찾고 적당한 기회가 왔을 때 범죄를 행한다.

③ 깨진 유리창 이론은 법률에 의한 범죄화와 범죄에 대한 대응보다는 사소한 무질서에 대한 경찰의 강경한 대응을 더 중시한다.

④ Cohen & Felson의 일상활동이론은 경찰과 같은 공식적 감시자의 역할보다 가족, 이웃, 지역사회 등 비공식적 통제수단에 의한 범죄예방과 억제를 강조하였다.

09 1세대 환경설계를 통한 범죄예방(CPTED) 전략을 활용한 범죄예방 방안으로 가장 거리가 먼 것은?

① CCTV 설치
② 벽화 그리기
③ 시민자율방범 활동
④ 출입구 단일화

10 문제지향적 경찰활동(POP)에 대한 설명으로 가장 옳지 않은 것은?

① 문제지향적 경찰활동은 지역문제들에 대한 효과적인 대응 전략들을 고려하면서 필요시에는 경찰과 지역사회의 협력 전략에 보다 높은 가치를 부여한다.
② 지역사회 문제해결을 위해 SARA 모형이 강조되는데 이 모형은 조사(Scanning) − 분석(Analysis) − 대응(Response) − 평가(Assessment)로 진행되며 이 과정 중에서 가장 중요한 단계는 분석 단계이다.
③ 문제해결을 위한「형법」의 적용은 여러 대응 수단 중에서 한 가지 수단에 불과하다고 본다.
④ 경찰의 능력은 제한되어 있지 않으며, 경찰은 지역사회의 치안을 종합적이고 최종적으로 책임을 지는 존재이다.

11 한국 경찰사에 대한 설명 중 옳지 않은 것은 모두 몇 개인가?

㉠ 1991년「경찰법」제정
㉡ 1992년 경찰서비스헌장 제정
㉢ 1999년 청문감사관제도 신설
㉣ 2000년 경찰청 사이버테러대응센터 신설
㉤ 2006년 제주특별자치도 자치경찰단설치
㉥ 2021년「경찰관 인권행동강령」제정
㉦ 2020년 국가수사본부 신설

① 1개   ② 2개
③ 3개   ④ 4개

12 영국 경찰에 대한 설명으로 가장 옳은 것은?

① 수도경찰청은 로버트 필에 의하여 창설된 후 현재까지 국가경찰로 운영된다.
② 수도경찰청은 런던시티를 포함한 대런던의 32개 자치구를 관할한다.
③ 런던시티경찰청은 왕궁 및 의사당 경비, 국가상황실 관리, 대테러업무등을 담당한다.
④ 영국의 모든 지방에서 자치경찰제로 운영되는 것은 아니다.

13 예산 제도에 대한 설명 중 가장 옳지 않은 것은?

① 품목별 예산은 세부항목에 집중하여 의사결정을 위한 자료제시가 부족하지만, 성과주의 예산은 의사결정을 위한 충분한 자료가 제시된다.
② 성과주의 예산은 사업을 중심으로 예산이 편성되므로 예산액의 절약보다는 사업이나 정책의 성과가 더 강조되며 예산은「단위원가 × 업무량 = 예산액」으로 표시한다.
③ 성과주의 예산은 지나치게 전문적이기 때문에 국민의 입장에서 정부의 사업을 쉽게 이해하기 어려운 측면이 있다.
④ 자본예산은 정부예산을 경상지출과 자본지출로 구분하여 경상지출은 경상수입으로 충당시켜 균형을 이루도록 하고, 자본지출은 적자재정과 공채발행으로 수입에 충당케 하여 불균형 예산을 편성하는 제도이다.

14 「보안업무규정 시행규칙(대통령 훈령)」상 비밀열람기록전에 대한 내용으로 옳은 것은?

① 개별 비밀에 대한 열람자 범위를 파악하기 위하여 각각의 비밀문서 첫 부분에 비밀열람기록전을 첨부한다.
② 비밀열람기록전은 그 비밀의 접수기관이 첨부하며, 비밀을 파기하는 때에는 비밀에서 분리하여 따로 철하여 보관하여야 한다.
③ 비밀의 보호기간이 만료되면 비밀열람기록전은 비밀에서 분리한 후 편철하여 5년간 보관해야 한다.
④ 비밀의 발간업무에 종사하는 사람은 비밀열람기록전에 작업에 관한 사항을 기록·보관해야 한다.

15 다음 중 경찰홍보의 유형에 대한 설명으로 옳지 않은 것은?

① 협의의 홍보(Public Relations)는 각종 대중매체를 통하여 경찰의 좋은 점을 일방적으로 알리는 활동을 의미한다.

② 언론 관계(Press Relations)는 각종 대중매체 제작자와 긴밀한 협조체제를 구축하여 대중매체의 필요를 충족시키는 종합적인 홍보활동이다.

③ 지역공동체 관계(Community Relations)는 지역사회 내의 각종 기관, 단체 및 주민들과 유기적인 연락 및 협조체제를 구축하여 지역사회 각계계층의 요구에 부응하는 경찰활동을 하는 동시에, 경찰활동의 긍정적인 측면을 지역사회에 널리 알리는 종합적인 지역사회 홍보체계이다.

④ 기업 이미지식 경찰홍보는 포돌이처럼 상징물을 개발하는 등 조직 이미지를 고양하여 높아진 주민 지지도를 바탕으로 예산획득, 형사사법 환경하의 협력확보 등의 목적을 달성하는 종합적이고 계획적인 홍보활동이다.

16 「공공기관의 정보공개에 관한 법률」상 괄호 안의 숫자의 합은?

제21조(제3자의 비공개 요청 등) ① 제11조 제3항에 따라 공개 청구된 사실을 통지받은 제3자는 그 통지를 받은 날부터 (　　)일 이내에 해당 공공기관에 대하여 자신과 관련된 정보를 공개하지 아니할 것을 요청할 수 있다.
② 제1항에 따른 비공개 요청에도 불구하고 공공기관이 공개 결정을 할 때에는 공개 결정 이유와 공개 실시일을 분명히 밝혀 지체 없이 문서로 통지하여야 하며, 제3자는 해당 공공기관에 문서로 이의신청을 하거나 행정심판 또는 행정소송을 제기할 수 있다. 이 경우 이의신청은 통지를 받은 날부터 (　　)일 이내에 하여야 한다.
③ 공공기관은 제2항에 따른 공개 결정일과 공개 실시일 사이에 최소한 (　　)일의 간격을 두어야 한다.

① 35　　　　　　② 40

③ 45　　　　　　④ 50

17 「경찰 감찰 규칙」에 대한 설명으로 옳지 아니한 것은?

① 감찰관은 소속공무원의 의무위반사실에 대한 민원을 접수한 경우 접수일로부터 1개월 내에 신속히 처리하여야 한다.

② 감찰관은 심야(자정부터 오전 6시까지를 말한다)에 조사를 하여서는 아니 된다. 다만, 조사대상자 또는 그 변호인의 심야조사 요청이 있는 경우에는 예외적으로 심야조사를 할 수 있다.

③ 감찰관은 조사대상자가 자신의 동료공무원의 동석을 신청할 경우 동석하도록 하여야 한다.

④ 경찰기관의 장은 상급 경찰기관의 장의 지시에 따라 소속 감찰관으로 하여금 일정기간 동안 다른 경찰기관 소속 직원의 복무실태, 업무추진 실태 등을 점검하게 할 수 있다.

18 「경찰청 감사 규칙」에 대한 설명으로 옳지 않은 것은?

① 감사의 종류는 종합감사, 특정감사, 재무감사, 성과감사, 복무감사, 일상감사로 구분하며, 종합감사의 주기는 1년에서 3년까지 하되 치안수요 등을 고려하여 조정 실시한다.

② 경찰청 감사관은 감사계획 수립에 필요한 경우 국가경찰위원회 및 시·도경찰청장과 감사일정을 협의하여야 한다.

③ 감사관은 감사결과 법령상·제도상 또는 행정상 모순이 있거나 그 밖에 개선할 사항이 있다고 인정되는 경우에는 '개선 요구'하여야 한다.

④ 감사관은 감사결과 위법 또는 부당하다고 인정되는 사실이 있어 추징·회수·환급·추급 또는 원상복구 등이 필요하다고 인정되는 경우에는 '시정 요구'하여야 한다.

제
10
회

19 다음 중 법원(法源)에 대한 판례의 설명으로 옳지 않은 것은?

① 구법에 위임의 근거가 없어 무효였더라도 사후에 법개정으로 위임의 근거가 부여되면 그 때부터는 유효한 법규명령이 된다

② 구법의 위임에 의한 유효한 법규명령이 법개정으로 위임의 근거가 없어지게 되면 그 때부터 무효인 법규명령이 된다.

③ '전결'과 같은 행정권한의 내부위임은 법령상 처분권자인 행정관청이 그의 보조기관 또는 하급 행정관청으로 하여금 그의 권한을 사실상 행사하게 하는 것으로서 법령의 위임이 허용하는 경우에 한하여 인정된다.

④ 고시가 일반·추상적 성격을 가질 때는 법규명령 또는 행정규칙에 해당하지만, 고시가 구체적인 규율의 성격을 갖는다면 행정처분에 해당한다.

20 「국가경찰과 자치경찰의 조직 및 운영에 관한 법률」상 국가수사본부장의 자격 및 결격사유에 대한 설명으로 옳지 않은 것은?

① 국가수사본부장의 임기는 2년으로 하며, 중임할 수 없으며, 임기가 끝나면 당연히 퇴직한다.

② 국가수사본부장을 경찰청 외부를 대상으로 모집하여 임용할 필요가 있는 때에 판사·검사 또는 변호사의 직에 5년 이상 있었던 사람은 자격요건에 해당한다.

③ 국가수사본부장을 경찰청 외부를 대상으로 모집하여 임용할 필요가 있는 때에 10년 이상 수사업무에 종사한 사람 중에서 총경 이상 경찰공무원으로 재직한 경력이 있는 사람은 자격요건에 해당한다.

④ 국가수사본부장을 경찰청 외부를 대상으로 모집하여 임용하는 경우에 선거에 의하여 취임하는 공직에 있거나 그 공직에서 퇴직한 날부터 3년이 지나지 아니한 사람은 결격사유에 해당한다.

21 「국가경찰과 자치경찰의 조직 및 운영에 관한 법률」상 시·도자치경찰위원회의 회의에 대한 다음 설명 중 가장 옳은 것은?

① 시·도자치경찰위원회의 회의는 재적위원 3분의 2 이상의 출석과 출석위원 과반수의 찬성으로 의결한다.

② 시·도자치경찰위원회의 위원장이 필요하다고 인정하는 경우, 위원 2명 이상이 요구하는 경우 및 시·도지사가 필요하다고 인정하는 경우에는 임시회의를 개최할 수 있다.

③ 행정안전부장관은 시·도자치경찰위원회의 소관사무에 관한 시·도자치경찰위원회의 의결이 적정하지 아니하다고 판단할 때에는 재의를 요구할 수 있다.

④ 시·도자치경찰위원회의 위원장은 재의요구를 받은 날부터 7일 이내에 회의를 소집하여 재의결하여야 한다. 이 경우 재적위원 3분의 2 이상의 출석과 출석위원 3분의 2 이상의 찬성으로 전과 같은 의결을 하면 그 의결사항은 확정된다.

22 「경찰청 직무대리 운영규칙(훈령)」에 대한 설명으로 옳지 않은 것은?

① 차장을 두지 않은 시·도경찰청장에게 사고가 있을 경우에는 「경찰청과 그 소속기관 직제」에 규정된 순서에 따른 부장이 대리한다.

② 경찰서장에게 사고가 있을 때에는 직제 시행규칙(행정안전부령)에서 정한 순서에 따른 직근 하위 계급의 과장이 대리한다.

③ 직무대리자는 본래 담당한 직위의 업무를 수행하지 아니하고 직무대리 업무만을 수행하는 것을 원칙으로 한다.

④ 직무를 대리하는 경우 한 사람은 하나의 직위에 대해서만 직무대리를 할 수 있다.

23 「경찰공무원임용령」상 임용권에 대한 설명 중 옳은 것은?

① 경찰청장은 시·도지사에게 자치경찰사무를 담당하는 경찰공무원 중 지구대 및 파출소에 근무하는 경찰공무원을 포함한 경찰서에 근무하는 경정의 전보·파견·휴직·직위해제 및 복직에 관한 권한과 경감 이하의 임용권(신규채용 및 면직에 관한 권한은 제외한다)을 위임한다.

② 시·도지사는 경감 또는 경위로의 승진임용에 관한 권한을 제외한 임용권을 시·도자치경찰위원회에 다시 위임한다.

③ 시·도자치경찰위원회는 임용권을 행사하는 경우에는 시·도경찰청장의 의견을 들어야 한다.

④ 시·도경찰청장 및 경찰서장은 지구대장 및 파출소장을 보직하는 경우에는 시·도자치경찰위원회의 추천을 받아야 한다.

24 「경찰공무원법」상 경찰공무원 임용결격 사유에 해당하는 것은 모두 몇 개인가?

> ㉠ 피한정후견인
> ㉡ 공무원으로 재직기간 중 직무와 관련하여 「형법」 제355조(횡령, 배임) 및 제356조(업무상의 횡령과 배임)에 규정된 죄를 범한 자로서 300만 원의 벌금형을 선고받고 그 형이 확정된 후 3년이 지나지 아니한 사람
> ㉢ 미성년자에 대한 「성폭력범죄의 처벌 등에 관한 특례법」 제2조에 따른 성폭력범죄로 치료감호가 확정된 사람(집행유예를 선고받은 후 그 집행유예기간이 경과한 사람을 포함한다)
> ㉣ 징계에 의하여 해임처분을 받은 사람
> ㉤ 파산선고를 받은 사람으로서 「채무자 회생 및 파산에 관한 법률」에 따라 신청기한 내에 면책신청을 한 사람

① 1개   ② 2개
③ 3개   ④ 4개

25 「경찰공무원 복무규정」에 대한 설명으로 가장 옳지 않은 것은?

① 경찰공무원은 상사의 허가를 받거나 그 명령에 의한 경우를 제외하고는 직무와 관계없는 장소에서 직무수행을 하여서는 아니 된다.

② 경찰공무원은 신규채용·승진·전보·파견·출장·연가·교육훈련기관에의 입교 기타 신분관계 등의 변동이 있는 때에는 소속 기관장에게 신고를 하여야 한다.

③ 경찰공무원은 휴무일 또는 근무시간 외에 2시간 이내에 직무에 복귀하기 어려운 지역으로 여행을 하고자 할 때에는 소속 경찰기관의 장에게 신고를 하여야 한다.

④ 경찰기관의 장은 근무성적이 탁월하거나 다른 경찰공무원의 모범이 될 공적이 있는 경찰공무원에 대하여 1회 10일 이내의 포상휴가를 허가할 수 있다.

26 경찰공무원의 징계에 대한 설명으로 옳은 것은? (다툼이 있을 경우 판례에 의함)

① 「정부표창규정」에 따라 국무총리 이상의 표창을 받은 공적이 있는 경찰공무원(경위 이하의 경찰공무원등은 경찰청장 또는 중앙행정기관 차관급 이상 표창을 받은 공적을 말한다)에 대하여 징계위원회는 「경찰공무원 징계령 세부시행규칙(경찰청예규)」에 의하여 징계를 감경할 수 있다.

② 경위인 경찰공무원이 징계처분을 받은 후 해당 계급에서 경찰청장의 표창을 받은 경우에는 「경찰공무원 승진임용 규정(대통령령)」에 의하여 승진임용 제한기간의 2분의 1을 단축할 수 있다.

③ 징계위원회의 권고에 의한 경고(불문경고)는 징계처분에 해당하지 아니하지만, 공무원의 권리 의무에 직접 영향을 미치는 행위로서 항고소송의 대상이 되는 행정처분에 해당한다.

④ 「경찰공무원 징계령 세부시행규칙(경찰청예규)」에 의하여 경찰공무원이 징계위원회의 권고에 의한 경고(불문경고)를 받았더라도 그 경고처분 전의 공적은 경고처분 이후의 다른 징계처분에 있어서 징계감경사유로 사용될 수 있다.

27 경찰공무원의 고충처리에 대한 설명으로 옳지 않은 것은?

① 경찰공무원의 인사상담 및 고충을 심사하기 위하여 경찰청, 시·도자치경찰위원회, 시·도경찰청, 대통령령으로 정하는 경찰기관에 경찰공무원 고충심사위원회를 둔다.

② 경찰공무원 고충심사위원회의 심사를 거친 재심청구와 경정 이상의 경찰공무원의 인사상담 및 고충심사는 「국가공무원법」에 따라 설치된 중앙고충심사위원회에서 한다.

③ 「공무원고충처리규정」에 따라 고충심사위원회가 청구서를 접수한 때에는 30일 이내에 고충심사에 대한 결정을 하여야 한다. 다만, 부득이하다고 인정되는 경우에는 고충심사위원회의 의결로 30일을 연장할 수 있다.

④ 「공무원고충처리규정」에 따라 행정안전부장관은 기관 내 성폭력범죄·성희롱 신고를 받은 경우 지체 없이 신고 내용을 확인하고 해당 임용권자등이 「성희롱·성폭력 근절을 위한 공무원 인사관리규정」 제4조에 따른 조사를 실시했는지 여부를 확인하여 조사를 실시하지 않은 경우에는 조사 실시 및 그 결과 제출을 요구할 수 있다.

28 「위해성 경찰장비의 사용기준 등에 관한 규정」에 대한 설명으로 옳지 않은 것은?

① 경찰관은 최루탄발사기로 최루탄을 발사하는 경우 30도 이상의 발사각을 유지하여야 하고, 가스차·살수차 또는 특수진압차의 최루탄발사대로 최루탄을 발사하는 경우에는 15도 이상의 발사각을 유지하여야 한다.

② 경찰관은 범인의 체포 또는 도주 방지를 위하여 부득이한 경우에는 현장책임자가 판단하여 필요한 최소한의 범위에서 가스발사총을 사용할 수 있다.

③ 경찰관은 총기 또는 폭발물을 가지고 대항하는 경우를 제외하고는 14세 미만의 자 또는 임산부에 대하여 권총 또는 소총을 발사하여서는 아니 된다.

④ 경찰청장은 신규 도입 장비에 대한 안전성 검사를 실시한 후 3개월 이내에 안전성 검사 결과보고서를 국회 소관 상임위원회에 제출하여야 한다.

29 「경찰 물리력 행사의 기준과 방법에 관한 규칙」에 대한 설명으로 가장 옳은 것은?

① 대상자가 경찰관의 지시, 통제에 따르지만 경찰관의 요구에 즉각 응하지 않고 약간의 시간만 지체하는 경우에, 경찰관은 대상자에 신체 접촉을 통해 경찰목적 달성을 강제하지만 신체적 부상을 야기할 가능성은 극히 낮은 물리력을 사용할 수 있다.

② 대상자가 자신에 대한 경찰관의 체포·연행 등 정당한 공무집행을 방해하지만 경찰관 또는 제3자에 대해 위해 수준이 낮은 행위만을 하는 상태에서, 경찰관은 대상자에게 신체적 부상을 입힐 수 있으나 생명·신체에 대한 중대한 위해 발생 가능성은 낮은 물리력을 사용할 수 있다.

③ 경찰관이 정당한 이동 명령을 발하였음에도 가만히 서있거나 앉아 있는 등 전혀 움직이지 않는 상태, 일부러 몸의 힘을 모두 빼거나, 고정된 물체를 꽉 잡고 버팀으로써 움직이지 않으려는 상태는 소극적 저항의 상태이다.

④ 대상자가 자신을 체포·연행하려는 경찰관으로부터 물리적으로 이탈하거나 도주하려는 행위, 체포·연행을 위해 팔을 잡으려는 경찰관의 손을 뿌리치거나, 경찰관을 밀고 잡아끄는 행위, 경찰관에게 침을 뱉거나 경찰관을 밀치는 행위 등은 폭력적 공격에 해당한다.

30 「경찰관 직무집행법」상 경찰관의 직무수행으로 인한 형의 감면(제11조의5)에 대한 설명으로 옳지 않은 것은?

① 형법상 강도에 관한 죄에 있어서 타인의 생명·신체에 대한 위해 발생의 우려가 명백하고 긴급한 상황에서 형을 감경하거나 면제할 수 있으며, 재산에 대한 위해 우려는 해당하지 않는다.

② 「형법」 제32장 강간과 추행의 죄 중 강간에 관한 범죄는 감면의 대상이 되는 범죄이지만 추행에 관한 범죄는 해당하지 않는다.

③ 경찰관이 그 위해를 예방하거나 진압하기 위한 행위 또는 범인의 검거 과정에서 경찰관을 향한 직접적인 유형력 행사에 대응하는 행위를 하여 그로 인하여 타인에게 피해가 발생한 경우에 이를 감면할 수 있으며, 경찰관을 향한 간접적인 유형력 행사는 해당하지 않는다.

④ 경찰관의 직무수행이 불가피한 것이고 필요한 최소한의 범위에서 이루어졌다면 해당 경찰관에게 고의 또는 과실에 불구하고 그 정상을 참작하여 형을 감경하거나 면제할 수 있다.

31 행정행위에 대한 설명으로 가장 적절하지 않은 것은? (다툼이 있는 경우 판례에 의함)

① 일반·추상적인 사항을 규율하는 행정규칙은 행정행위에 해당하지 아니하지만, 부하 공무원에 대한 상관의 개별적인 직무명령은 행정행위에 해당한다.

② 일정한 불복기간이 경과하거나 쟁송수단을 다 거친 후에는 더 이상 행정행위를 다룰 수 없게 되는 효력을 행정행위의 불가쟁력이라 한다.

③ 행정재산의 사용·수익에 대한 허가는 순전히 사경제 주체로서 행하는 사법상의 행위가 아니라 관리청이 공권력을 가진 우월적 지위에서 행하는 행정처분으로서 강학상 특허에 해당한다

④ 행정재산의 사용·수익허가처분의 성질에 비추어 국민에게는 행정재산의 사용·수익허가를 신청할 법규상 또는 조리상의 권리가 있다고 할 것이므로 공유재산의 관리청이 행정재산의 사용·수익에 대한 허가 신청을 거부한 행위 역시 행정처분에 해당한다.

32 「질서위반행위규제법」에 대한 설명으로 옳지 않은 것은?

① 행정청이 질서위반행위에 대하여 과태료를 부과하고자 하는 때에는 미리 당사자에게 대통령령으로 정하는 사항을 통지하고, 10일 이상의 기간을 정하여 의견을 제출할 기회를 주어야 한다.

② 행정청의 과태료 부과에 불복하는 당사자는 과태료 부과 통지를 받은 날부터 60일 이내에 해당 행정청에 서면으로 이의제기를 할 수 있다.

③ 행정청의 과태료 부과에 대한 이의제기는 과태료 부과처분의 효력에 영향을 주지 아니한다.

④ 이의제기를 받은 행정청은 이의제기를 받은 날부터 14일 이내에 이에 대한 의견 및 증빙서류를 첨부하여 관할 법원에 통보하여야 한다.

33 「행정심판법」에 대한 설명으로 옳지 않은 것은?

① 의무이행심판은 당사자의 신청에 대한 행정청의 위법 또는 부당한 거부처분이나 부작위에 대하여 일정한 처분을 하도록 하는 행정심판을 말한다.

② 중앙행정심판위원회는 위원장 1명을 포함하여 70명 이내의 위원으로 구성하되, 위원 중 상임위원은 4명 이내로 한다.

③ 행정심판위원회는 심판청구가 적법하지 아니하면 그 심판청구를 각하(却下)하고, 심판청구가 이유가 없다고 인정하면 그 심판청구를 기각(棄却)한다.

④ 위원회는 무효확인심판의 청구가 이유가 있더라도 이를 인용(認容)하는 것이 공공복리에 크게 위배된다고 인정하면 그 심판청구를 기각하는 재결을 할 수 있다.

제**10**회

34 「아동·청소년의 성보호에 관한 법률」에 의한 신분비공개 수사 및 신분위장수사에 대한 설명으로 옳지 않은 것은?

① 국가수사본부장은 신분비공개수사가 종료된 즉시 대통령령으로 정하는 바에 따라 경찰청장에게 수사 관련 자료를 보고하여야 한다.

② 국가수사본부장은 대통령령으로 정하는 바에 따라 국회 소관 상임위원회에 신분비공개수사 관련 자료를 반기별로 보고하여야 한다.

③ 사법경찰관리는 신분위장수사를 하려는 경우에는 검사에게 신분위장수사에 대한 허가를 신청하고, 검사는 법원에 그 허가를 청구한다.

④ 사법경찰관리는 긴급 신분위장수사 개시 후 48시간 이내에 법원의 허가를 받지 못한 때에는 즉시 신분위장수사를 중지하여야 한다.

35 「아동학대범죄의 처벌 등에 관한 특례법」의 응급조치에 대한 설명으로 옳지 않은 것은?

① 사법경찰관리 또는 아동학대전담공무원이 응급조치를 한 경우에는 즉시 응급조치결과보고서를 작성하여야 한다.

② 응급조치는 72시간을 넘을 수 없다. 다만, 검사가 임시조치를 법원에 청구한 경우에는 48시간의 범위에서 그 기간을 연장할 수 있다.

③ 피해아동등을 아동학대 관련 보호시설로 인도하는 조치를 하는 때에는 피해아동등의 이익을 최우선으로 고려하여야 하며, 피해아동등을 보호하여야 할 필요가 있는 등 특별한 사정이 있는 경우를 제외하고는 피해아동등의 의사를 존중하여야 한다.

④ 사법경찰관리가 피해아동등을 분리·인도하여 보호하는 경우 지체 없이 피해아동등을 인도받은 보호시설·의료시설을 관할하는 시·도지사 또는 시장·군수·구청장에게 그 사실을 통보하여야 한다.

36 「특정중대범죄 피의자 등 신상정보 공개에 관한 법률」에 대한 설명으로 옳지 않은 것은?

① 공개하는 피의자의 얼굴은 특별한 사정이 없으면 공개 결정일 전후 3개월 이내의 모습으로 하며, 사법경찰관은 다른 법령에 따라 적법하게 수집·보관하고 있는 사진, 영상물 등이 있는 때에는 이를 활용하여 공개할 수 있다.

② 사법경찰관은 피의자의 얼굴을 공개하기 위하여 필요한 경우 피의자를 식별할 수 있도록 피의자의 얼굴을 촬영할 수 있다. 이 경우 피의자는 이에 따라야 한다.

③ 사법경찰관은 피의자에게 신상정보 공개를 통지한 날부터 5일 이상의 유예기간을 두고 신상정보를 공개하여야 한다. 다만, 피의자가 신상정보 공개 결정에 대하여 서면으로 이의 없음을 표시한 때에는 유예기간을 두지 아니할 수 있다.

④ 사법경찰관은 정보통신망을 이용하여 그 신상정보를 30일간 공개한다.

37 선거경비에 대한 설명 중 옳은 것은?

① 투표관리관 또는 투표사무원은 투표소로부터 300미터 안에서 소란한 언동을 하는 사람에 대하여 경찰공무원의 원조 없이 이를 제지하고 퇴거하게 할 수 있다.

② 경찰관은 「공직선거법」에 의하여 공직 후보자에 대한 신변보호를 할 수 있다.

③ 개표소를 경비하는 경찰은 제2선에서 가급적 정문만 사용하고, 선거관리위원회와 합동으로 출입자를 통제한다.

④ 「공직선거법」상 누구든지 개표소 안에서 무기 등을 지닐 수 없으므로 구·시·군선거관리위원회 위원장의 원조요구가 있더라도 개표소 안으로 투입되는 경찰관은 무기를 휴대할 수 없다.

38 다음 중 주·정차 금지구역으로 가장 옳은 것은?

① 도로공사를 하고 있는 경우 그 공사 구역의 양쪽 가장 자리로부터 5m 이내인 곳

② 교차로의 가장자리나 도로의 모퉁이로부터 10m 이내인 곳

③ 건널목의 가장자리 또는 횡단보도로부터 10m 이내인 곳

④ 터널 안 또는 다리 위

39 「집회 및 시위에 관한 법률」 및 동법 시행령의 소음규제에 관한 설명으로 옳지 않은 것은?

① 공공도서관 지역의 등가소음도는 10분간(소음 발생 시간이 10분 이내인 경우에는 그 발생 시간 동안을 말한다) 측정한다.

② 주거지역의 경우 1시간 내에 2회 이상 최고소음도 기준을 초과한 경우 소음기준을 위반한 것으로 본다.

③ 측정소음도가 배경소음도보다 10dB 이상 크면 배경소음의 보정 없이 측정소음도를 대상소음도로 하고, 측정소음도가 배경소음도보다 3dB 미만으로 크면 다시 한 번 측정하여 여전히 3dB 미만으로 크면 확성기 등의 소음으로 보지 아니한다.

④ 확성기등의 대상소음이 있을 때 측정한 소음도를 측정소음도로 하고, 같은 장소에서 확성기등의 대상소음이 없을 때 5분간 측정한 소음도를 배경소음도로 한다.

40 「범죄인 인도법」에 대한 설명으로 가장 옳은 것은?

① 대한민국의 주권, 국가안전보장, 안녕질서 또는 미풍양속을 해칠 우려가 있는 경우 범죄인을 인도하지 않을 수 있다.

② 범죄인이 인종, 종교, 국적, 성별, 정치적 신념 또는 특정 사회단체에 속한 것 등을 이유로 처벌되거나 그 밖의 불리한 처분을 받을 염려가 있다고 인정되는 경우 범죄인을 인도하지 않을 수 있다.

③ 검사는 법무부장관의 인도심사청구명령이 있을 때에는 지체 없이 서울고등법원에 인도심사를 청구하여야 한다. 다만, 범죄인의 소재(所在)를 알 수 없는 경우에는 그러하지 아니하다.

④ 외교부장관은 인도청구서 등을 받았을 때에는 이를 서울고등검찰청 검사장(檢事長)에게 송부하고 그 소속 검사로 하여금 서울고등법원에 범죄인의 인도허가 여부에 관한 심사를 청구하도록 하여야 한다.

박용증
아두스 경찰학

전범위 모의고사 10회분

아름다운 **두문자 스토리 경찰학**

최종 마무리 실전 동형 모의고사!

정답 및 해설

1회

1. ④	2. ①	3. ①	4. ②	5. ①
6. ④	7. ④	8. ③	9. ②	10. ④
11. ③	12. ②	13. ②	14. ④	15. ④
16. ④	17. ④	18. ③	19. ②	20. ③
21. ②	22. ①	23. ②	24. ②	25. ④
26. ④	27. ①	28. ②	29. ①	30. ①
31. ④	32. ②	33. ④	34. ④	35. ①
36. ③	37. ④	38. ④	39. ④	40. ④

01
정답 ④

정답찾기 ④ (×) 독일에서 협의의 행정경찰 사무가 경찰의 사무에서 분리된 것은 2차 세계대전 이후이다. 독일의 패전으로 연합국측에 의하여 비경찰화 과정을 거치며 건축경찰, 영업경찰 등 협의의 행정경찰이 다른 관청(경찰이 아닌 질서관청)으로 이관되었다.

02
정답 ①

정답찾기 ① (○) 경찰개입의 전제 요건으로 위험이 반드시 존재할 필요는 없다. 보행자 없을 때(위험하지 않은 경우) 신호 위반한 운전자도 경찰책임자(법질서 불가침성 침해)가 된다.
② (×) 위험은 가까운 장래에 공공의 안녕이나 질서에 손해 가능성이 존재하는 것이고, 손해는 보호법익의 객관적 감소로 현저한 침해가 있어야 한다.
③ (×) '위험 혐의'는 위험 가능성은 예측되나 실현이 불확실한 경우로서 위험의 존재 여부가 명확해질 때까지 위험조사 차원의 예비적 조치만이 가능하다.
④ (×) '오상 위험'이다.

03
정답 ①

정답찾기 ① (×) 경찰청장은 인권정책 기본계획을 5년마다 수립하고, 인권교육종합계획은 3년 단위로 수립하여 시행해야 한다.
③④ (○) 인권보호담당관(경찰청장×)은 인권영향평가는 **반**기 1회 이상 **점**검, 인권진단은 연 **1**회 이상 **진**단 실시한다. 【반점, 일진】

04
정답 ②

정답찾기 ㉃ (×) 생명과 재산의 안전보호
㉄ (×) 공공의 신뢰
㉅ (×) 공정한 접근 보장

05
정답 ①

정답찾기 ② (×) 동일인으로부터 1회에 100만 원 또는 매 회계연도에 300만 원을 초과하는 경우에는 직무 관련 여부와 관계없이 3년 이하의 징역 또는 3천만 원 이하의 벌금에 처한다.
③ (×) 법률상 배우자에 한한다. 금품을 수수하거나 요구 또는 약속한 배우자를 처벌하는 규정은 없다.

④ (×) 공직자등은 부정청탁을 받았을 때에는 부정청탁을 한 자에게 부정청탁임을 알리고 이를 거절하는 의사를 명확히 표시하여야 한다. 이에 불구하고 동일한 부정청탁을 다시 받은 경우에는 이를 소속기관장에게 서면(전자문서를 포함한다)으로 신고하여야 한다. 다만, 금지되는 금품을 받거나 의사표시를 받은 경우에는 소속기관장에게 지체 없이 서면으로 신고하여야 한다(제9조).

TIP 금품수수 금지(제8조)

구분	1회 100만 원, 연 300만 원 이하	금액 초과
직무 관련	수수액의 2~5배 과태료 (징계부가금 · 형사처벌 시 미부과)	3년 이하 징역 또는 3천만 원 이하의 벌금
직무 무관	×	
직무 관련 + 대가성	특가법(뇌물죄 가중처벌), 형법상 뇌물죄(5년 이하 징역) 적용	

06
정답 ④

정답찾기 ④ (×) 사적 이해관계자의 범위에는 친족이 아닌 가족(「민법」 제779조에 따른 가족)이 해당한다.

07
정답 ④

정답찾기 ④ (×) 결혼식 또는 장례식과 같은 경조사에 명칭과 직위를 표시하여 화환을 게시하는 것은 사적 이익을 위한 것으로 보지 않는다 (국민권익위원회 유권해석).

> 제10조의2(직위의 사적이용 금지) 공무원은 직무의 범위를 벗어나 사적 이익을 위하여 소속기관의 명칭이나 직위를 공표 · 게시하는 등의 방법으로 이용하거나 이용하게 하여서는 아니 된다.

08
정답 ③

정답찾기 ③ (×) Miller의 하위문화 이론은 사회구조 원인에 해당한다. 코헨은 중상류층에 대한 하류계층의 반항의 결과로 범죄가 발생한다고 보지만(반항문화), 밀러는 중상류층에 대한 반항이 아닌 하류계층만의 고유한 문화에서 범죄가 발생한다고 본다(고유문화).
▶ 사회 **구조** 원인론 : 사회 **해**체론, **아**노미(긴장) 이론, 각종 **문**화이론 (하위문화 이론, 문화갈등 이론, 문화전파 이론) 【구해아문】
▶ 사회 **과정** 원인론 : 사회 **학**습 이론, 사회 **통**제 이론, **낙**인 이론 【과학통낙】
▶ 사회**통제**이론 : **유**대이론, **동**조전념이론, **중**화기술이론, **견**제이론 【통제-유동중견】
※ 중화기술이론은 경찰실무종합(2022년 경찰공제회 발행)에서는 학습이론으로 분류하고 있으나, 대부분의 범죄학 교재에서는 사회통제이론으로 분류하고 있음.

09
정답 ②

정답찾기 ② (×) Beccaria는 고전주의 범죄학자이다. 고전주의는 (범죄) 의사 비결정론적 입장에서 범죄의 원인을 개인의 자유의지로 보고 확실하고 엄격한 처벌을 강조하였다.

10 정답 ④

◎정답찾기 ④ (×) 정보주도 경찰활동은 1990년대 초 영국 켄트(Kent) 경찰청에서 등장한 개념이고, 스마트 경찰활동은 2000년대 초 미국에서 정보주도 경찰활동을 기반으로 등장한 개념이다.

11 정답 ③

◎정답찾기 ① (○) 형조·병조·한성부·사헌부·승정원·장예원·종부사와 관찰사 등 범법자를 직접 수감할 수 있는 권한을 가진 직수아문이 있었다.
② (○) 당시 계급은 경무사 – 경무관 – 총순 – 순검의 순서였다.
③ (×) 경무청의 설치(1894.7.20.)로 경찰권은 일원화되었다고 할 수 있다. 「각부·각아문·각군문의 체포·시형(施刑)을 불허하는 건(1894.7.2.)에 의해 각 관청에서 위반자를 체포·감금하던 제도(직수아문)가 폐지되었다.
④ (○) 경무청의 담당 사무는 **소**방, **위**생, **영**업, **감**옥사무 등 광범위하였다. 【소위영감】

12 정답 ②

◎정답찾기 ㉡ (×) 행정경찰 사무는 내무부장관(도지사)의 지휘를 받고, 수사경찰 사무는 수사판사와 검사의 지휘를 받는다.
㉢ (×) 독일에서 수사의 주체는 검사이며 경찰은 검사를 보조하는 상명하복의 관계이다. 다만, 검사는 자체적인 수사인력이나 장비가 없어서 '팔 없는 머리'로 불린다.
㉣ (×) FBI가 지방경찰관에 대하여 교육과 훈련을 제공하지만, 수사와 관련하여 전국적인 지휘를 하지는 않는다.

13 정답 ②

◎정답찾기 ② (×) 사이버네틱스 모델에 대한 설명이다. 최적 모델은 경제적 합리성과 직관·판단력·창의력 같은 초합리성을 고려한 모델로서, 합리 모델의 비현실성과 점증 모델의 보수성을 극복하기 위하여 이상주의와 현실주의의 통합을 시도한 것이다.

14 정답 ④

◎정답찾기 ② (○) 「경찰공무원 승진임용 규정」

제22조의2(동료·민원인 등의 평가 반영) ① 임용권자(「경찰공무원 임용령」 제4조 제1항부터 제6항까지의 규정에 따라 임용권을 위임받은 자를 포함한다. 이하 같다)나 임용제청권자(법 제7조제1항에 따른 추천이 필요한 경우에는 경찰청장을 포함한다. 이하 같다)는 승진심사를 거쳐 소속 경찰공무원을 승진임용하거나 승진임용을 제청할 때 승진심사대상자에 대한 동료 평가 및 민원 평가를 실시하여 그 결과를 반영할 수 있다. 이 경우 동료 평가는 승진심사대상자의 상위·동일·하위 계급의 경찰공무원이 하고, 민원 평가는 승진심사대상자의 업무와 관련된 민원인 등이 한다.
② 제1항에 따른 평가 결과는 특별승급, 성과상여금 지급, 교육훈련, 보직 관리 등 각종 인사관리에 반영할 수 있다.
③ 제1항 및 제2항에 따른 평가의 실시와 평가 결과의 반영 등에 관한 사항은 경찰청장이 정한다.

④ (×) 상급자의 보복 우려 때문에 익명성(평가자료의 비공개)을 원칙으로 한다.

15 정답 ②

◎정답찾기 ② (○) 각 중앙관서의 장에게 통보한 예산안편성지침을 국회 예산결산특별위원회에 보고한다. 【사지요】

제28조(중기사업계획서의 제출) 각 중앙관서의 장은 매년 1월 31일까지 해당 회계연도부터 5회계연도 이상의 기간 동안의 신규사업 및 기획재정부장관이 정하는 주요 계속사업에 대한 중기**사**업계획서를 기획재정부장관에게 제출하여야 한다.
제29조(예산안편성지침의 통보) ① 기획재정부장관은 국무회의의 심의를 거쳐 대통령의 승인을 얻은 다음 연도의 예산안편성**지**침을 매년 3월 31일까지 각 중앙관서의 장에게 통보하여야 한다.
제30조(예산안편성지침의 국회보고) 기획재정부장관은 제29조제1항의 규정에 따라 **각 중앙관서의 장에게 통보한 예산안편성지침을 국회 예산결산특별위원회에 보고**하여야 한다. 〈23승진〉
제31조(예산요구서의 제출) ① 각 중앙관서의 장은 제29조의 규정에 따른 예산안편성지침에 따라 그 소관에 속하는 다음 연도의 세입세출예산·계속비·명시이월비 및 국고채무부담행위 **요**구서(이하 "예산요구서"라 한다)를 작성하여 매년 5월 31일까지 기획재정부장관에게 제출하여야 한다.
제32조(예산안의 편성) 기획재정부장관은 제31조제1항의 규정에 따른 예산요구서에 따라 **예산안을 편성하여 국무회의의 심의를 거친 후 대통령의 승인**을 얻어야 한다.
제33조(예산안의 국회제출) 정부는 제32조의 규정에 따라 대통령의 승인을 얻은 예산안을 회계연도 개시 **120일 전까지 국회에 제출**하여야 한다.

16 정답 ④

◎정답찾기 ④ (×) Ⅰ급비밀의 보안조치에 관하여는 국가정보원장과 미리 협의하여야 한다(제24조).

◎TiP 비밀의 보호 요건 【1급열공은 국정원장과 협의】

비밀 복제 (제23조)	1급	**생산자의 허가**
	2·3급	생산자가 특정한 제한을 하지 아니한 것으로서 해당 등급의 비밀취급 인가를 받은 사람이 공용(共用)으로 사용하는 경우
비인가자 **열람** (제24조)	1급	**국가정보원장과 미리 협의**(보안조치 협의)
	2·3급	소속 기관의 장이 국가정보원장이 정하는 바에 따라 자체 보안대책을 마련
공개 (제25조)	1급	**국가정보원장과 미리 협의**
	2·3급	① 중앙행정기관등의 장은 그가 생산한 비밀을 보안심사위원회의 심의를 거쳐 공개 가능 ② 공무원은 소속 기관장 승인 받아 공개 가능(공무원이었던 사람은 소속되었던 기관의 장의 승인)
반출 (제27조)	1급	**소속 기관의 장의 승인**
	2·3급	

17 정답 ④

◎정답찾기 ① (×) 정정보도에 대한 설명이다. 반론보도는 언론 보도 내용의 진실 여부와 관계없이 그와 대립되는 반박적 주장을 보도하는 것이다.
② (×) 언론사의 고의·과실이나 위법성을 필요로 하지 아니한다.
③ (×) 3회가 아니고 2회이다.
④ (○) 언론중재위원회의 위원은 1차에 한하여 연임할 수 있다. 임기가 3년인 위원회는 **언**론중재위원회, **국**가경찰위원회, **시**·도자치경찰위원회, **소**청심사위원회(상임 3년, 비상임 2년), **중**앙행정심판위원회(상임 3년, 비상임 2년)이며, 경찰위원회(국가, 자치)와 다른 위원회는 연임이 가능하다. 【언국시 소중(하게) 삶(3)년】

18 정답 ③

🔎정답찾기 ① (×) 국회에 의한 예산결산권은 사후통제이다.
② (×) 국가인권위원회는 독립기관이므로 광의의 행정통제로 볼 수 있다.
④ (×) 상급기관의 하급기관에 대한 감독권은 사후통제이다.

19 정답 ②

🔎정답찾기 ① (○) 헌법 제53조⑦
② (×) 법률(헌법 근거), 대통령령, 총리령, 부령은 특별한 규정이 없으면 **20**일 후 **효**력 발생한다.
③ (○) 국민의 권리·의무와 관련되는 경우에는 **30**일 후 **시**행되도록 하여야 한다(「법령 등 공포에 관한 법률」) 【이효리 삼시세끼】
④ (○) 헌법 제53조①

20 정답 ③

🔎정답찾기 ③ (×) 감사업무와 달리 감찰업무는 자체적인 감찰을 할 수 없고 감찰요구만 가능하다.

> 제24조(시·도자치경찰위원회의 소관 사무)
> 7. 자치경찰사무 **감사 및 감사의뢰**
> 8. 자치경찰사무 담당 공무원의 주요 비위사건에 대한 **감찰요구**

④ (○) 국가경찰사무·자치경찰사무의 협력·조정과 관련하여 <u>경찰청장(시·도경찰청장×)</u>과 협의한다.

🔎TIP 시·도자치경찰위원회와 경찰청장간 협의사항 정리

> 1. 시·도경찰청장의 임용과 관련한 경찰청장과의 협의(제24조①6.)
> 2. 경찰서장의 자치경찰사무 수행평가를 경찰청장에게 통보(제24조①6.)
> 3. 국가경찰사무·자치경찰사무의 협력·조정 관련 경찰청장과 협의(제24조①15.)
> 4. 자치경찰사무와 관련하여 경찰청장에게 경찰력 지원·조정 요청(제32조⑦)

21 정답 ②

🔎정답찾기 ① (×) 위원 중 2명은 반드시 법관 자격이 있는 사람이어야 한다.
③ (×) 업무협조가 있는 모든 사항이 아니라 '국가경찰사무 외에 다른 국가기관으로부터의 업무협조'가 있는 사항이다. 국가경찰사무에 해당하는 업무협조 사항은 국가경찰위원회의 심의·의결을 받을 필요가 없다.
④ (×) 사무는 경찰청에서 수행한다. 국가경찰위원회에는 별도의 사무국이 없으므로 경찰청에서 업무를 수행하며 시·도자치경찰위원회는 사무국을 두고 있으므로 시·도경찰청에서 업무를 수행하지 아니한다.

22 정답 ①

🔎정답찾기 ① (×) 경찰청장의 승인을 받아 지구대 또는 파출소를 둘 수 있다. 출장소 설치는 시·도경찰청장이 설치하고 사후 보고하면 된다(경찰청과 그 소속기관 조직 및 정원관리 규칙 제10조③).

23 정답 ②

🔎정답찾기 ② (×) 감봉 이상의 징계처분을 받은 사람은 경력경쟁채용의 대상이 될 수 없다.

🔎TIP 관련규정

> 제5조(임용시기) ② 사망으로 인한 면직은 **사망한 다음 날에 면직**된 것으로 본다.
> 제8조(계급정년 연한의 계산) 법 제10조 제3항 제1호(직제개편으로 인한 직권면직으로 퇴직, 장기요양 또는 공상으로 인한 직권휴직 기간 만료로 퇴직)에 따라 **재임용된 경찰공무원의 계급정년 연한은 재임용 전에 해당 계급의 경찰공무원으로 근무한 연수를 합하여 계산**한다.
> 제16조(경력경쟁채용등의 요건) ① 다음 각 호의 어느 하나에 해당하는 사람은 **경력경쟁채용등의 대상이 될 수 없다.**
> 1. 종전의 재직기관에서 **감봉 이상의 징계처분**을 받은 사람
> 2. 법 제30조 제1항 제2호(**계급정년**)에 따라 정년퇴직한 사람
> 제18조의2(임용 또는 임용제청의 유예) ① 임용권자 또는 임용제청권자는 채용후보자 명부에 등재된 채용후보자가 다음 각 호의 어느 하나에 해당하는 경우에는 채용후보자 명부의 유효기간의 범위에서 기간을 정하여 임용 또는 임용제청을 **유예할 수 있다.** 다만, 유예기간 중이라도 그 사유가 소멸한 경우에는 임용 또는 임용제청을 할 수 있다(하여야 한다×). 【학군6질임】
> 1. 「병역법」에 따른 병역복무를 위하여 징집 또는 소집되는 경우(**군복무**)
> 2. **학업**을 계속하는 경우
> 3. 6개월 이상의 장기요양이 필요한 **질병**이 있는 경우
> 4. **임신**하거나 출산한 경우
> 5. 그 밖에 임용 또는 임용제청의 유예가 부득이하다고 인정되는 경우

24 정답 ②

🔎정답찾기 ㉢ (×) 집행유예기간이 경과한 사람을 포함한다.
㉣ (×) 파산선고를 받고 복권되지 아니한 사람은 임용결격사유에 해당하지만, 이미 임용이 된 이후 파산선고를 받은 경우에는 「채무자 회생 및 파산에 관한 법률」에 따라 신청기한 내에 면책신청을 하지 아니하였거나 면책불허가 결정 또는 면책 취소가 확정된 사람에 한하여 당연퇴직한다.

25 정답 ④

🔎정답찾기 ① (○) 제5조②
② (○) 육아휴직(만 8세 이하 또는 초등학교 2학년 이하의 자녀 양육)의 경우 자녀 1명에 대하여 1년까지는 승진소요 최저근무연수에 포함된다. 다만, 1년을 초과하는 경우는 동 규정 제5조 제2항에 따른다.
③ (○) 제5조⑥
④ (×) <u>강등되었던 사람</u>이 강등되기 직전의 계급으로 승진한 경우 강등되기 직전의 계급에서 재직한 기간은 승진소요 최저근무기간에 <u>포함되며</u>(제5조 제7항), 강등된 경우 강등되기 직전의 계급에서 재직한 기간도 승진소요 최저근무기간에 <u>포함한다</u>(제5조 제8항).

26 정답 ④

🔎정답찾기 ① (×) '정치관여 금지' 의무는 경찰공무원법상의 의무이다. 국가공무원법은 정치운동 금지 의무를 규정하고 있다.
② (×) 경찰공무원법상의 의무이다.
③ (×) 소속 기관장이 아닌 상사의 허가나 명령 없이 직무와 관계없는 장소에서 직무수행을 하여서는 아니된다.

④ (○) 「공직자윤리법」은 총경(자치총경 포함)이상의 경찰공무원을 재산등록의무자로 규정하고 있고 「공직자윤리법 시행령」은 경찰공무원, 중 경정, 경감, 경위, 경사와 자치경찰공무원 중 자치경정, 자치경감, 자치경위, 자치경사를 재산등록의무자로 규정하고 있다.

27

⊕**정답찾기** ① (×) 수사상 임의동행의 경우에는 수사준칙(대통령령)에 의하여 동행거부권과 언제든지 퇴거할 수 있음을 고지하여야 하나, 경찰관직무집행법상 고지의무는 임의동행이 완료된 후 경찰관서에서 변호인 조력권이 있음을 고지할 의무만 있다.

정답 ①

28

정답 ②

⊕**정답찾기** ⓛ (×) 도검은 무기에 해당한다.
ⓔ (○) 기타장비: 가스**차**·살수**차**·특수진압**차**·물포·**석**궁·**도**주차량차단장비·**다**목적발사기 【**차에 물석도다**】
※ 석궁과 다목적발사기가 무기에 해당하지 않음에 유의한다.

29

정답 ①

⊕**정답찾기** ① (×) 접촉통제는 대상자 신체 접촉을 통해 경찰목적 달성을 강제하지만 신체적 부상을 야기할 가능성은 극히 낮은 물리력을 말한다. 대상자에게 통증을 줄 수 있는 물리력은 저위험 물리력 이상이다.

접촉 통제	신체 **접촉**을 통해 경찰목적 달성
저위험 물리력	대상자를 **넘**어뜨리기, **꺾**기, **조**르기, 분사기 사용 가능 (**통증 ○, 부상 ✕**) 【**넘꺾조**】
중위험 물리력	대상자에 대한 **가격**, 전자**충격**기 사용 가능, (**부상 ○**)

30

정답 ①

⊕**정답찾기** ① (×) 손실을 보상받으려는 사람은 보상금 지급 청구서에 손실내용과 손실금액을 증명할 수 있는 서류를 첨부하여 <u>손실보상청구 사건 발생지를 관할하는 국가경찰관서의 장에게 제출하여야 한다</u>(제10조①). 보상금 지급 청구서를 받은 국가경찰관서의 장은 해당 청구서를 제11조제1항에 따른 손실보상청구 사건을 심의할 손실보상심의위원회가 설치된 경찰청, 해양경찰청, 시·도경찰청 및 지방해양경찰청의 장에게 보내야 한다(제10조②).
② (○) 보상범위

물건 수리 가능	수리비
물건 수리 불가	**손실(보상✕)** 당시 물건 교환가
물건 수리 교환으로 영업 손실	그 기간 영업 이익
물건 외의 재산상 손실	직무집행과 **상당 인과관계** 범위 내

31

정답 ④

⊕**정답찾기** ① (○) 판례는 상위법령의 위임에 의하여 법령을 보충하는 행정규칙은 법규명령으로 보지만(수권여부기준설), 법령의 위임을 받았더라도 부령으로 정한 제재적 행정처분기준에 대하여는 그 내용을 기준으로 보아 이를 행정규칙으로 보며(실질설), 법률의 위임을 받은 대통령령은 그 내용에도 불구하고 법규명령으로 본다(형식설). 도로교통법 제93조 제1항에서 시·도경찰청장은 행정안전부령으로 정하는 기준에 따라 운전면허를 취소·정지시킬 수 있다고 규정하고 이에 따라 도로교통법 시행규칙 별표 제28호로 운전면허 취소·정지처분 기준을 정하고 있지만, 판례는 이를 행정규칙으로 본다(대판 96누5773).
② (○) 구법에 위임의 근거가 없어 무효였더라도 사후에 법 개정으로 위임의 근거가 부여되면 그 때부터는 유효한 법규명령이 된다고 할 것이나, 반대로 구법의 위임에 의한 유효한 법규명령이 법 개정으로 위임의 근거가 없어지게 되면 그 때부터 무효인 법규명령이 되는 것은 당연하다(대판 93추83).
③ (○) 조례에 대한 법률의 위임은 법규명령에 대한 법률의 위임과 같이 반드시 구체적으로 범위를 정하여 할 필요가 없으며 포괄적인 것으로 족하다(헌재 92헌마264).
④ (×) '전결'과 같은 행정권한의 내부위임은 법령상 처분권자인 행정관청이 내부적인 사무처리의 편의를 도모하기 위하여 그의 보조기관 또는 하급 행정관청으로 하여금 그의 권한을 사실상 행사하게 하는 것으로서 법률이 위임을 허용하지 않는 경우에도 인정되는 것이므로, 설사 행정관청 내부의 사무처리규정에 불과한 전결규정에 위반하여 원래의 전결권자 아닌 보조기관 등이 처분권자인 행정관청의 이름으로 행정처분을 하였다고 하더라도 그 처분이 권한 없는 자에 의하여 행하여진 무효의 처분이라고는 할 수 없다(대판 97누1105).

32

정답 ②

⊕**정답찾기** ② (×) 나중에 선고유예기간(2년)이 경과하였다고 하더라도 이미 발생한 당연퇴직의 효력이 소멸되어 경찰공무원의 신분이 회복되는 것은 아니다.

⊕**TIP** 대법원 1997. 7. 8. 선고 96누4275 판결

① 경찰공무원이 뇌물수수죄로 구속 기소됨으로써 직위해제되었다가 자격정지 1년의 선고유예 확정판결을 받은 후 복직신청을 하였는데, 임용권자가 복직신청서에 첨부된 형사 판결문이 벌금 300,000원의 선고유예 판결로 변조되어 있는 것을 알지 못하고 복직시켰다가 뒤늦게 당연퇴직의 인사발령을 하였다.
② **경찰공무원이 재직 중 자격정지 이상의 형의 선고유예를 받음으로써 임용결격사유에 해당하게 되면, 임용권자의 별도의 행위(공무원의 신분을 상실시키는 행위)를 기다리지 아니하고 그 선고유예 판결의 확정일에 당연히 경찰공무원의 신분을 상실(당연퇴직)하게 되는 것이고, 나중에 선고유예기간(2년)이 경과하였다고 하더라도 이미 발생한 당연퇴직의 효력이 소멸되어 경찰공무원의 신분이 회복되는 것은 아니다.**
③ 직위해제처분에 이후 복직처분은 직위해제사유가 소멸되었을 때 직위해제된 공무원에게 다시 직위를 부여하는 처분일 뿐, 이들 처분들이 공무원의 신분을 박탈하거나 설정하는 처분은 아닌 것이므로, 임용권자가 임용결격사유의 발생 사실을 알지 못하고 직위해제되어 있던 중 임용결격사유가 발생하여 당연퇴직된 자에게 복직처분을 하였다고 하더라도 이 때문에 그 자가 공무원의 신분을 회복하는 것은 아니다.

ⓣⓘⓟ 대법원 1987. 4. 14. 선고 86누459 판결

① 공무원임용결격사유가 있는지의 여부는 채용후보자 명부에 등록한 때가 아닌 임용 당시에 시행되던 법률을 기준으로 하여 판단하여야 한다.
② 임용당시 공무원임용결격사유가 있었다면 비록 국가의 과실에 의하여 임용결격자임을 밝혀내지 못하였다 하더라도 그 임용행위는 당연무효로 보아야 한다.
③ 공무원으로 임용하였다가 사후에 결격사유가 있는 자임을 발견하고 공무원 임용행위를 취소하는 것은 당사자에게 원래의 임용행위가 당초부터 당연무효이었음을 통지하여 확인시켜 주는 행위에 지나지 아니하는 것이므로, 그러한 의미에서 당초의 임용처분을 취소함에 있어서는 신의칙 내지 신뢰의 원칙을 적용할 수 없고 또 그러한 의미의 취소권은 시효로 소멸하는 것도 아니다.
④ 공무원연금법이나 근로기준법에 의한 퇴직금은 적법한 공무원으로서의 신분취득 또는 근로고용관계가 성립되어 근무하다가 퇴직하는 경우에 지급되는 것이고, 당연무효인 임용결격자에 대한 임용행위에 의하여서는 공무원의 신분을 취득하거나 근로고용관계가 성립될 수 없는 것이므로 임용결격자가 공무원으로 임용되어 사실상 근무하여 왔다고 하더라도 그러한 피임용자는 위 법률소정의 퇴직금청구를 할 수 없다.

33
정답 ④

ⓞ정답찾기 ① (○)

제15조(중복조사의 제한) ① 제7조에 따라 정기조사 또는 수시조사를 실시한 행정기관의 장은 동일한 사안에 대하여 동일한 조사대상자를 재조사 하여서는 아니 된다. 다만, 당해 행정기관이 이미 조사를 받은 조사대상자에 대하여 위법행위가 의심되는 새로운 증거를 확보한 경우에는 그러하지 아니하다.
② 행정조사를 실시할 행정기관의 장은 행정조사를 실시하기 전에 다른 행정기관에서 동일한 조사대상자에게 동일하거나 유사한 사안에 대하여 행정조사를 실시하였는지 여부를 확인할 수 있다.

② (○)

제8조(조사대상의 선정) ② 조사대상자는 조사대상 선정기준에 대한 열람을 행정기관의 장에게 신청할 수 있다.
③ 행정기관의 장이 제2항에 따라 열람신청을 받은 때에는 다음 각 호의 어느 하나에 해당하는 경우를 제외하고 신청인이 조사대상 선정기준을 열람할 수 있도록 하여야 한다.
1. 행정기관이 당해 행정조사업무를 수행할 수 없을 정도로 조사활동에 지장을 초래하는 경우
2. 내부고발자 등 제3자에 대한 보호가 필요한 경우

③ (○) 다른 법령에서 행정조사를 규정하고 있는 경우에 한하며, 행정조사기본법만을 근거로 행정조사를 실시할 수 없다(제5조).

제5조(행정조사의 근거) 행정기관은 법령등에서 행정조사를 규정하고 있는 경우에 한하여 행정조사를 실시할 수 있다. 다만, 조사대상자의 자발적인 협조를 얻어 실시하는 행정조사의 경우에는 그러하지 아니하다.

④ (✕) 공동조사를 하여야 한다(제14조).

34
정답 ④

ⓞ정답찾기 ① (✕) 출동요소에 대한 설명이다.

출동요소	112순찰차, 형사기동대차, 교통순찰차, 고속도로순찰차, 지구대·파출소의 근무자 및 인접 경찰관서의 근무자 등 〈외근자〉
112요원	112치안종합상황실에 근무하는 112신고 및 치안상황 처리 업무에 종사하는 자 〈내근자〉

② (✕) 현장경찰관도 이를 변경할 수 있다.

제9조(112신고의 분류) ③ 접수자는 불완전 신고로 인해 정확한 신고내용을 파악하기 힘든 경우라도 신속한 처리를 위해 우선 임의의 코드로 분류하여 하달할 수 있다.
④ 시·도경찰청·경찰서 지령자 및 현장 출동 경찰관은 접수자가 제2항 부터 제4항과 같이 코드를 분류한 경우라도 추가 사실을 확인하여 코드를 변경할 수 있다.

③ (✕) 타 부서의 계속적 조치가 필요한 경우 해당부서에 사건을 인계한 이후 종결하여야 한다.

제17조(112신고처리의 종결) 112요원은 다음 각 호의 경우 112신고처리를 종결할 수 있다. 다만, 타 부서의 계속적 조치가 필요한 경우 해당부서에 사건을 인계한 이후 종결하여야 한다.
1. 사건이 해결된 경우
2. 신고자가 신고를 취소한 경우. 다만, 신고자와 취소자가 동일인지 여부 및 취소의 사유 등을 파악하여 신고취소의 진의 여부를 확인하여야 한다.
3. 추가적 수사의 필요 등으로 사건 해결에 장시간이 소요되어 해당 부서로 인계하여 처리하는 것이 효과적인 경우
4. 허위·오인으로 인한 신고 또는 경찰 소관이 아닌 내용의 사건으로 확인된 경우
5. 현장에 출동하였으나 사건 내용을 확인할 수 없으며, 사건이 실제 발생하였다는 사실도 확인되지 않는 경우
6. 그 밖에 상황관리관, 112치안종합상황실(팀)장이 초동조치가 종결된 것으로 판단하는 경우

35
정답 ①

ⓞ정답찾기 ① (✕) 디지털 성범죄에 한하여 신분비공개수사 및 신분위장수사를 할 수 있다. 19세 이상의 사람이 아동·청소년을 상대로 성을 팔도록 유인·권유하는 행위는 해당하지만, 아동·청소년의 성을 사도록 유인·권유하는 행위는 해당하지 않는다.

ⓣⓘⓟ 디지털 성범죄(제25조의2) 【성착취물 반대유】

① 아동·청소년성착취물 제작·배포 등
② 카메라등 이용 촬영물(복제물의 복제물 포함)을 반포·판매·임대·제공 또는 공공연하게 전시·상영하는 행위(촬영 당시 승낙하였으나 의사에 반하여 반포하는 경우 포함)
③ 19세 이상의 사람이 성적 착취를 목적으로 정보통신망을 이용하여 대화를 지속적 또는 반복적으로 하는 행위
④ 19세 이상의 사람이 성적 착취를 목적으로 정보통신망을 이용하여 아동·청소년에게 성을 팔도록(성교·유사성교·접촉노출·자위행위) 유인·권유하는 행위

36
정답 ③

ⓞ정답찾기 ① (✕) 사법경찰관은 지체 없이 검사에게 해당 긴급응급조치에 대한 사후승인을 지방법원 판사에게 청구하여 줄 것을 신청하여야 한다. 잠정조치를 반드시 청구할 필요는 없다.
② (✕) 긴급 응급조치는 1개월을 초과할 수 없다. 연장에 대한 규정은 없다.
③ (○) 제7조④
④ (✕) 법원은 다음 각 호의 잠정조치를 할 수 있으며, 병과할 수 있다.
【경접전구】
1. 피해자에 대한 스토킹범죄 중단에 관한 서면 경고
2. 피해자나 그 주거등으로부터 100미터 이내의 접근 금지
3. 피해자에 대한 「전기통신기본법」 제2조제1호의 전기통신을 이용한 접근 금지
4. 위치추전 전자장치 부착
5. 국가경찰관서의 유치장 또는 구치소에의 유치

37

정답 ④

정답찾기 ① (○) 통신사실 확인자료의 허가요건

범죄수사 목적	① 필요성 원칙 ② 필요성 + **보충**성: '**실**시간 (위치)추적자료', '특정 **기**지국에 대한 통신사실확인자료【**실기보충**】
국가안보 목적	필요성

② (○) 범죄수사 목적: 통신제한 기간은 2월(기본) + 2월(연장), 총1년 (내란·외환죄 등은 총3년)
③ (○) 국가안보 목적: 통신제한 기간은 4월(기본) + 4월(연장)
④ (×) 36시간 이내이다.

38

정답 ④

정답찾기 ① (×) 외국인테러전투원에 대한 설명이다.
② (×) 위원장은 국무총리이다.
③ (×) 포상금을 지급할 수 있다.

제14조(신고자 보호 및 포상금) ② **관계기관의 장은** 테러의 계획 또는 실행에 관한 사실을 관계기관에 신고하여 테러를 사전에 예방할 수 있게 하였거나, 테러에 가담 또는 지원한 사람을 신고하거나 체포한 사람에 대하여 대통령령으로 정하는 바에 따라 **포상금을 지급할 수 있다.** 〈23승진〉

39

정답 ③

정답찾기 ③ (×) 우회전 삼색등이 적색의 등화인 경우 우회전할 수 없다.

40

정답 ④

정답찾기 ④ (×) 해당 경찰관서의 바로 위의 상급경찰관서의 장에게 이의를 신청할 수 있다.

115

01

정답 ②

❂정답찾기 ① (×) 14세기 프랑스에서 경찰권 이론이 등장하였다.
③ (×) 실질적 의미의 경찰은 독일의 전통적 행정법학에서 정립된 학문상 개념이다.
④ (×) 크로이쯔베르크 판결이 반영된 법률은 경찰행정법이다. 일반란트법(1794)을 적용한 판례가 크로이츠베르크 판결이며 이 판결을 반영한 법률이 경찰행정법이다.

02

정답 ②

❂정답찾기 ② (×) 음주로 인한 특정범죄가중처벌 등에 관한 법률 위반(위험운전치사상)죄는 도로교통법 위반(음주운전)죄의 경우와는 달리 형식적으로 혈중 알코올농도의 법정 최저기준율을 초과하였는지 여부와는 상관없이 운전자가 음주의 영향으로 실제 정상적인 운전이 곤란한 상태에 있어야만 하고, 그러한 상태에서 자동차를 운전하다가 사람을 상해 또는 사망에 이르게 한 행위를 처벌대상으로 하고 있다(대판 2008도7143).
④ (○) 오늘날 사회법치국가는 사회문제를 해결하기 위해 국가가 적극 개입하는 것을 인정한다. 다양한 형태의 위험이 발생하는 현대사회에서 경찰의 위험방지 활동영역이 확장되어 가고 있으므로 전통적인 경찰개념(강제력을 통한 소극적 위험방지)의 적용 범위 자체가 확장되고 있으며, 여기에 더하여 위험방지와 직접 관련이 없는 영역에서도 사회의 요구에 따라 국민의 생명과 재산을 보호하기 위한 다양한 비권력적 작용을 통한 적극적인 행정개입(경찰작용)을 전개하고 있다. 비경찰화는 경찰활동의 범위를 축소시키지만, <u>사회국가화 현상에 의하면 경찰의 활동 범위는 확대된다.</u>

03

정답 ④

❂정답찾기 ① (○) 경찰청장은 인권정책 기본계획은 5년마다 수립하고, 3년 단위로 인권교육종합계획을 수립하여 시행해야 한다.
② (○) '진정 내용이 명백히 사실이 아니거나 이유가 없다고 인정되는 경우'는 각하사유에 해당하고, 명백하지 아니한 경우에는 기각사유에 해당한다.

⊙TiP 진정 기각 사유(제37조)

① 진정 내용이 **사실**이 아니거나 사실여부를 확인 불가한 경우
② 진정 내용이 사실이지만 **인권**침해가 없는 경우
③ 이미 피해회복이 되어 **구**제조치가 필요 없는 경우 【**싸인구** 아니면 기각】

각하	기각
명백히 사실이 아닌 경우	사실이 아닌 경우
인권침해 아닌 것이 **명백**	사실이지만 인권침해 없는 경우

③ (○) 인권영향평가 실시 시기

- ⊙ 경찰청장은 제·개정하려는 법령 및 행정규칙을 경찰위원회에 상정하기 **60**일 이전에 실시
- ⊙ 경찰청장은 국민의 인권에 영향을 미치는 정책 및 계획 확정되기 이전에 실시
- ⊙ 경찰청장은 참가인원, 동원 경력, 배치 장비 등을 고려하여 인권침해 가능성이 높은 집회 및 시위 종료일로부터 **30**일 이전에 실시

④ (×) 인권영향평가는 **반**기 1회 이상 **점**검하여야 하고, 인권진단은 대상 경찰관서를 방문하여 관찰, 서류 점검, 면담, 설문 등의 방법으로 실시하는 것으로서 연 1회 이상 진단하여야 한다. 【삼육반점 평가】

04

정답 ③

❂정답찾기 ③ (×) 「공직선거법」에 따른 선거사무관계자 및 「정당법」에 따른 정당의 당원인 경우에 위원이 될 수 없으며, 당적을 이탈한 날부터 3년이 지나야 한다는 규정은 없다. 경찰이나 선거직에 있었던 경우는 3년이 지나야 한다. 【경선 3년】

제6조(위촉 위원의 결격사유) ① 다음 각 호의 어느 하나에 해당하는 사람은 위원이 될 수 없다.
1. 「공직선거법」에 따라 실시하는 선거에 후보자(예비후보자 포함)로 등록한 사람
2. 「공직선거법」에 따라 실시하는 선거에 의하여 취임한 공무원이거나 그 직에서 퇴직한 날부터 3년이 지나지 아니한 사람
3. 경찰의 직에 있거나 그 직에서 퇴직한 날부터 3년이 지나지 아니한 사람
4. 「공직선거법」에 따른 선거사무관계자 및 「정당법」에 따른 정당의 당원
② 위촉 위원이 제1항 각 호의 어느 하나에 해당하게 된 때에는 당연히 퇴직한다.
제8조(위원의 해촉) 다음 각 호의 어느 하나에 해당하는 경우에는 청장은 위원회의 의견을 들어 위원을 해촉할 수 있다.
1. 입건 전 조사·수사 중인 사건에 청탁 또는 경찰 인사에 관여하는 행위를 하거나 기타 직무 관련 비위사실이 있는 경우
2. 위원회의 명예를 실추시키거나 위원으로서의 품위를 손상시키는 행위를 한 경우
3. 특별한 사유 없이 연속으로 정기회의에 3회 불참 등 직무를 태만히 한 경우
4. 위원 스스로 직무를 수행하는 것이 곤란하다고 의사를 밝힌 경우
5. 그 밖에 부득이한 사유로 업무를 수행할 수 없는 경우

05

정답 ③

❂정답찾기 ① (×) 도덕적 결의의 강화로 보았다.
② (×) 재사회화가 아닌 예기적 사회화이다.
④ (×) 회색부패이다. 백색부패는 구성원 다수가 용인하는 선의의 부패로서 경기가 밑바닥인데도 경기가 살아나고 있다고 거짓말을 하는 경우를 예시로 들고 있다.

06

정답 ②

◎정답찾기 ② (×) 상품권 중에서도 백화점상품권·온누리상품권·지역사랑상품권·문화상품권 등 일정한 금액이 기재되어 소지자가 해당 금액에 상응하는 물품 또는 용역을 제공받을 수 있는 증표인 금액상품권은 제공할 수 없으며, 특정한 물품 또는 용역의 수량을 기재한 물품상품권 또는 용역상품권은 제공할 수 있다.

④ (○) 농수산물(농수산가공품)은 설날·추석기간에는 30만 원까지 가능하며 물품상품권도 선물할 수 있다.

◎TiP 금품수수 예외(시행령 제17조)【3·5·10·15, 음·경선·조화·농】

㉠ **3만 원** : **음식물**
㉡ **5만 원** : **경조사비**(결혼·장례), **선물**(물품·용역상품권 포함, 금전·유가증권·음식물·경조사비 제외)
㉢ **10만 원** : **조화·화환**(축·조의금을 대신하는 조화·화환)
㉣ **15만 원** : **농수산물**(물품·용역상품권 포함), 설날·추석 기간에는 두 배(30만 원)

07

정답 ①

◎정답찾기 ① (×) 제8조(고위공직자의 **민**간 부문 업무활동 내역 제출 및 공개) ① 고위공직자는 그 직위에 임용되거나 임기를 개시하기 전 3년 이내에 민간 부문에서 업무활동을 한 경우, 그 활동 내역을 그 직위에 임용되거나 임기를 개시한 날부터 30일 이내에 소속기관장에게 제출하여야 한다.

③ (○) 제9조(직무관련자와의 거래 신고) ① 공직자는 자신, 배우자 또는 직계존속·비속(배우자의 직계존속·비속으로 생계를 같이하는 경우를 포함한다. 이하 이 조에서 같다) 또는 특수관계사업자(자신, 배우자 또는 직계존속·비속이 대통령령으로 정하는 일정 비율 이상의 주식·지분 등을 소유하고 있는 법인 또는 단체를 말한다. 이하 같다)가 공직자 자신의 직무관련자(「민법」 제777조에 따른 친족인 경우는 제외한다)와 다음 각 호의 어느 하나에 해당하는 행위를 한다는 것을 사전에 안 경우에는 안 날부터 14일 이내에 소속기관장에게 그 사실을 서면으로 신고하여야 한다.

② (○) 제10조(직무 관련 외부활동의 제한) 공직자는 다음 각 호의 행위를 하여서는 아니 된다.

④ (○) 제14조(직무상 비밀 등 이용 금지) ① 공직자(공직자가 아니게 된 날부터 3년이 경과하지 아니한 사람을 포함하되, 다른 법률에서 이와 달리 규정하고 있는 경우에는 그 법률에서 규정한 바에 따른다)는 직무수행 중 알게 된 비밀 또는 소속 공공기관의 미공개정보(재물 또는 재산상 이익의 취득 여부의 판단에 중대한 영향을 미칠 수 있는 정보로서 불특정 다수인이 알 수 있도록 공개되기 전의 것)을 말한다.

08

정답 ④

◎정답찾기 ③ (○) 공표 또는 게시하는 경우만 위반이 되며 축전을 보내거나 경조사 봉투에 적는 것은 위반이 아니다(국민권익위원회 업무편람).

④ (×) 감독기관으로부터 부당한 요구를 받은 피감기관 소속 공직자는 그 이행을 거부해야 하며, 거부했음에도 불구하고 감독기관 소속 공무원으로부터 같은 요구를 다시 받은 때에는 그 사실을 피감기관의 행동강령책임관에게 알려야 한다(제14조의2②).

09

정답 ②

◎정답찾기 ② (×) Matza & Sykes가 아닌 Shaw & Mckay에 의하여 사회해체론이 주장되었다. Matza & Sykes는 비행소년의 중화기술이론을 주장하였다.

10

정답 ①

◎정답찾기 ① (×) 이미지로 설명한다. 이미지는 주민들의 의지를 보여주는 것이고, 영영성 강화는 주민들에게 소유의식을 갖도록 하는 점에서 구분된다.

◎TiP 뉴먼의 방어공간에 대한 4가지 관점 【자이(아파트) 환영안】

자연적 감시	자연적 가시권의 확대
이미지와 환경(milieu)	① 이미지 : '깨진 유리창 이론'처럼 주변 시설을 정리하거나 **유지 보수하여 주민들에 의하여 보호되고 있으며 쉬운 범행대상으로 느껴지지 않는** 이미지 형성 ② 환경 : 통행로, 마당, 놀이터, 주변거리 등을 방범환경으로 조성해야 한다.
영역성	사적공간에 대한 경계표시 및 **주민의 소유의식 확대**로 주민들이 자신의 영역에 대한 감시를 강화한다.
안전지대	주거환경은 주변이 우범지역인지 안전지역인지에 의하여 영향을 받는다.

11

정답 ④

◎정답찾기 ㉠ (×) 경무청의 설치(1894.7.20.)로 경찰권은 일원화되었다고 할 수 있다. 「각부·각아문·각군문의 체포·시형(施刑)을 불허하는 건(1894.7.2.)」에 의해 각 관청에서 위반자를 체포·감금하던 제도(직수아문)가 폐지되었다.

㉡ (×) 장관급인 경부체제로 격상되었으나, 경부는 **감**옥업무를 관장하고 **한**성과 **개**항지를 관장하였으며, 【경부격상 기념으로 **감 한개**씩 돌림】 지방에는 총순을 보내어 관찰사를 보좌하도록 하였다. 1902년 경부체제를 폐지하고 내부 소속의 경무청으로 환원이 되면서 관할은 전국으로 확장되었다.

㉢ (○) 김용원 【넘버 원(경무국장)】

㉣ (×) 미군정기에 **비**경찰화가 진행되어 **위생**업무를 위생국으로 이관하고, **경**제·**고**등경찰을 폐지하였다. 【비위생 경고 폐지】

㉤ (×) 당시 여자경찰관은 부녀자와 14세 미만 아동을 대상으로 하는 사건을 담당하였으며, 서울, 인천, 대구, 부산 등 총 4곳에 여자경찰서가 신설되었다.

12

정답 ②

◎정답찾기 ② (×) 지역치안위원장이 지역치안의 대표자로서 선거로 선출된다.

13

정답 ④

정답찾기 ① (×) 파킨슨의 법칙이다. 피터는 조직구성원들은 자신의 무능력 한계까지 승진하여 조직은 무능한 사람들로 구성된다는 것이다.
② (×) 상관의 권위에 지나치게 의존하는 것은 무사안일주의이다. 동조과잉은 목표보다는 수단에 집착하는 현상을 말한다.
③ (×) 목표가 아닌 수단에 집착하는 것은 동조과잉(목표의 전환)이다. 번문욕례는 양식과 절차에 따른 문서의 형식에 집착하는 형식주의를 의미한다. 【번잡한 문서에 욕함】
④ (○) "직무"라는 용어에서 직위분류제로 착각하기 쉽다. 직위분류제는 인사행정의 제도이며 조직편성의 원리와 관계 없다.

계층제(조직원리)	직위분류제(인사원리)
구성원의 직무를 책임과 난이도에 따라서 **상하로 등급화**하는 것	직무의 특성에 따라 직무의 종류와 책임, 난이도를 기준으로 **공직을 분류**

14

정답 ②

정답찾기 ① (×) 금전적 보상과 포상제도를 강화는 X이론에 의한 관리전략이다. Y이론에 의한 관리전략은 민주적 리더십으로서 상급자의 일방적인 지시보다는 하급자의 참여를 확대하는 것 등이다.
③ (×) 알더퍼의 ERG 이론에 대한 설명이다. 매슬로우의 욕구계층이론은 퇴행요소를 인정하지 않으며, 동시에 여러 욕구가 작용하지 않고 낮은 단계의 욕구가 충족되면 그 다음 단계의 욕구로 한 단계씩 이동한다고 본다. 【매 단계 슬로우】
④ (×) 동기(만족) 이론에 대한 예시이다. 위생(불만족) 요인은 개인 상호간의 관계, 보수, 작업조건, 지위, 안전 등에 대한 불만요인이다.

TIP 동기부여이론 관계

단계	매슬로우	알더퍼	허즈버그
5	자아실현 욕구	성장 욕구(G)	동기(만족) 요인
4	존경의 욕구		
3	사회적 욕구	관계 욕구(R)	
2	안전 욕구	생존 욕구(E)	위생(불만족) 요인
1	생리적 욕구		

※ 알더퍼의 관계 욕구는 매슬로우의 사회적 욕구보다 다소 넓지만 대체로 일치한다.

15

정답 ①

정답찾기 ① (×) 계급제가 직업공무원제도의 정착에 유리하다. 직위분류제는 신분보장이 약하여 직업공무원제도 확립이 곤란하다.

16

정답 ③

정답찾기 ③ (×) 자원배분에 관한 의사결정의 일관성과 합리성을 도모할 수 있는 예산은 계획예산이다. 장기 기본계획과 단기 예산편성을 프로그램 작성을 통하여 유기적으로 연결시키므로 일관성이 확보된다. "일관성"과 관련되는 예산은 계획예산이다. 영기준 예산은 매년 사업의 우선 순위에 영기준을 적용하여 원점에서 재검토하므로 장기 계획이 위축되는 단점이 있다.

17

정답 ②

정답찾기 (㉠, ㉡, ㉣)

제한구역	전자교환기(통합장비)실, 정보통신실, **발간실**, 송신 및 중계소, 정보통신관제센터, 경찰청 및 시·도경찰청 항공대, 작전·경호·정보·보안업무 담당 부서 전역, 과학수사센터
통제구역	정보**상**황실, 종합**상**황실(치안**상**황실), 정보보안기**록**실, **비**밀발간실, **암**호취급소, **암**호장비관리실, **무기**창·무기고·탄약고, 종합조회**처리**실 【**상록 비암(뱀) 무기(로) 처리**】

18

정답 ③

정답찾기 ㉠ (×) 그 청구를 받은 날부터 10일 이내에 공개 여부를 결정하여야 한다.
㉡ (×) 그 기간이 끝나는 날의 다음 날부터 기산(起算)하여 10일의 범위에서 공개 여부 결정기간을 연장할 수 있다.
㉣ (×) 3일 이내이다.

정보공개 신청 → **10** + 10일(연장, 총 **20**일) → **30**일 내 이의신청 → **7** + 7일 결정 ↘ 「행정심판 / 행정소송」 ↙

제**3**자의 비공개 신청: **3**일 내 신청 → 공개 결정 → **7**일 내 이의신청 ↘ 「행정심판 / 행정소송」 ↙

【공개 237, 비공개 337】

19

정답 ④

정답찾기 ① (×) 위임명령은 권리의무에 관한 새로운 법규사항을 규정할 수 있으나, 집행명령은 새로운 법규사항을 정할 수 없다.
② (×) 구성요건에 대하여도 위임할 수 있다.
③ (×) 대통령령 형식의 법규명령은 그 내용이 행정규칙의 실질을 가지고 있다고 하더라도 법규명령으로 본다. 다만, 부령 형식의 법규명령이 행정규칙의 실질을 가지는 경우에는 행정규칙으로 본다.
④ (○) 행정규칙은 국민의 권리·의무와 관련되지 않는 행정내부의 규율이므로 법률유보의 원칙은 적용되지 않는다.

20

정답 ④

정답찾기 ① (×) 스토킹 범죄는 해당하지 않는다.
② (×) 「성폭력범죄의 처벌 등에 관한 특례법」에서 제11조가 아닌 제12조(성적 목적을 위한 다중이용장소 침입행위)가 해당한다. 성범죄 2개만 자치경찰사무에 해당한다.
③ (×) 고속도로에서 발생한 교통사고 및 교통 관련 범죄, 교통사고 야기 후 도주한 경우는 제외한다.
④ (○) 「실종아동등의 보호 및 지원에 관한 법률」상 형사처벌을 위한 수사는 모두 자치경찰사무에 해당한다.

TiP 수사관련 자치경찰사무 【경아가 학교 실다공~】

① **경**범죄 및 기초질서 관련 범죄
② **아**동학대, **가**정폭력 범죄
③ **학**교폭력 등 소년범죄(19세 미만 소년이 19세 이상인 사람과 공범인 경우는 제외)
④ **교**통사고 및 교통 관련 범죄(**고**속도로에서 발생한 사건, **뺑**소니 사건은 제외)
⑤ 가출인 및 「**실**종아동등의 보호 및 지원에 관한 법률」에 따른 **실종아동등 수색**(가출인·실종아동등 조속한 발견을 위한 수색) 및 **범죄**(개인위치정보 목적외 사용, 관계공무원 출입·조사 방해 등)
④ 「형법」 제245조에 따른 **공**연음란 및 「성폭력범죄의 처벌 등에 관한 특례법」 제12조에 따른 성적 목적을 위한 **다**중이용장소 침입행위에 관한 범죄

21

정답 ②

정답찾기 ① (×) 자문기관이 아닌 의결기관이다. 제10조(국가경찰위원회의 심의·의결 사항 등)의 사항은 국가경찰위원회의 심의·의결을 반드시 거쳐야 한다.
② (○) 「국가경찰위원회 규정」 제6조
③ (×) 시·도자치경찰위원회에 대한 내용이다. 국가경찰위원회는 재의결로 전과 같은 의결을 할 경우 그 의결이 확정된다는 규정은 없다.
④ (×) 사무는 경찰청에서 수행한다. 국가경찰위원회에는 별도의 사무국이 없으므로 경찰청에서 업무를 수행하며 시·도자치경찰위원회는 사무국을 두고 있으므로 시·도경찰청에서 업무를 수행하지 아니한다. 참고로 세종시 자치경찰위원회는 사무기구를 두지 않으므로 사무는 세종 경찰청에서 처리한다.

22

정답 ②

정답찾기 ② (×) 경찰청장의 의견을 들어야 한다.

제34조(자치경찰사무에 대한 재정적 지원) **국가는** 지방자치단체가 이관받은 사무를 원활히 수행할 수 있도록 인력, 장비 등에 소요되는 비용에 대하여 **재정적 지원을 하여야 한다.**
제35조(예산) ① 자치경찰사무의 수행에 필요한 **예산은 시·도자치경찰위원회의 심의·의결을 거쳐 시·도지사가 수립한다.** 이 경우 시·도자치경찰위원회는 **경찰청장의 의견을 들어야 한다.**
② 시·도지사는 자치경찰사무 담당 공무원에게 조례에서 정하는 예산의 범위에서 **재정적 지원 등을 할 수 있다.**
③ 시·도의회는 관련 예산의 효율적인 관리를 위하여 의결로써 자치경찰사무에 대해 시·도자치경찰위원장의 출석 및 자료 제출을 요구할 수 있다.

23

정답 ③

정답찾기 ③ (×) 소속기관등의 장은 경감 또는 경위를 신규채용하거나 경위 또는 경사를 승진시키려면 미리 경찰청장의 승인을 받아야 한다.

24

정답 ④

정답찾기 ④ (×) 휴직·직위해제의 사유는 6개월, 신규채용·승진의 사유는 2개월이 지난 후부터 근무성적을 평정하여야 한다(제8조).

25

정답 ④

정답찾기 ④ (×) 직무수행 능력이 부족하거나 근무성적이 극히 나쁜 사유로 직위해제된 자에게 3개월의 범위에서 대기를 명한다. 이 경우를 제외한 다른 사유로 직위해제된 자에게는 기간에 대한 제한이 없다.

26

정답 ②

정답찾기 ② (×) 징계위원회의 회의는 위원장과 징계위원회가 설치된 경찰기관의 장이 회의마다 지정하는 4명 이상 6명 이하의 위원으로 구성된다.

27

정답 ④

정답찾기 ㉡ (×) 재산은 포함되지 않는다.
㉢ (×) 불법 집회·시위 현장에서 전자충격기를 사용할 수 있다는 규정은 없다. 불법 집회·시위 현장에서 경찰봉 또는 호신용경봉을 사용할 수 있다.

28

정답 ③

정답찾기 (×) 수갑이 조여지는 것을 예방하기 위해 수갑의 이중 잠금장치를 사용해야 한다.

29

정답 ②

정답찾기 ① (×) '타인의 생명·신체'에 대한 위해의 경우만 해당하고 재산은 포함되지 않는다.
③ (×) 감면 대상범죄 【살상폭 강강가아】

1. 「형법」 제2편제24장 **살**인의 죄, 제25장 **상**해와 **폭**행의 죄, 제32장 강간과 추행의 죄 중 **강**간에 관한 범죄(추행 ×), 제38장 절도와 강도의 죄 중 **강**도에 관한 범죄(절도 ×) 및 이에 대하여 다른 법률에 따라 가중처벌하는 범죄
2. 「가정폭력범죄의 처벌 등에 관한 특례법」에 따른 **가**정폭력범죄, 「아동학대범죄의 처벌 등에 관한 특례법」에 따른 **아**동학대범죄

④ (×) 형을 감경하거나 면제할 수 있다.

30

정답 ①

정답찾기 ① (×) 도로교통법시행규칙 제53조 제1항에 의한 운전면허행정처분기준이 되는 [별표 16] 규정은 관할행정청이 운전면허의 취소 및 운전면허효력정지 등의 사무처리를 함에 있어서 처리기준과 방법 등의 세부사항을 규정한 행정명령의 성질을 가진 내부적 사무처리지침에 불과한 것이라고 할 것이다(대판 87누944).

31 정답 ②

정답찾기 ① (○) 국세기본법 제18조 제2항에서 정한 일반적으로 납세자에게 받아들여진 국세행정의 관행이 있으려면 반드시 과세관청이 납세자에 대하여 불과세를 시사하는 명시적인 언동이 있어야만 하는 것은 아니고 묵시적인 언동 다시 말하면 비과세의 사실상태가 장기간에 걸쳐 계속되는 경우에 그것이 그 사항에 대하여 과세의 대상으로 삼지 아니하는 뜻의 과세관청의 묵시적인 의향표시로 볼 수 있는 경우 등에도 이를 인정할 수 있다(대판 81누266).

② (×) 같은 정도의 비위를 저지른 자들 사이에 있어서도 그 직무의 특성 등에 비추어, 개전의 정이 있는지 여부에 따라 징계의 종류의 선택과 양정에 있어서 차별적으로 취급하는 것은 사안의 성질에 따른 합리적 차별로서 이를 자의적 취급이라고 할 수 없는 것이어서 평등원칙 내지 형평에 반하지 아니한다(대판 99두2611).

③ (○) 국가가 국민의 생명·신체의 안전에 대한 보호의무를 다하지 않았는지 여부를 헌법재판소가 심사할 때에는 국가가 이를 보호하기 위하여 적어도 적절하고 효율적인 최소한의 보호조치를 취하였는가 하는 이른바 '과소보호금지 원칙'의 위반 여부를 기준으로 삼아야 한다(헌재 2013헌마384).

④ (○) 신법이 이미 종료된 사실관계에 작용하는지 아니면 현재 진행중인 사실관계에 작용하는지에 따라 진정소급입법은 헌법적으로 허용되지 않는 것이 원칙이며 특단의 사정이 있는 경우에만 예외적으로 허용될 수 있는 반면, 부진정소급입법은 원칙적으로 허용되지만 소급효를 요구하는 공익상의 사유와 신뢰보호의 요청 사이의 교량 과정에서 신뢰보호의 관점이 입법자의 형성권에 제한을 가하게 된다(헌재 97헌바58).

32 정답 ③

정답찾기 ① (○) 대판 98다39060

② (○) 국가배상법 제7조, 상호 보증이 있으면 충분하며 조약이 체결되어 있을 것까지 요구하지는 않는다.

③ (×) 경찰관들의 시위진압에 대항하여 시위자들이 던진 화염병에 의하여 발생한 화재로 인하여 손해를 입은 주민의 국가배상청구 사안에서, 국가배상책임은 공무원의 직무집행이 법령에 위반한 것임을 요건으로 하는 것으로서, 공무원의 직무집행이 법령이 정한 요건과 절차에 따라 이루어진 것이라면 특별한 사정이 없는 한 이는 법령에 적합한 것이고 그 과정에서 개인의 권리가 침해되는 일이 생긴다고 하여 그 법령적합성이 곧바로 부정되는 것은 아니라고 할 것이다(대판 94다2480).
<국가배상청구를 인정한 원심판결을 파기>

※ 경찰의 추격에 도주하던 차량에 의하여 피해를 입은 제3자에 대하여 경찰의 추격행위가 위법하지 않는 한 배상책임을 인정할 수 없다고 하였다(대판 2000다26807).

④ (○) 국가배상법이 정한 손해배상청구의 요건인 '공무원의 직무'에는 국가나 지방자치단체의 권력적 작용뿐만 아니라 비권력적 작용도 포함되지만, 단순한 사경제의 주체로서 하는 작용은 포함되지 아니한다(대판 98다47245).

33 정답 ④

정답찾기 ① (×) 국무총리가 성별을 고려하여 위촉한다. 중앙행정심판위원회는 국민권익위원회 소속이며, 국민권익위원회는 국무총리 소속이다.

② (×) 총 9명으로 구성된다. 【중앙행정심판위원회(9글자)】

③ (×) 4명 이내로 한다.

TiP 중앙행정심판위원회

구성	① 위원장 1명 포함 **70명** 이내의 위원, **상임위원은 4명** 이내 〈22법학〉 ※ 중앙행정심판위원회를 제외한 각급 행정심판위원회는 50명 이내로 구성 ② 위원장은 국민권익위원회 **부위원장 중 1명**이 겸임 〈22법학〉
상임	① 일반직공무원(임기제)으로 임명하되, 3급 이상 공무원 또는 고위공무원단에 속하는 일반직공무원으로 3년 이상 근무한 사람이나 그 밖에 행정심판에 관한 지식과 경험이 풍부한 사람 중에서 중앙행정심판위원회 **위원장의 제청으로 국무총리를 거쳐 대통령이 임명**한다. ② 임기는 3년(1차에 한하여 연임)
비상임	① 위원장의 제청으로 **국무총리가** 성별을 고려하여 위촉 〈22법학〉 ② 임기는 2년(2차에 한하여 연임) 〈22법학〉
회의	① 소위원회를 제외한 회의는 위원장, 상임위원, 위원장이 회의마다 지정하는 비상임위원을 포함하여 **총 9명**으로 구성한다. ② 운전면허 행정처분 사건을 심리·의결하기 위해 **4명의 소위원회** 구성

▶ 임기 **3년**인 위원회 정리 【경찰, 언국시 소중(하게) 삶(3)는 여성】
– 언론위(1차연임)
– 국경위, 시경위 : 연임 불가
– 소청위(상임 3년 1차 연임, 비상임 2년)
– 중앙행정심판위(상임 3년 1차 연임, 비상임 2년 2차 연임)

34 정답 ②

정답찾기 ② (×) 19세미만피해자등의 진술 내용과 조사 과정은 의무적으로 영상녹화하여야 한다. 다만, 19세미만피해자등 또는 그 법정대리인(법정대리인이 가해자이거나 가해자의 배우자인 경우는 제외한다)이 이를 원하지 아니하는 의사를 표시하는 경우에는 영상녹화를 하여서는 아니 된다.

③ (○) 등록대상 성범죄로 유죄판결이나 약식명령이 확정된 자 또는 공개명령이 확정된 자는 신상정보 등록대상자가 된다(제42조①).

④ (○) 제43조①, 신상정보는 경찰관서의 장에게 제출하고, 등록은 법무부장관이 하며, 공개는 여성가족부장관이 한다.

35 정답 ③

정답찾기 ① (×) 사실상 양친자 관계도 포함한다.

TiP 가정구성원의 범위(제2조 제2호)

2. "가정구성원"이란 다음 각 목의 어느 하나에 해당하는 사람을 말한다. 　가. 배우자(**사실상 혼인관계에 있는 사람**을 포함한다. 이하 같다) 또는 배우자였던 사람 　나. 자기 또는 배우자와 직계존비속관계(**사실상의 양친자관계를 포함**한다. 이하 같다)에 있거나 있었던 사람 　다. 계부모와 자녀의 관계 또는 적모(嫡母)와 서자(庶子)의 관계에 있거나 있었던 사람 　라. 동거하는 친족

② (×) "가정폭력행위자"란 가정폭력범죄를 범한 사람 및 가정구성원인 공범을 말한다.
③ (○) 간접적인 피해를 입은 사람은 해당하지 아니한다.
④ (×) "가정폭력"이란 가정구성원 사이의 신체적, 정신적 또는 재산상 피해를 수반하는 행위를 말한다. 재물손괴죄는 가정폭력범죄에 해당한다.

36
정답 ②
🔑정답찾기 ① (○) 「가정폭력범죄의 처벌 등에 관한 특례법」 제3조
② (×) 사법경찰관은 지체 없이 검사에게 해당 긴급응급조치에 대한 <u>사후승인을</u> 지방법원 판사에게 청구하여 줄 것을 신청하여야 하고, 신청을 받은 검사는 긴급응급조치가 있었던 때부터 48시간 이내에 지방법원 판사에게 해당 긴급응급조치에 대한 <u>사후승인을 청구한다</u>(제5조). 반드시 잠정조치를 신청할 필요 없다.
④ (○) 가정폭력사건과 아동학대사건은 법률의 규정에 따라 법정 송치한다. 스토킹사건은 그러하지 아니하다.

37
정답 ④
🔑정답찾기 ③ (○) 우측도로의 차가 우선이다.
④ (×) 좌회전보다 직진이나 우회전하려는 차가 우선이다. 좌회전하려는 차는 우회전하려는 차에게 양보하여야 한다.

> 제26조(교통정리가 없는 교차로에서의 양보운전) ① 교통정리를 하고 있지 아니하는 교차로에 들어가려고 하는 차의 운전자는 **이미 교차로에 들어가 있는 다른 차가 있을 때에는 그 차에 진로를 양보**하여야 한다.
> ② 교통정리를 하고 있지 아니하는 교차로에 들어가려고 하는 차의 운전자는 그 차가 통행하고 있는 도로의 폭보다 교차하는 도로의 폭이 넓은 경우에는 서행하여야 하며, **폭이 넓은 도로로부터** 교차로에 들어가려고 하는 다른 차가 있을 때에는 **그 차에 진로를 양보**하여야 한다.
> ③ 교통정리를 하고 있지 아니하는 교차로에 동시에 들어가려고 하는 차의 운전자는 **우측도로의 차에 진로를 양보**하여야 한다.
> ④ 교통정리를 하고 있지 아니하는 교차로에서 좌회전하려고 하는 차의 운전자는 그 교차로에서 **직진하거나 우회전하려는 다른 차가 있을 때에는 그 차에 진로를 양보**하여야 한다.

38
정답 ①
🔑정답찾기 ① (×) 릴레이시위는 미신고 옥외시위 주최의 공모공동정범에 해당한다(대판 2009도2821).

39
정답 ②
🔑정답찾기 ① (○) 대판 2016두34929
② (×) 변동신고는 무기한의 신고의무로서 과잉금지원칙을 위반하여 헌법에 합치되지 아니한다고 판결(헌재 2017헌바479)하였으나 출소 후 출소사실 신고는 1회에 그치는 것으로 신고의무가 과도하지 않아 합헌이다.

40
정답 ④
🔑정답찾기 ① (○) 공용을 목적으로 하는 외교문서나 물품만을 넣을 수 있다.
② (○) 외교신서사는 외교 문건을 전달하는 사람으로서 신체불가침권을 향유한다.
③ (○) 영사관원과 국민은 통신 및 접촉할 수 있다.
④ (×) 그 국민이 요청하는 경우에 한하여 그 국민의 영사관원에게 통보하여야 한다. 다만, 러시아와는 별도의 협약을 맺어 체포·구속된 러시아인의 의사에 불구하고 지체 없이 러시아 영사기관에 통보해야 하며, 중국과도 별도의 협약을 맺어 체포·구속된 중국인의 의사에 불구하고 4일 이내에 통보해야 한다.

TiP 영사관계에 관한 비엔나 협약

> 제36조 (b) 파견국의 영사관할 구역 내에서 파견국의 국민이, 체포되는 경우, 또는 재판에 회부되기 전에 구금 또는 유치되는 경우, 또는 기타의 방법으로 구속되는 경우에, **그 국민이 파견국의 영사기관에 통보할 것을 요청하면**, 접수국의 권한있는 당국은 지체 없이 통보하여야 한다.

제 **03** 회 전범위 모의고사

01
정답 ④

⊕정답찾기 ① (×) '경찰권 이론'은 14세기에 등장하였다.
② (×) 프레보는 11세기에 처음 등장하였다.
③ (×) 라 폴리스(La Police) : 초기에는 '국가목적 또는 국가작용'을 의미하다가 나중에는 '공동체의 질서 있는 상태'를 의미하였다.

02
정답 ①

⊕정답찾기 ㉠ (×) 대륙법계는 경찰권의 발동범위와 성질을 기준으로 형성되면서 "경찰은 무엇인가"의 개념에 집중하고, 영미법계는 경찰의 역할과 기능중심으로 "경찰은 무엇을 하는가", "경찰활동은 무엇인가"에 중점을 두었다.
㉢ (×) 대륙법계는 권한을 축소하는 과정이었으며 경찰과 시민을 대립하는 구도로 파악하였다.
㉣ (×) 광의의 행정경찰과 사법경찰로 구분하였다. 광의의 행정경찰은 업무의 독자성에 따라 협의의 행정경찰과 보안경찰로 구분된다.
㉤ (×) 인적관할은 광의의 경찰권이 발동되는 범위이다. 「광의의 경찰권 = 협의의 경찰권 + 수사권 + 비권력적 활동」, 「협의의 경찰권 = 실질적 의미의 경찰 = 광의의 행정경찰 = 협의의 행정경찰 + 보안경찰」

03
정답 ③

⊕정답찾기 ① (×) 오상위험에 대한 설명이다.
② (×) 손해에 대한 설명이다. 위험은 손해의 가능성을 의미한다.
③ (○) SOFA 합의의사록 제22조 제10호
④ (×) 재판장은 관할 경찰서장에게 경찰공무원의 파견을 요구할 수 있으며, 파견된 경찰공무원은 재판장의 지휘를 받는다.

04
정답 ④

⊕정답찾기 ① (○) 제21조①
② (○) 제21조②
③ (○) 제23조③④
④ (×) 경찰청장은 인권영향평가를 실시하고, 인권보호담당관은 인권영향평가의 이행 여부를 점검하여 이를 경찰청 인권위원회에 제출하여야 한다(제24조).

05
정답 ③

⊕정답찾기 ③ (×) 로크(영국)의 주장이다. 루소(프랑스)는 자연상태의 초기는 자유와 평등이 보장되는 목가적 상태였으나 인간의 이기심과 능력의 차이로 불평등 관계가 성립되었으며 공동체는 개별적 특수이익이 아닌 일반이익을 위해 운영되어야 하며 시민의 일반의지에 입각한 정치공동체를 주장하였다.

06
정답 ④

⊕정답찾기 ④ (×) 본인이 직접 자신의 일에 대하여 공직자등에게 부정청탁을 한 경우 이 법에 의한 처벌은 없다.

ⓘTiP 벌칙 및 과태료 정리

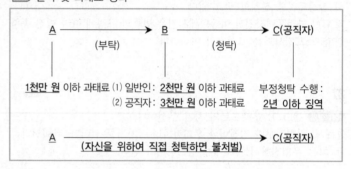

07
정답 ②

⊕정답찾기 ① (×) 사립학교와 언론사는 포함되지 않는다. 「청탁금지법」의 공공기관에는 사립학교와 언론사가 포함되며, 「부패방지권익위법」의 공공기관에는 사립학교는 포함되지만 언론사는 포함되지 않는다.
② (○) 「부패방지권익위법」에서 국민권익위원회 명의로 수사기관에 고발을 하여야 하는 대상은 경무관 이상이지만, 이 법에서는 치안감 이상임에 유의한다.
③ (×) "간접"은 해당하지 않는다. 이 법에서 "간접"이 들어가는 조문은 없다. 또한, 구두 신고는 해당하지 않는다.
④ (×) 대리인을 포함한다.

08
정답 ①

⊕정답찾기 ② (×) Burgess & Akers의 차별적 강화이론은 비행행위에 처벌이 없거나 오히려 칭찬을 하게 되면 강화된다는 이론이고, 영화의 주인공을 모방하면서 동일시하면서 범죄를 학습하게 된다는 이론은 Glaser의 차별적 동일시 이론이다.
③ (×) Cohen & Felson이 일상활동 이론을 제시하였다.
④ (×) 애착, 참여, 전념, 신념이라고 하였다. 【애참전신】

09
정답 ②

⊕정답찾기 ② (×) 구조금 지급에 관한 사항을 심의·결정하기 위하여 각 지방검찰청에 범죄피해구조심의회를 두고 법무부에 범죄피해구조본부심의회를 둔다(제24조①).

10 정답 ①

정답찾기 ① (×) 골드스타인이 제안하여 에크와 스펠만이 SARA 모델로 구체화 하였다.

11 정답 ②

정답찾기 ㉠ (×) 문형순은 예비검속자 처형명령에 "부당함으로 불이행"한다며 거부하였고, 안종삼 구례서장이 "내가 죽더라도 방면하겠으니 국가를 위해 충성을 다해 달라"고 하며 방면하였다. 【문형순은 순하게 말함】

㉡ (×) 노종해에 대한 설명이다. 권영도는 지리산 산청군 일대에서 공비를 소탕하였다. 【영도(0℃)-지리산】

㉢ (○) 2018년 경찰 영웅으로 선정되었다.

㉣ (○) 독립군 출신: 문형**순** 경감, 안맥**결** 총경, **최**천 경무관 【**최순결**】

12 정답 ②

정답찾기 ② (×) 경호업무를 담당하는 특별업무국(Secret Service)은 국토안보부 소속이다. 특별업무국은 1865년에 위조통화 단속을 위하여 재무부 소속으로 설립되었으며, 1901년 맥킨리 대통령 암살사건을 계기로 대통령 경호업무를 담당하게 되었다. 현재는 9·11 테러사건 이후 설치된 국토안보부 소속으로 대통령과 부통령의 경호 및 백악관 경비업무와 위조 화폐 수사 등 특정 경제범죄를 담당하고 있다.

③ (○) FBI는 수사와 관련하여 총 지휘하는 기관은 아니며, 각 부처 소속의 연방 수사기관에 개입도 불가하다. 다만, 다른 기관에서 관할하지 않는 연방법위반 범죄는 FBI에서 담당하므로 연방의 일반법집행기관으로 볼 수 있다.

13 정답 ③

정답찾기 ① (×) 계층제의 원리는 조직의 경직화로 환경변화에 비신축적이다.

② (×) 신설부서일수록 통솔범위는 축소된다.

④ (×) Mooney(무늬)이다. 【무늬는 조화】

14 정답 ④

정답찾기 ① (×) 잭슨 대통령은 엽관주의를 발달시켰다.

② (×) 펜들턴법의 제정으로 실적주의 체제가 확립되었다.

③ (×) 엽관주의는 공직침체를 방지하는 장점이 있으나 인사행정의 정실화 우려가 있으며, 실적주의는 공직이 국민에게 개방되어 기회균등을 실현한다.

15 정답 ①

정답찾기

TiP 예산의 집행 【요배 감사】

예산배정**요**구서 제출 → 분기별 **배**정·**감**사원 통지 → **사**용

TiP 예산의 결산

경찰청장		
↓		
기재부장관	중앙관서결산보고서 제출	2월 말까지
↓		
감사원	국가결산보고서 제출	4월 10일까지
↓		
기재부장관	국가결산보고서 검사	5월 20일까지
↓		
국회	국가결산보고서 제출	5월 31일까지

【경기감기국】 【이(2) 놈(4) 다오(5,5)】 【말→10→20→31】

16 정답 ②

정답찾기 ① (×) 행정용은 해당하지 않는다.

① 차종은 승용·승합·화물·특수용으로 구분
② 차형은 차종별로 대형·중형·소형·경형·다목적형으로 구분
③ 용도별로 **전**용, **지**휘용, **업**무용, **순**찰용, 특수용 (수사 ×), (행정 ×)
【**전지업**(체) **순**(대국)**특**】

② (○) 매년 **3**월 말까지 다음 년도 **소요**계획을 경찰청장에게 제출하고, 매년 **11**월 말까지 다음 년도 **교체**대상을 경찰청장에게 제출한다.

③ (×) 차량교체는 사용기간(연식)을 최우선 고려한다.

④ (×) 운행시 책임은 1차 운전자, 2차 선임탑승자(사용자), 3차 기관장

17 정답 ①

정답찾기 ① (×) '의견표명'에 대하여는 정정보도를 청구할 수 없다.

② (○) 대판 2011.9. 2. 2009다52649

④ (○) ' ~ 이 조각되는 행위로 판단된다'는 이유로 불기소처분(죄가 안 됨)을 받았고, Q대학교가 서울고등검찰청에 항고까지 하였으나, 2020. 9. 28. 항고각하처분으로 최종 종결된 사실을 인정할 수 있으므로, 피고 G는 언론중재 및 피해구제 등에 관한 법률 제17조 제1항에 따라 위와 같이 '죄가 안됨' 불기소처분으로 형사 절차가 종결된 사실을 추후 보도할 의무가 있다(서울중앙지법 2021. 6. 9. 2020가합56482).

18 정답 ③

정답찾기 ③ (×) 사전컨설팅 감사는 해당하는 업무를 수행하기 전에 신청하는 것으로서, 업무를 수행한 후 이에 대한 행정심판, 감사 중인 사안 등은 사전컨설팅 감사 대상에서 제외한다.

제15조(사전컨설팅 감사의 대상) ① 사전컨설팅 대상 기관등의 장은 다음 각 호의 어느 하나에 해당하는 업무를 수행하기 전에 감사관에게 사전컨설팅 감사를 신청할 수 있다.
1. 인가·허가·승인 등 규제관련 업무
2. 법령·행정규칙 등의 해석에 대한 이견 등으로 인하여 능동적인 업무처리가 곤란한 경우
3. 그 밖에 적극행정 추진을 위해 감사관이 필요하다고 인정하는 경우
② 행정심판, 소송, 수사 또는 타 기관에서 감사 중인 사항, 타 법령에서 정하고 있는 재심의 절차를 거친 사항 등은 사전컨설팅 감사 대상에서 제외한다.

19 정답 ④

◎정답찾기 ①② (○) 대판 2009두7967
③ (○) 대판 2008두13132
④ (×) 재량준칙이 되풀이 시행되어 행정관행이 성립한 경우에 한하여 행정의 자기구속의 원칙이 적용될 수 있다(대판 2009두7967).

20 정답 ④

◎정답찾기 ④ (×) '지역 내 다중운집 행사 관련 혼잡 교통 및 안전 관리' 업무이다. '집회·시위' 관련 업무는 국가경찰사무에 해당한다.

21 정답 ③

◎정답찾기 ① (×) 경찰청장은 개별 사건의 수사에 대하여 구체적으로 지휘·감독할 수 없으며, 긴급하고 중요한 사건의 수사에 있어서 지휘를 할 경우에도 직접 수사를 지휘할 있는 것은 아니고 국가수사본부장을 통하여 지휘·감독을 할 수 있을 뿐이다.
② (×) 경찰청장이 개별 사건의 수사에 대한 구체적 지휘·감독을 개시한 때에는 이를 국가경찰위원회에 보고하여야 한다(제14조⑦). 지휘·감독을 개시하기 전에 보고하여야 하는 것은 아니고 개시한 이후에 사후보고를 한다.
④ (×) 시경위의 지휘·감독권을 경찰청장이 아닌 시·도경찰청장에게 위한 것으로 본다. 시·도경찰청장을 지휘·감독할 수 있는 권한이므로 시·도경찰청장의 상급자인 경찰청장에게 위임한 것으로 착각할 수 있으나 위임은 원칙적으로 보조기관이나 하급행정기관에 업무를 맡기는 것이므로 시경위의 지휘·감독을 받는 시·도청장에게 위임하는 것으로 보아야 한다.

22 정답 ④

◎정답찾기 ④ (×) 경찰청장의 의견을 들어야 한다.

◎TiP 시·도자치경찰위원회와 경찰청장 간 협의(통보)사항 정리

1. 시·도경찰청장의 임용과 관련한 **경찰청장과의 협의**(제24조①6.)
2. 경찰서장의 자치경찰사무 수행평가를 경찰청장에게 통보(제24조①6.)
3. 국가경찰사무·자치경찰사무의 협력·조정 관련 **경찰청장과 협의**(제24조①15.)
4. 자치경찰사무와 관련하여 경찰청장에게 **경찰력 지원·조정 요청**(제32조⑦)
5. 자치경찰 예산 수립시 시·도자치경찰위원회는 경찰청장의 의견을 들어야 한다(제35조①)
6. 자치경찰사무에 대한 지휘·감독이 실시간으로 이루어질 수 있도록 미리 **경찰청장과 협의**하여 시·도경찰청장에게 위임되는 자치경찰사무의 범위를 정함(자치경찰사무와 시·도자치경찰위원회의 조직 및 운영에 관한 규정 제19조)

※ 시·도자치경찰위원회는 자치사무에 대하여 시·도경찰청장을 지휘·감독하는 주체로서 '협의'의 대상은 대부분 경찰청장이며 시·도경찰청장이 아니다.

23 정답 ②

◎정답찾기 ① (○) 임용령 제3조, 경과의 종류에는 **일**반경과, **수**사경과, **보**안경과, **특**수경과(**항**공경과, **정**보통신경과)가 있다. 【일수보특, 항정살】 수사경과와 보안경과는 경정이하 경찰공무원에게만 부여한다.
② (×) 시보임용과 관계없이 신규채용된 경찰공무원에게는 일반경과를 부여한다(시행규칙 제22조).
③ (○) 시행규칙 제27조①
④ (○) 시행규칙 제28조

24 정답 ③

◎정답찾기 ①② (○) 대판 86누459
③ (×) 직위해제처분에 이후 복직처분은 직위해제사유가 소멸되었을 때 직위해제된 공무원에게 다시 직위를 부여하는 처분일 뿐, 이들 처분들이 공무원의 신분을 박탈하거나 설정하는 처분은 아닌 것이므로, 임용권자가 임용결격사유의 발생 사실을 알지 못하고 직위해제되어 있던 중 임용결격사유가 발생하여 당연퇴직된 자에게 복직처분을 하였다고 하더라도 이 때문에 그 자가 공무원의 신분을 회복하는 것은 아니다(대법원 1997. 7. 8. 선고 96누4275).
④ (○) 대판 91누2687

25 정답 ③

◎정답찾기 ① (×) 장기 요양의 경우 1년 이하의 휴직 기간 중에는 70%를 지급하고, 1년 초과 2년 이하인 경우에는 50%를 지급한다(공무원보수규정 제28조). 【장기요양은 치(7)료(5)하는 것】
② (×) 공무원 본인의 신체·정신상의 장애는 공무상 질병·부상이든 아니든 모두 직권휴직의 대상이다. 공무원이 신체·정신상의 장애로 장기 요양이 필요할 때에는 본인의 의사에도 불구하고 휴직을 명하여야 한다(국가공무원법 제71조). 본인 외의 가족 등의 장애로 돌봄 휴직이 필요한 경우는 의원휴직 사유이다. 또한, 휴직기간은 3년이며 2년을 더 연장할 수 있다.
④ (×) 3개월 이내이다.

26 정답 ④

◎정답찾기 ① (×) 처분은 구체적 사실에 관한 법집행이며, 일반적 사실에 관한 법집행은 법령에 해당한다.
② (×) 제재처분에 행정상 강제는 제외한다. 행정상 강제에는 강제집행과 즉시강제가 있으며, 강제집행에는 대집행, 강제징수, 직접강제, 이행강제금이 있다. 따라서 대집행과 즉시강제 모두 제재처분에 해당하지 않는다.
③ (×) 반대로 설명되었다. 신청에 따른 처분은 처분 당시 법령등에 따르고, 제재처분은 위반 당시 법령등에 따르는 것이 원칙이다.
④ (○) 제15조(처분의 효력)는 처분에 비록 하자가 있다고 하더라도 무효인 경우를 제외하고는 권한 있는 기관에 의하여 취소되기 전까지 누구도 그 효력을 부인할 수 없어 일단 유효한 것으로 통용되는 공정력을 규정한 것이다. 통용된다는 의미는 적법하다는 의미는 아니고 위법하더라도 잠정적으로 유효한 것으로 인정된다는 의미이다.

27　정답 ①

정답찾기 (5, 5, 14, 1)

28　정답 ④

정답찾기 ① (○) 대판 93다4472

② (○) 대판 95다45927

③ (○) 대판 2012도11162

④ (×) 피구호자의 가족 등에게 피구호자를 인계할 수 있다면 특별한 사정이 없는 한 경찰관서에서 피구호자를 보호하는 것은 허용되지 않는다(대판 2012도11162).

29　정답 ①

정답찾기 ② (×) '현행범이나 사형·무기 또는 장기 3년 이상의 징역이나 금고에 해당하는 죄를 범한 범인의 체포 또는 도주 방지'이다. 장구의 경우 다른 장비와 다르게 현행범이나 긴급체포 대상자로 한정하고 있다. 이에 대한 보완으로 「위해성 경찰장비의 사용기준 등에 관한 규정」 제4조(영장집행등에 따른 수갑등의 사용기준)에 의하여 체포·구속영장을 집행하거나 자살이나 자해방지 목적으로도 수갑이나 포승을 사용할 수 있도록 규정하고 있다.

③ (×) 외부 전문가는 안전성 검사가 끝난 후 30일 이내에 의견을 경찰청장에게 제출하여야 하고, 경찰청장은 안전성 검사를 실시한 후 3개월 이내에 안전성 검사 결과보고서를 국회 소관 상임위원회에 제출하여야 한다(위해성경찰장비규정 제18조의2).

④ (×) 가스차는 현장책임자의 판단에 의하여 사용할 수 있으며, **살수**차는 **소**요사태 발생 또는 국가**중**요시설 보호를 위하여 **시·도**경찰청장의 명령에 따라 사용할 수 있다. 시·도경찰청장의 명령에 의해서만 사용할 수 있는 유일한 장비이다. 【소중이 살수 시도】

30　정답 ①

정답찾기 ① (×) 수갑은 어느 단계에서나 항상 사용할 수 있으며, 안내·체포 등에 수반한 신체적 물리력은 사용할 수 있다(규칙 2.2.1.).

31　정답 ③

정답찾기 ② (○) 시행령 제18조

③ (×) 보상금심사위원회는 위원장 1명을 포함한 5명 이내의 위원으로 구성하고, 위원은 소속 경찰공무원 중에서 경찰청장, 시·도경찰청장 또는 경찰서장이 임명한다. 민간위원은 없다.

④ (○) 시행령 제22조

32　정답 ④

정답찾기 ① (○) 공무원의 위법한 직무행위로 인한 손해배상(제2조)는 공무원의 고의 또는 과실을 요건으로 하지만, 영조물의 설치·관리상 하자로 인한 손해배상(제5)는 고의 또는 과실을 요건으로 하지 않는다.

④ (×) 피고는 국가(대한민국)이다. 국가배상법에 의한 피고는 행정소송과 달리 항상 국가(대한민국) 또는 지방자치단체가 될 뿐이다.

33　정답 ②

정답찾기 ② (×) 명시적인 규정이 없다고 하여도 단순 위법한 행정행위와 부당한 행위는 직권취소의 대상이 된다는 것이 학설과 판례의 견해이다. 왜냐하면 행정청이 위법하거나 부당한 행위를 적법하고 정당한 행위로 바로잡는 것이 법치행정이기 때문이다.

④ (○) 행정처분의 상대방에 대한 청문통지서가 반송되었다거나, 행정처분의 상대방이 청문일시에 불출석하였다는 이유로 청문을 실시하지 아니하고 한 침해적 행정처분은 위법하다(대판 2000두3337).

34　정답 ④

정답찾기 ① (×) 18세 미만인 자는 범칙자에 해당하지 아니한다.

② (×) 거짓광고는 주거가 분명하지 아니한 때에 한하여 현행범인 체포가 가능하다.

③ (×) 죄를 짓도록 시키거나 도와준 사람은 죄를 지은 사람에 준하여 벌한다.

35　정답 ③

정답찾기 ① (×) 시·도경찰청과 경찰서의 실종경보는 여성청소년과장(미직제시 생활안전과장 또는 생활안전교통과장), 유괴경보는 형사과장(미직제시 수사과장)이 한다.

② (×) 발견된 지적·자폐성·**정**신장애인 등 및 **치**매환자는 수배 해제 후로부터 **10**년간 보존하여야 하고, 【정치 10(단) **아**동이나 **가**출인에 대한 수배 해제시에는 **5**년간 자료 보존한다. 【아가옷】

③ (○) 제7조

④ (×) 프로파일링시스템에 입력하지 않을 수 있는 대상(제7조②)

> 1. 채무관계 해결, 형사사건 당사자 소재 확인 등 실종아동등 및 가출인 발견 **외 다른 목적**으로 신고된 사람
> 2. 수사기관으로부터 **지명수배 또는 지명통보**된 사람
> 3. 허위로 신고된 사람
> 4. **보호자가 가출 시 동행한 아동등**
> 5. 그 밖에 신고 내용을 종합하였을 때 명백히 제1항에 따른 입력 대상이 아니라고 판단되는 사람

36　정답 ②

정답찾기 ② (×) 신분비공개수사를 진행하고자 할 때에는 사전에 상급 경찰관서 수사부서의 장의 승인을 받아야 하고, 신분위장수사를 하려는 경우에는 검사를 통하여 법원에 그 허가를 청구한다.

37　정답 ④

정답찾기 ④ (×) 경찰청 치안상황관리관은 경찰의 재난관리 업무를 총괄·조정한다(제2조).

38 정답 ②

정답찾기 ① (×) 원동기장치자전거를 운전할 수 있는 면허이면 가능하다(제156조 제13호).

② (○) 자전거등의 운전자는 교차로에서 좌회전하려는 경우에는 미리 도로의 우측 가장자리로 붙어 서행하면서 교차로의 가장자리 부분을 이용하여 좌회전하여야 한다(제25조③).

③ (×) 「자전거이용 활성화에 관한 법률」상 전기자전거는 "페달(손페달을 포함한다)과 전동기의 동시 동력으로 움직이며, 전동기만으로는 움직이지 아니할 것"으로 정의되어 있으므로 전기자전거는 개인형 이동장치에 포함되지 않는다. 도로교통법상 자전거는 일반적인 자전거와 전기자전거를 의미한다. 다만, 전동기의 동력만으로 움직이는 전기자전거는 개인형 이동장치에 해당한다.

④ (×) 개인형 이동장치 운전자 위반에 난폭운전·공동위험행위는 적용되지 아니하나(제46조, 제46조의3), 특가법 도주차량 규정은 적용된다.

> 특정범죄 가중처벌 등에 관한 법률 제5조의3(도주차량 운전자의 가중처벌) ① 「도로교통법」 제2조에 규정된 **자동차·원동기장치자전거의 교통으로 인하여** 「형법」 제268조의 죄를 범한 해당 차량의 운전자(이하 "사고운전자"라 한다)가 피해자를 구호(救護)하는 등 「도로교통법」 제54조제1항에 따른 조치를 하지 아니하고 도주한 경우에는 다음 각 호의 구분에 따라 가중처벌한다.

39 정답 ②

정답찾기 (75, 80)

40 정답 ②

정답찾기 ① (×) 국가보안법위반죄를 범한 타인을 **고**발하거나, **자**수, 타인이 범하는 것을 **방**해한 때에는 필요적 감면한다. 【고자방-필요적 감면】

② (○) 필요적 감면: 불고지죄, 고발·자수·방해

③ (×) 공소보류는 2년이 경과한 때에 소추할 수 없다. 【두어(2) 보아】

④ (×) 상금을 반드시 지급한다(필요적 지급). 범죄를 인지하여 체포한 수사기관 또는 정보기관에 종사하는 자에 대하여도 상금을 반드시 지급하며, 범인을 부득이한 사유로 살해하거나 자살하게 한 경우에는 상금을 지급할 수 있다.

제**04**회 전범위 모의고사

4회

1. ①	2. ③	3. ①	4. ②	5. ④
6. ③	7. ③	8. ②	9. ④	10. ③
11. ①	12. ③	13. ③	14. ①	15. ②
16. ③	17. ①	18. ①	19. ①	20. ③
21. ①	22. ②	23. ②	24. ①	25. ②
26. ②	27. ②	28. ①	29. ③	30. ①
31. ②	32. ④	33. ④	34. ①	35. ④
36. ①	37. ④	38. ③	39. ②	40. ③

01
정답 ①

정답찾기 ① (×) Blanco 판결은 국가배상책임을 최초로 인정한 판례이고, 별건수사로 인한 위법수집증거를 배제한 판례는 미국의 Mapp 판결(1961년)이다. 이 판결은 경찰관 3명이 맵이란 여성의 집을 찾아 폭파사건 혐의자를 찾고 있다며 집을 수색하여 혐의자는 찾지 못하고 대신 음란물을 발견하고 맵을 음란물 소지 혐의로 체포했다. 이에 대하여 연방대법원은 별건수사로 위법하게 수집된 증거를 배제하였다.

TiP 주요 판례

블랑코 판결(프) (Blanco, 1873)	블랑코라는 소년이 국영담배공장 운반차에 사고를 당한 사안에서 국가**배상**책임을 최초로 인정, 관할은 행정재판소라는 판결 【(인형)불랑코는 배상】
에스코베도(미) (Escobedo, 1964)	피고인 에스코베도와 변호인의 **접견교통**권을 침해하여 얻은 자백의 증거능력 부정 【베드(bed)에서 접견교통】
미란다(미) (Miranda, 1966)	변호인 선임권, 진술거부권 등 권리 **고지** 없이 얻은 자백의 증거능력 부정 【**미**라고 고지】
띠톱 판결(독) (1960)	띠톱에서 발생하는 먼지와 소음에 대해 조치를 취해달라는 민원에 대하여, 행정청의 **재량권이 0으로 수축**되어 **행정개입청구권**이 인정된다는 판결

02
정답 ③

정답찾기 ③ (×) 경찰의 수단은 권력적 수단, 수사권, 비권력적 수단으로 나눌 수 있으며, 권력적 수단은 국민에게 명령·강제하여 임무를 수행하는 것으로서 권력적 수단은 일반적인 처분이 가능하고 경찰책임자 이외에 경찰 비책임자에게 대해서도 발동할 수 있지만, 수사권은 피의자나 참고인 등 「형사소송법」에 규정된 관계자에 대해서만 발동할 수 있다.

03
정답 ①

정답찾기 ① (×) 비범죄화는 간통죄의 폐지와 같이 범죄로 처벌되던 행위가 처벌되지 않는 것으로 변화하는 것으로서, 비범죄화는 경찰의 수사 범위가 축소된다. 과범죄화 또는 신범죄화로 경찰의 수사활동의 범위가 증가하고 있다.
③ (○) 대판 2005다23438

04
정답 ②

정답찾기 ① (×) 윤리적 냉소주의 가설은 경찰외부적 통제기능 뿐만아니라 경찰조직 내부적으로 경찰고위직의 공정성을 위장한 연고주의와 파벌주의, 정치권력에 아부하면서도 부하들에게는 권위적인 태도, 자신들의 보신을 위해 부하들에게 책임을 전가하는 이중성에서도 비롯된다고 본다.
③ (×) '작은 부패'가 아닌 '작은 호의'가 습관화 될 경우 부패로 연결된다는 이론이다.
④ (×) '형성재 이론' 작은 호의에 대한 찬반론에서 허용론의 입장으로서 작은 사례가 호의가 시민과의 긍정적인 사회관계를 만들어 주는 역할을 한다고 보았다.

05
정답 ④

정답찾기 ① (×) 사후 10일 내로 신고하여야 한다.
②③ (×) 초과사례금은 2일 이내에 신고하여야 하고, 소속기관장은 7일 이내에 반환할 초과사례금의 액수를 해당 공직자등에게 통지하여야 한다. 【초과는 이(2)체(7) 하시오!】
④ (○) 안 날부터 **5일** 이내에 **보완**하여야 한다. 【오일(5일) 보충】

06
정답 ③

정답찾기 ③ (×) 경찰청장이 정하는 방법이 아닌 **수사서류 등 공문서에 기록하여야 한다.** ②번 지문과 같이 '수사·단속의 대상이 되는 업소의 관계자'와 공적 또는 사적으로 접촉한 경우 경찰청장이 정하는 방법에 따라 신고하여야 하지만, 현재 '수사 중인 사건에 있어서 그 관계자'를 소속 경찰관서가 아닌 다른 장소에서 접촉하여 진술을 듣거나 조서를 받았다면 그 내용은 수사서류에 첨부되어야 할 것이다.

> 제5조의2(수사·단속 업무의 공정성 강화) ① 공무원은 수사·단속의 대상이 되는 업소 중 **경찰청장이 지정하는 유형의 업소 관계자**와 부적절한 사적 접촉을 하여서는 아니 되며, 공적 또는 사적으로 접촉한 경우 경찰청장이 정하는 방법에 따라 **신고하여야 한다.**
> ② 공무원은 **수사 중인 사건의 관계자**(해당 사건의 처리와 법률적·경제적 이해관계가 있는 자로서 경찰청장이 지정하는 자를 말한다)와 부적절한 사적접촉을 해서는 아니 되며, 소속 경찰관서 내에서만 접촉하여야 한다. 다만, **현장 조사 등 공무상 필요한 경우 외부에서 접촉할 수 있으며, 이 경우에는 수사서류 등 공문서에 기록하여야 한다.**

07
정답 ③

정답찾기 ① (○) 이익 또는 불이익을 직접적으로 받는 개인이나 법인 또는 단체에 한한다. 「공직자의 이해충돌방지법」에서 "간접"이 언급되는 규정은 없다.
② (○) 【이해충돌 하네(14)】
③ (×) 그 중 하나의 조치를 반드시 하여야 한다. 다만, 부정청탁금지법의 경우에는 동일한 내용의 조치를 할 수 있다.

◉TIP 법 규정 비교

청탁금지법	이해충돌방지법
제7조(부정청탁의 신고 및 처리) ④ **소속기관장**은 부정청탁이 있었던 사실을 알게 된 경우 또는 제2항 및 제3항의 부정청탁에 관한 신고·확인 과정에서 해당 직무의 수행에 지장이 있다고 인정하는 경우에는 부정청탁을 받은 공직자등에 대하여 다음 각 호의 **조치를 할 수 있다.** 1. 직무 참여 일시중지 2. 직무 대리자의 지정 3. 전보 4. 그 밖에 국회규칙, 대법원규칙, 헌법재판소규칙, 중앙선거관리위원회규칙 또는 대통령령으로 정하는 조치 (직무 공동수행자의 지정, 사무분장의 변경)	제7조(사적이해관계자의 신고 등에 대한 조치) ① 제5조 제1항에 따른 신고·회피신청이나 같은 조 제2항에 따른 기피신청 또는 제6조에 따른 부동산 보유·매수 신고를 받은 **소속기관장은** 해당 공직자의 직무수행에 지장이 있다고 인정하는 경우에는 다음 각 호의 어느 하나에 해당하는 **조치를 하여야 한다.** 1. 직무수행의 일시 중지 명령 2. 직무 대리자 또는 직무 공동수행자의 지정 3. 직무 재배정 4. 전보

④ (○) 동법에서 '3년'이 언급되는 경우는 (1) 고위공직자의 **민**간부문 업무활동 내역 제출, (2) 퇴직자의 직무상 **비**밀·미공개 정보 이용 금지 등 2개의 경우뿐이다. 나머지는 모두 '2년'이다. 【민비 3년】 또한 모든 <u>신</u>고 의무는 <u>14일</u> 이내에 하여야 하지만, 민간기업 활동내역 <u>제출</u>의무는 <u>30일</u> 이내이다.

08
정답 ②

◉정답찾기 ② (×) 쉬리가 주장한 4요소는 사회적 제재로부터의 **자**유, 범죄의 **동**기, 범행의 **기**회, 범행의 **기**술이다. 【자동기기로 쉬리】

09
정답 ④

◉정답찾기 ① (×) 사실상 혼인관계를 포함한다.

② (×) 중복되는 경우 대통령령으로 정하는 바에 따라 구조금을 지급하지 아니한다(제20조). 범죄피해자 보호법에 의한 범죄피해 구조금 중 위법 제17조 제2항의 유족구조금은 사람의 생명 또는 신체를 해치는 죄에 해당하는 행위로 인하여 사망한 피해자 또는 그 유족들에 대한 손실보상을 목적으로 하는 것으로서, 위 범죄행위로 인한 손실 또는 손해를 전보하기 위하여 지급된다는 점에서 불법행위로 인한 소극적 손해의 배상과 같은 종류의 금원이라고 봄이 타당하다(대판 2017다228083).

③ (×) 해당 국가의 상호보증이 있는 경우이면 충분하며 조약의 체결까지 요구하는 것은 아니다.

④ (○) 회복적 사법이란 범죄로 인한 피해자와 가해자, 그 밖의 관련자 및 지역사회가 함께 범죄로 인한 피해를 치유하고 해결하는 데에 적극적으로 참여하여 사회재통합을 추구하는 절차를 의미한다. 회복적 사법과 유사한 개념으로 지역사회 사법, 긍정적 사법, 재통합적 사법, 공동사법, 배상적 사법, 관계적 사법, 전환적 사법 등의 다양한 용어가 사용된다. 제41조는 광의의 회복적 사법으로 볼 수 있다. 참고로, 경찰의 '회복적 경찰활동'은 2021년부터 전국적으로 시행되고 있으며, 근거법령으로 경찰수사규칙(행안부령) 제82조를 들 수 있다.

제82조(회복적 대화) ① 사법경찰관리는 피해자가 입은 피해의 실질적인 회복 등을 위하여 필요하다고 인정하면 피해자 또는 가해자의 신청과 그 상대방의 동의에 따라 서로 대화할 수 있는 기회를 제공할 수 있다.
② 제1항에 따라 대화 기회를 제공하는 경우 사법경찰관리는 피해자와 가해자 간 대화가 원활하게 진행될 수 있도록 전문가에게 회복적 대화 진행을 의뢰할 수 있다.

10
정답 ③

◉정답찾기 ① (×) 캔자스시 차량순찰실험, 뉴왁시 및 플린트시 도보순찰 실험에서 범죄율은 감소하지 않았다.

◉TIP 미국의 순찰 실험 정리

구분	순찰수단	범죄율 영향	시민 안전감 영향
캔자스 예방순찰 실험	자동차	없음.	없음.
뉴왁 도보순찰 실험	도보	없음.	더 안전하다고 느낌.
플린트 도보순찰 실험	도보	없음.	더 안전하다고 느낌.

② (×) 워커는 교통지도단속 대신 공공 안전감 증진을 주장하였다.

◉TIP 순찰의 목적과 기능

Charles D. Hale의 순찰의 목적	Samuel Walker의 순찰 기능
① **범**죄예방, 범인검거 ② **법**집행 ③ **질**서 유지 ④ **교**통지도 단속 〈21채용〉 ⑤ **대**민서비스 제공 【범법질 교대로 할래(Hale)?】	① **범**죄의 억제 ② 공공 **안**전감의 증진 〈21채용〉 ③ **대**민 서비스 제공 【범죄 안대~】

④ (×) 이웃지향적 경찰활동이다.

11
정답 ①

◉정답찾기 ㉠ (×) **비**경찰화로 **위생**사무가 이관되고, **경제경찰·고**등경찰이 폐지되었으며, 정보경찰과 여자경찰이 신설되었다. 【비위생 경고 폐지】
㉡ (×) 경찰법 제정전까지 경찰체제의 근거가 되는 조직법은 정부조직법이었다.
㉢ (×) 경감 이상에 대한 계급정년 제도가 도입되었다. 경정 이상에 대한 계급정년 제도는 1998년 개정으로 도입되었다.
㉣ (×) 안병하이다. 이준규는 목포경찰서장으로서 안병하 국장의 방침에 따라서 경찰 총기의 방아쇠 뭉치를 사전에 제거하는 등 유혈 충돌을 예방하였다.

12
정답 ③

◉정답찾기 ③ (×) 프랑스 지방경찰은 경찰청의 각 기능에 따라 별도의 지방기관이 설치되어 있으며 우리나라와 같은 시·도경찰청은 파리를 제외하고는 설치되어 있지 않다. 경찰서는 경찰청의 공공안전국 소속이다.

13
정답 ③

정답찾기 ③ (×) 내용이론이다.

내용이론	① 인간의 **욕구**가 동기부여를 일으킨다는 이론 ② **매**슬로우의 욕구이론, **샤**인의 복잡인모형, **허**즈버그의 동기위생요인이론, **맥**그리거의 X, Y이론, **알**더퍼의 ERG이론, **아**지리스의 성숙·미성숙이론 【내용적으로 매사에 허와 맥을 알아】
과정이론	① 인간의 욕구가 직접적으로 동기부여하는 것이 아니라 **다양한 요인들이** 동기부여 과정에 작용한다는 이론 ② 아담스의 **공**정성(형평성)이론, 브룸의 **기**대이론, 포터&롤러의 「**업**적 – 만족이론」 【공기업 (입사) 과정】

14
정답 ①

정답찾기 ① (×) 실적주의는 연령제한을 두지 않지만, 직업공무원제도는 젊고 유능한 인재에게 공직을 개방한다는 점에서 실적주의보다 공직임용의 기회 균등을 저해한다는 측면이 있다.

15
정답 ②

정답찾기 ① (×) 2월 말까지이다.

③ (×) 감사원은 국가결산보고서를 검사하고 그 보고서를 다음 연도 5월 20일까지 기획재정부장관에게 송부하여야 한다.

④ (×) 5월 31일까지 국회에 제출하여야 한다.

TiP 예산의 결산

경찰청장 ↓ **기**재부장관 ↓ **감**사원 ↓ **기**재부장관 ↓ **국**회	중앙관서결산보고서 제출	**2**월 말까지
	국가결산보고서 제출	**4**월 10일까지
	국가결산보고서 검사	**5**월 20일까지
	국가결산보고서 제출	**5**월 31일까지
【경기감기국】	【이(2) 놈(4) 다오(5,5)】	【말→10→20→31】

16
정답 ③

정답찾기 ③ (×) 무기 소지 적격 심의위원회의 심의를 거쳐 대여한 무기·탄약의 회수여부를 결정한다.

TiP 무기·탄약 회수 및 보관 【중사, 수감 불고문】

즉시 회수	• 직무상 비위 등으로 **중징**계의결 요구된 자 • **사**의 표명자
위원회 심의 후 회수	• 형사사건의 **수사** 대상이 된 자 • **감**찰조사의 대상이 되거나 경징계의결 요구 또는 경징계 처분 중인 자 • 정서 **불**안자로 소속 부서장의 요청이 있는 자 • 직무 적성검사 **고**위험군에 해당되는 자 • 정신 건강상 **문**제가 우려되어 치료가 필요한 자 • 기타 기관장이 무기 소지 적격여부 심의 요청자

17
정답 ①

정답찾기 ② (×) "개인정보처리자"란 정상적인 업무를 목적으로 개인정보파일을 운용하기 위하여 스스로 또는 다른 사람을 통하여 개인정보를 처리하는 공공기관, 법인, 단체 및 개인 등을 말한다.

③ (×) 고정형영상정보처리기기운영자는 영상정보처리기기의 <u>설치 목적</u>과 다른 목적으로 영상정보처리기기를 임의로 조작하거나 다른 곳을 비춰서는 아니 되며, 녹음기능은 사용할 수 없다(제25조⑤). 다만, 이동형 영상정보처리기기에 대하여는 녹음기능을 사용할 수 없다는 제한규정이 없으므로 녹음기능을 사용할 수 있다.

④ (×) 정보주체는 개인정보처리자가 이 법을 위반한 행위로 손해를 입으면 개인정보처리자에게 손해배상을 청구할 수 있다. 이 경우 그 개인정보처리자는 고의 또는 과실이 없음을 입증하지 아니하면 책임을 면할 수 없다(제39조①).

18
정답 ①

정답찾기 ① (×) 교류감찰은 있어도 교류감사는 없다. 감사의 종류는 **종**합감사, **일**상감사, **재**무감사, **복**무감사, **특**정감사, **성**과감사로 구분한다.
【종일 재복(제복 입는) 특성】

④ (○) 제13조

19
정답 ①

정답찾기 ① (×) 주관상급관청이 상하관계이면 직근상급관청을 다르고, 불명확한 경우에는 주관쟁의 방법으로 해결한다.

20
정답 ③

정답찾기 (5, 5, 3, 2)

21
정답 ①

정답찾기 ① (×) 시·도자치경찰위원회는 <u>합의제 행정기관으로서</u> 그 권한에 속하는 업무를 독립적으로 수행한다.

22
정답 ②

정답찾기 ② (×) 경찰청장은 제16조에 따른 국가수사본부장이 제6항 단서의 사유가 해소되었다고 판단하여 개별 사건의 수사에 대한 구체적 지휘·감독의 중단을 건의하는 경우 특별한 이유가 없으면 이를 승인하여야 한다(제14조⑨).

23
정답 ②

정답찾기 ① (○) 경찰공무원법 제7조①

② (×) 경정으로의 **신**규채용, **승**진임용 및 **면**직은 경찰청장의 제청으로 국무총리를 거쳐 대통령이 한다(경찰공무원법 제7조②). 행정안전부장관이 아닌 경찰청장이 제청하는 경우는 경정에 대한 신·승·면, 징계처분에 있어서 징계의결요구권자인 경찰청장이 임용권자인 대통령에게 제청하는 경우이다. 【경정의 신승면】

③ (○) 제33조

④ (○) 제30조④

24 정답 ①

⊕정답찾기 ① (×) 시·도지사에게 경감이하의 임용권을 위임할 때는 신규채용과 면직에 관한 권한은 제외하고 위임하며, 시·도경찰청장에게는 제한없이 모두 위임한다. 한편, 지구대 및 파출소에 근무하는 직원들의 근무는 국가경찰사무와 자치경찰사무가 복합되어 있으므로 시·도지사에게 위임하는 범위에서 제외된다.

25 정답 ②

⊕정답찾기 ② (×) 병역복무를 위한 경우는 경찰공무원법에 의하여 유효기간에 넣어 계산하지 아니하지만, 다른 경우는 채용후보자 명부의 유효기간의 범위에서 기간을 정하여 임용을 유예할 수 있다.

◎TiP 경찰공무원법

> 제12조(채용후보자 명부 등) ④ 신규채용시험에 합격한 사람이 채용후보자 명부에 등재된 이후 그 유효기간 내에 「병역법」에 따른 병역 복무를 위하여 군에 입대한 경우(대학생 군사훈련 과정 이수자를 포함한다)의 의무복무 기간은 제3항에 따른 기간(채용후보자 명부의 유효기간)에 넣어 계산하지 아니한다.

◎TiP 경찰공무원임용령

> 제18조의2(임용 또는 임용제청의 유예) ① 임용권자 또는 임용제청권자는 채용후보자 명부에 등재된 채용후보자가 다음 각 호의 어느 하나에 해당하는 경우에는 **채용후보자 명부의 유효기간의 범위에서** 기간을 정하여 임용 또는 임용제청을 **유예할 수 있다**. 다만, 유예기간 중이라도 그 사유가 소멸한 경우에는 임용 또는 임용제청을 할 수 있다. 【학군6질임】
> 1. 「병역법」에 따른 병역복무를 위하여 징집 또는 소집되는 경우(군복무)
> 2. 학업을 계속하는 경우
> 3. 6개월 이상의 장기요양이 필요한 **질병**이 있는 경우
> 4. **임신**하거나 출산한 경우
> 5. 그 밖에 임용 또는 임용제청의 유예가 부득이하다고 인정되는 경우

26 정답 ②

⊕정답찾기 ② (×) 당사자가 처분의 위법성을 알고 있었거나 중대한 과실로 알지 못한 경우에는 취소로 인하여 당사자가 입게 될 불이익과 취소로 달성되는 공익을 비교·형량하지 아니할 수 있다(제18조②).

◎TiP 적법한 철회의 요건

> 제19조(적법한 처분의 철회) ① 행정청은 적법한 처분이 다음 각 호의 **어느 하나에 해당하는 경우에는** 그 처분의 전부 또는 일부를 장래를 향하여 철회할 수 있다.
> 1. **법률**에서 정한 철회 사유에 해당하게 된 경우
> 2. **법령**등의 변경이나 **사정**변경으로 처분을 더 이상 존속시킬 필요가 없게 된 경우
> 3. 중대한 **공익**을 위하여 필요한 경우
> 【법공사 철에(절회)】

27 정답 ②

⊕정답찾기 ① (○) 제24조①

② (×) 하나의 행위가 2 이상의 질서위반행위에 해당하는 경우에는 <u>가장 중한 과태료를 부과하고, 2 이상의 질서위반행위가 경합하는 경우에는 각 질서위반행위에 대하여 정한 과태료를 각각 부과한다. 2인 이상이 질서위반행위에 가담한 때에는 각자가 질서위반행위를 한 것으로 본다.</u>

28 정답 ①

⊕정답찾기 ① (×) 출입하는 경찰관은 그 신분을 표시하는 증표를 제시하여야 한다(제7조④).

◎TiP 위험방지를 위한 출입(제7조)

구분	긴급출입(①항)	예방출입(②항)	대간첩 긴급검색(③항)
출입 장소	타인의 토지·건물·배·차 등	공개된 장소	
출입 시간	주야 불문	영업·공개된 시간	주야 불문
관리자 동의	불요	필요(정당한 이유없이 거절 불가)	불요

• 예방 출입은 공개된 장소, 공개된 시간에 관리자의 동의를 얻어야 한다. 다만, 관리자나 관계인은 정당한 이유없이 거절할 수 없다.
• 위험이 임박한 긴급출입과 대간첩 긴급검색은 주야불문, 동의 불문한다.
• 대가택적 즉시강제에 해당한다.

29 정답 ③

⊕정답찾기 ① (×) 「경찰관직무집행법」상 분사기는 경찰관이 아닌 현장책임자의 판단으로 사용할 수 있으며, 범인의 체포 또는 도주 방지 목적으로 사용할 수 있으나 방어나 항거제지에 대한 요건은 없다. 또한, 분사기는 「위해성 경찰장비의 사용기준 등에 관한 규정」에 의한 분사기가 아니라 「총포·도검·화약류 등의 안전관리에 관한 법률」에 따른 분사기임에 유의한다.

② (×) 불법집회·시위현장에서 사용할 수 있는 장비는 분사기·최루탄이다. 가스발사총에 대하여는 규정되어 있지 않다.

④ (×) 「위해성 경찰장비의 사용기준 등에 관한 규정」에 의하여 대상자가 14세 미만이거나 임산부 또는 호흡기 질환을 가지고 있음을 인지한 경우(다만, 대상자의 저항 정도가 고위험 물리력을 사용할 수밖에 없는 상황은 제외한다)에는 거리에 상관없이 가스분사기를 사용할 수 없다.

◎TiP 분사기와 가스발사총 비교

	가스분사기	가스발사총
요건	〈경찰관직무집행법〉 • 현장책임자가 판단하여 사용 **(경찰관 판단 ×)** • 범인의 체포, 도주방지, 불법집회시위 현장 (**방어·항거 제지 ×**)	〈위해성경찰장비규정〉 • 경찰관이 판단 • 범인의 체포, 도주방지, 자타방호, 항거억제
제한	〈경찰 물리력 행사 규칙〉 • 14세미만, 임산부, 호흡기 질환자를 인지한 경우(고위험물리력 사용시는 제외)	〈위해성경찰장비규정〉 • **1미터 이내에서 얼굴**을 향하여 발사 금지

◎TiP 가스발사총에 대한 제한 이유

> **가스발사총의 탄환은 고무마개로 막혀 있어 사람에게 근접하여 발사하는 경우에는 고무마개(두께 2mm, 지름 11mm)가 가스와 함께 발사되어 인체에 위해를 가할 가능성이 있으므로**, 이를 사용하는 경찰관으로서는 인체에 대한 위해를 방지하기 위하여 상대방과 근접한 거리에서 상대방의 얼굴을 향하여 이를 발사하지 않는 등 가스총 사용시 요구되는 최소한의 안전수칙을 준수함으로써 장비 사용으로 인한 사고 발생을 미리 막아야 할 주의의무가 있다(대판 2002다57218).

30

정답 ①

정답찾기

① (×) 대상자가 경찰관의 지시, 통제에 따르지만 경찰관의 요구에 즉각 응하지 않고 약간의 <u>시간만 지체하는 경우는 '순응'하는 상태</u>로서, 경찰관의 물리력은 대상자의 협조를 유도하거나 협조에 따른 물리력으로서 '협조적 통제'이다. "신체 접촉"을 통한 경찰목적 달성은 접촉 통제로서 대상자가 소극적 저항일 때 가능하다.

② (○) 대상자의 폭력적 공격에 경찰관은 중위험 물리력을 사용할 수 있다.

TiP 대상자 행위에 따른 경찰 대응 수준 **【시비공주흉】**

대상자 행위(2.1)		경찰 대응 수준(2.2)	
순응	경찰관의 지시·통제에 따르는 상태, 경찰관의 요구에 **시간만** 지체하는 경우	**협조적 통제**	대상자의 협조를 유도하거나 협조에 따른 물리력
소극적 저항	경찰관의 지시·통제를 따르지 않고 비협조적이지만 경찰관 또는 제3자에 대해 직접적인 위해를 가하지 않는 상태, 이동 명령에 전혀 움직이지 않거나, 물체를 잡고 버팀.	**접촉 통제**	대상자 **신체 접촉**을 통해 경찰목적 달성을 강제하지만 신체적 부상을 야기할 가능성은 극히 낮은 물리력
적극적 저항	경찰관의 체포·연행 등 정당한 **공무집행**을 방해하지만 위해 수준이 낮은 행위만을 하는 상태, 경찰관 손을 뿌리치거나 밀거나 끌고 침을 뱉는 행위	**저위험 물리력**	**대상자가 통증**을 느낄 수 있으나 신체적 부상을 당할 가능성은 낮은 물리력
폭력적 공격	경찰관이나 제3자에 대해 신체적 위해를 가하는 상태, **주먹·발로** 위해를 초래하거나 임박한 상태, 강한 힘으로 경찰관으로부터 벗어나려고 하는 상태	**중위험 물리력**	**대상자에게 신체적 부상을 입힐 수 있으나** 생명·신체에 대한 중대한 위해 발생 가능성은 낮은 물리력
치명적 공격	경찰관이나 제3자에 대해 사망 또는 심각한 부상을 초래할 수 있는 상태, 총기류, **흉기**, 둔기 등을 이용하여 위력 행사	**고위험 물리력**	대상자의 사망 또는 심각한 부상을 초래할 수 있는 물리력

31

정답 ②

정답찾기 ① (×) 10일 전까지이다.

③ (×) 당사자등은 의견제출의 경우에는 처분의 사전 통지가 있는 날부터 의견제출기한까지, 청문의 경우에는 청문의 통지가 있는 날부터 청문이 끝날 때까지 행정청에 해당 사안의 조사결과에 관한 문서와 그 밖에 해당 처분과 관련되는 문서의 열람 또는 복사를 요청할 수 있다(제37조①).

④ (×) 행정청이 당사자에게 의무를 부과하거나 권익을 제한하는 처분을 할 때 청문을 실시하거나 공청회를 개최하는 경우 외에는 당사자등에게 의견제출의 기회를 주어야 한다(제22조③).

32

정답 ④

정답찾기 ① (○) 징계양정이 재량권을 일탈한 것인지 여부를 판단함에 있어서 이미 <u>사면된 징계처분의 경력을 참작하였다고 하여 위법하다고 할 수는 없다</u>(대판 83누321).

② (○) 도로교통법 제78조 제1항 단서 제8호의 규정에 의하면, 술에 취한 상태에 있다고 인정할 만한 상당한 이유가 있음에도 불구하고 <u>경찰공무원의 측정에 응하지 아니한 때에는 필요적으로 운전면허를 취소하도록 되어 있어 처분청이 그 취소 여부를 선택할 수 있는 재량의 여지가 없음이 그 법문상 명백하므로</u>, 위 법조의 요건에 해당하였음을 이유로 한 운전면허취소처분에 있어서 <u>재량권의 일탈 또는 남용의 문제는 생길 수 없다</u>(대판 2003두12042).

③ (○) 자유재량에 의한 행정처분이 그 재량권의 한계를 벗어난 것이어서 <u>위법하다는 점은 그 행정처분의 효력을 다투는 자가 이를 주장·입증하여야 하고 처분청이 그 재량권의 행사가 정당한 것이었다는 점까지 주장·입증할 필요는 없다</u>(대판 87누861).

④ (×) 경찰공무원임용령 제46조 제1항의 수권형식과 내용에 비추어 이는 <u>행정청 내부의 사무처리기준을 규정한 재량준칙이 아니라 일반 국민이나 법원을 구속하는 법규명령에 해당하고 따라서 위 규정에 의한 처분은 재량행위가 아닌 기속행위라 할 것이다</u>(대판 2007두18321). 또한, 판례는 일관하여 대통령령의 형식으로 그 내용이 재량준칙에 해당하는 것은 법규명령으로 인정하며 부령의 형식으로 그 내용이 재량준칙에 해당하는 것은 행정규칙으로 보고 있다. 경찰공무원임용령은 대통령령으로서 비록 그 내용이 재량준칙적 성격을 띠고 있다고 하더라도 일반 국민까지 구속하는 법규명령으로 본다.

33

정답 ④

정답찾기 ② (○) 임기 3년인 위원회 정리 **【국시언중개소】**

- 경찰위(**국**경위, **시**경위) : 연임 불가
- **언**론위(1차 연임)
- **중**앙행정심판위(상임 3년 1차 연임, 비상임 2년 2차 연임)
- **개**인정보보호위원회(3년 1차 연임)
- **소**청위(상임 3년 1차 연임, 비상임 2년)

④ (×) 거부처분에 대한 의무이행심판청구에는 기간의 제한이 있으나, 부작위에 대한 의무이행심판의 경우에는 제한이 없다.

> 제27조(심판청구의 기간) ① 행정심판은 처분이 있음을 **알게 된 날**부터 **90일** 이내에 청구하여야 한다.
> ② 청구인이 **천재지변, 전쟁, 사변(事變), 그 밖의 불가항력으로** 인하여 제1항에서 정한 기간에 심판청구를 할 수 없었을 때에는 그 사유가 **소멸한 날부터 14일 이내에** 행정심판을 청구할 수 있다. 다만, 국외에서 행정심판을 청구하는 경우에는 그 기간을 30일로 한다.
> ③ 행정심판은 처분이 **있었던 날**부터 **180일**이 지나면 청구하지 못한다. 다만, 정당한 사유가 있는 경우에는 그러하지 아니하다.
> ④ 제1항과 제2항의 기간은 불변기간(不變期間)으로 한다.
> ⑤ 행정청이 심판청구 기간을 제1항에 규정된 기간보다 긴 기간으로 잘못 알린 경우 그 잘못 알린 기간에 심판청구가 있으면 그 행정심판은 제1항에 규정된 기간에 청구된 것으로 본다.
> ⑥ 행정청이 심판청구 기간을 알리지 아니한 경우에는 제3항에 규정된 기간에(있었던 날부터 180일) 심판청구를 할 수 있다.
> ⑦ 제1항부터 제6항까지의 규정은 무효등확인심판청구와 부작위에 대한 의무이행심판청구에는 적용하지 아니한다.

34

정답 ①

정답찾기 ㉠ (×) 신변보호업무에 재산은 포함되지 않는다.
㉡ (×) 누구든지 집단민원현장에 경비인력을 20명 이상 배치하려고 할 때에는 그 경비인력을 직접 고용하여서는 아니 되고, 경비업자에게 경비업무를 도급하여야 한다. 다만, 시설주 등이 집단민원현장 발생 3개월 전까지 직접 고용하여 경비업무를 수행하는 피고용인의 경우에는 그러하지 아니하다(제7조의2).
㉢ (×) 이를 거부하여야 한다.
㉣ (×) 다른 경비업무와 달리 특수경비업무의 중요성을 감안하여 특수경비업무를 개시하거나 종료하는 때에는 시·도경찰청장에게 신고하여야 한다.

35

정답 ④

정답찾기 ① (×) 7일 이내 반환 또는 제출하면 보상금은 5~20%이다.
【보상금 섭취(7) 오이시(5~20)】
※ '오이시'는 일본어로 '맛있다'는 뜻임.
② (×) 착오로 점유한 물건에 대하여는 보상금을 청구할 수 없다. 다만, 타인이 놓고 간 물건에 대해서는 보상금을 청구할 수 있다.(제12조)
③ (×) 공고 **6**개월 후 **소유**권 취득, **3**개월내 그 물건을 찾아가지 아니하면 소유권 **상실**(제14조) **【소유권, 삼실】**
④ (○) 경찰서장은 보관한 물건이 멸실되거나 훼손될 우려가 있을 때 또는 보관에 과다한 비용이나 불편이 수반될 때에는 대통령령으로 정하는 방법으로 이를 매각할 수 있다(제12조).

36

정답 ③

정답찾기 ① (×) 아동학대범죄 사건에서는 응급조치(제지는 제외) 후 임시조치를 반드시 신청해야 하지만, 가정폭력 사건에서는 임시조치를 신청할 수 있음을 피해자에게 통보만 해주면 된다.
② (×) 사법경찰관은 지체 없이 검사에게 해당 긴급응급조치에 대한 사후승인을 지방법원 판사에게 청구하여 줄 것을 신청하여야 하고, 신청을 받은 검사는 긴급응급조치가 있었던 때부터 48시간 이내에 지방법원 판사에게 해당 긴급응급조치에 대한 사후승인을 청구한다(제5조).
③ (○) 긴급임시조치를 한 경우에는 반드시 임시조치를 신청해야 한다.
④ (×) 스토킹범죄(일반스토킹범죄 또는 흉기등 이용 스토킹범죄)는 모두 반의사불벌죄에 해당하지 아니하므로, 의사에 반하여 공소를 제기할 수 있다.

37

정답 ④

정답찾기 통합방위법에서 '경찰청장'이 규정된 경우는 없다.

TIP 통합방위작전 수행

갑종	**통**합방위본부장, **지**역군사령관 지휘	**갑통지!** "**을지**(문덕) 장군이 **병(兵) 지시함**" ※ 지역군사령관은 모두 포함
을종	**지**역군사령관 지휘	
병종	**지**역군사령관, **시**·도경찰청장, **함**대사령관 지휘	

38

정답 ③

정답찾기 ① (×) 12톤 미만에 대하여 운전할 수 있다.
② (×) 3톤 미만의 지게차이다.
③ (○) 제1종 특수면허를 소지한 사람은 제2종 보통면허로 운전할 수 있는 차량을 운전할 수 있다.
④ (×) 연습면허로 운전할 수 있는 차종은 승용, 승합, 화물차이다.

39

정답 ②

정답찾기 ㉡ (×) 금지를 통고할 수 있다. 반드시 금지 통고하여야 하는 것은 아니다.

40

정답 ③

정답찾기 ㉠ (×) 한국인 근로자는 해당하지 않는다.
㉡ (×) 카투사는 한국군 소속으로 미군에 파견된 군인으로서 대상이 아니다.
㉢ (×) 주한 미대사관에 근무하는 미군은 대상이 아니다
㉣ (○) 초청계약자는 해당된다.
㉤ (○) 21세 미만의 자녀는 원칙적으로 해당되며, 21세 이상의 경우라도 생계비의 반액 이상을 의존하는 경우에는 해당된다.

01 　　　　　　　정답 ④

◎정답찾기 ① (×) 최초로 행정경찰**과** 사법경찰로 구분한 법률은 프랑스의 「죄**와** 형벌법전」이다. 【**랑-과-와(and)**】
② (×) 순서는 『프로이센의 **제**국경찰법 → 프로이센의 **일**반란트법 → 프랑스의 **죄**와형벌법전 → 프로이센의 **크**로이츠베르크 판결 → 프랑스의 **지**방자치법전 → 독일의 **경**찰행정법』이다. 【**죄일죄크(클)지경**】
③ (×) '비경찰화'에 대한 설명이다.
④ (○) 프랑스의 지방자치법전에서 자치경찰은 공공의 질서·안전 및 위생 확보를 목적으로 한다고 규정하였고, 위생업무는 협의의 행정경찰적 사무이다.

02 　　　　　　　정답 ③

◎정답찾기 ③ (×) 경찰학이 '과학적'이라는 것은 경찰현상을 객관적·논리적·체계적으로 기술하고 설명하며 예측할 수 있다는 것이다. 경찰학이 '기술적'이라는 것은 현실적 문제를 해결하고 바람직한 이상을 실현하기 위한 행위양식을 규명하고 처방할 수 있다는 것이다.

03 　　　　　　　정답 ④

◎정답찾기 ④ (×) 관할에는 사물관할, 인적관할, 지역관할로 구분할 수 있다. 사물관할은 사무에 대한 관할이고 지역관할은 지역적 범위에 대한 관할이다.

04 　　　　　　　정답 ②

◎정답찾기 ① (×) 인권위원회는 자문기관으로서 진상조사단을 구성할 수 없다. 경찰청장이 진상조사단을 구성한다. 다만, 경찰청 인권위원회는 진상조사단 구성에 대하여 권고 또는 의견표명을 할 수 있다(제42조①).
② (○) 제42조②
③ (×) (국가) 경찰위원회의 추천을 받아 임명한다(제42조③).
④ (×) 2개월 내에 조사를 완료하는 것이 원칙이다.

05 　　　　　　　정답 ①

◎정답찾기 ② (×) 미군정 시기였으므로 영미법계의 영향을 받은 봉사와 질서였다.
③ (×) 경찰윤리헌장(1966), 새경찰신조(1980), 경찰헌장(1991), 경찰서비스헌장(1998), 경찰관 인권행동강령(2020) 순이다.
④ (×) 우리는 정**의**의 이름으로 진실을 추구하며 어떠한 불**의**나 불법과도 타협하지 않는 **의**로운 경찰이다. 【**의-의-의**】 우리는 국민의 신뢰를 바탕으로 오직 양심에 따라 법을 집행하는 공정한 경찰이다.

06 　　　　　　　정답 ②

◎정답찾기 ② (×) **냉소주**의 문제는 경찰윤리강령을 제정하는 과정에서 협력적인 대화나 지역사회의 **참여**없이 상부에서 제정되어 하달될 경우에 발생할 수 있는 문제이다. 【**냉소주 참여**】

07 　　　　　　　정답 ③

◎정답찾기 ① (○) 신고를 하려는 자는 자신의 인적사항과 신고의 취지·이유·내용을 적고 서명한 문서와 함께 신고 대상 및 증거 등을 제출하여야 한다(제13조③).
② (○) 제13조의2(비실명 대리신고) 제1항
③ (×) 비실명 대리신고는 반드시 국민권익위원회에 하여야 한다(제13조의2 제2항).
④ (○) 제13조의2 제3항

08 　　　　　　　정답 ④

◎정답찾기 ④ (×) '생계를 같이한다'는 것은 반드시 주민등록표상 세대를 같이 함을 요하지 않고 '동일한 생활자금에서 생활하는 단위'를 말한다(대판 88누3826).

(TIP) 사적이해관계자의 가족의 범위

- 배우자, 직계혈족 및 형제자매
- 생계를 같이하는 직계혈족의 배우자
- 생계를 같이하는 배우자의 직계혈족
- 생계를 같이하는 배우자의 형제자매

09 　　　　　　　정답 ①

◎정답찾기 ② (×) 피해(가해)의 부정이다.
③ (×) 피해자 부정이다.
④ (×) 보다 높은 충성심에 대한 호소이다.

10 　정답 ①

정답찾기 ① (○) 범죄 '전이효과'는 범행의 기회가 차단되었을 때 <u>범죄자들이 다른 지역으로 이동하는 것</u>을 말하고, 범죄예방 '이익의 확산' 효과는 범죄예방수단이 대상 장소와 인접한 장소들에 긍정적인 영향을 미친다는 것을 의미한다. 이익의 확산은 "직접적으로 대상이 되고 통제의 대상이 되는 장소 또는 개입의 초점이 되는 범죄이거나 개입이 이루어지는 시기에 있는 장소 이외의 지역으로 개입의 효과가 퍼져나가는 것"을 의미한다.

11 　정답 ④

정답찾기 ① (×) 상해 임시정부는 1919. 4. 25. 제정된 「대한민국 임시정부 장정」에 근거하여 초대 경무국장으로 김구를 임명하였다. 「대한민국 잠행관제」는 중경시기 임시정부 시기에 제정되었다.
② (×) 임시정부는 수사권을 가질 수 없으므로 사법경찰 업무는 담당하지 못하였다.
③ (×) 김구가 의경대를 창설하고 의경대장을 맡은 사실은 있지만 초대 의경대장을 맡은 것은 아니었다.

12 　정답 ③

정답찾기 ㉢ (×) 정보만 수집하고 수사권은 없다.
㉣ (×) 미국 최초의 연방법집행기관은 연방보안관(U.S. Marshals)이다.
㉤ (×) 선거로 선출된 지역치안위원장이 지방경찰청장과 차장에 대한 임명권을 행사하며 지역치안평의회는 거부권을 행사할 수 있다.

13 　정답 ①

정답찾기 ① (×) 모든 대안을 비교분석하여 최선책을 추구하는 것은 합리 모델이다. 만족 모델은 정책결정자가 최선의 합리성을 추구하기보다는, 시간적·공간적·재정적 측면에서 여러 요인을 고려하여 만족할 만한 수준에서 결정한다.

14 　정답 ②

정답찾기 ① (×) 품목별 예산제도는 회계책임이 명확하다는 장점은 있지만, 품목별로 세운 계획과 실제 지출이 불일치하는 단점이 있다.
② (○) 성과주의 예산제도는 품목별 예산제도의 문제점인 '예산으로 무엇을 하는지'에 대한 정보에 중점을 두기 때문에 국민의 입장에서 이해하기가 용이하다.
③ (×) 자원배분에 관한 의사결정의 일관성과 합리성을 도모할 수 있는 예산은 계획예산이다. 장기 기본계획과 단기 예산편성을 프로그램 작성을 통하여 유기적으로 연결시키므로 일관성이 확보된다. **"일관성"과 관련되는 예산은 계획예산이다.**
④ (×) 성과주의 예산제도에 대한 설명이다.

15 　정답 ④

정답찾기 ① (×) 생산자의 허가를 받아야 한다(제23조).
② (×) 국가정보원장이 아닌 생산자가 특정한 제한을 하지 아니한 경우이다.
③ (×) 보안심사위원회의 심의를 거쳐 공개할 수 있으며, 1급 비밀에 한하여 국가정보원장과 미리 협의하여야 한다.
④ (○) 제25조②, 공무원은 소속 기관장의 승인을 얻고, 소속 기관장은 보안심사위원회의 심의를 거치거나 국가정보원장과 미리 협의하여야 한다.

TiP 비밀의 보호 요건 【1급열공은 국정원장과 협의】

비밀 복제 (제23조)	1급	생산자의 허가
	2·3급	생산자가 특정한 제한을 하지 아니한 것으로서 해당 등급의 비밀취급 인가를 받은 사람이 공용(共用)으로 사용하는 경우
비인가자 **열람** (제24조)	1급	**국가정보원장과 미리 협의**(보안조치 협의)
	2·3급	소속 기관의 장이 국가정보원장이 정하는 바에 따라 자체 보안대책을 마련
공개 (제25조)	1급	**국가정보원장과 미리 협의**
	2·3급	① 중앙행정기관등의 장은 그가 생산한 비밀을 보안심사위원회의 심의를 거쳐 공개 가능 ② 공무원은 소속 기관장 승인 받아 공개 가능(공무원이었던 사람은 소속되었던 기관의 장의 승인)
반출 (제27조)	1급	소속 기관의 장의 승인
	2·3급	

16 　정답 ③

정답찾기 ③ (×) 임기가 3년인 위원회는 **언**론중재위, **국**경위, **시**경위, **소**청위 상임위원(비상임은 2년), **중**심위(중앙행정심판위원회) 상임위원(비상임은 2년에 2차 연임) 등이다. 국경위와 시경위는 연임할 수 없고, 나머지는 모두 1차 연임이 가능하다. 【언국시 소중(하게) 삶(3)년】

17 　정답 ①

정답찾기 ① (×) 누구든지 공개된 장소에 고정형 영상정보처리기기를 설치·운영하여서는 아니 되는 것이 원칙이다. 이동형의 경우도 공개된 장소에서 촬영하여서는 아니 되는 것이 원칙이다.
②③④ (○) 이동형 영상정보처리기기 (23. 3. 14. 신설)

제25조(고정형 영상정보처리기기의 설치·운영 제한) ① 누구든지 다음 각 호의 경우를 제외하고는 공개된 장소에 고정형 영상정보처리기기를 설치·운영하여서는 아니 된다. 〈개정 2023. 3. 14.〉
1. **법령에서 구체적으로 허용하고 있는 경우**
2. **범죄의 예방 및 수사**를 위하여 필요한 경우
3. **시설의 안전 및 관리, 화재 예방**을 위하여 정당한 권한을 가진 자가 설치·운영하는 경우
4. **교통단속**을 위하여 정당한 권한을 가진 자가 설치·운영하는 경우
5. **교통정보의 수집·분석 및 제공**을 위하여 정당한 권한을 가진 자가 설치·운영하는 경우
6. **촬영된 영상정보를 저장하지 아니하는 경우**로서 대통령령으로 정하는 경우

제25조의2(이동형 영상정보처리기기의 운영 제한) ① 업무를 목적으로 이동형 영상정보처리기기를 운영하려는 자는 다음 각 호의 경우를 제외하고는 공개된 장소에서 이동형 영상정보처리기기로 사람 또는 그 사람과 관련된 사물의 영상(개인정보에 해당하는 경우로 한정한다. 이하 같다)을 촬영하여서는 아니 된다.
1. 제15조제1항 각 호의 어느 하나에 해당하는 경우
2. **촬영 사실을 명확히 표시하여 정보주체가 촬영 사실을 알 수 있도록 하였음에도 불구하고 촬영 거부 의사를 밝히지 아니한 경우. 이 경우 정보주체의 권리를 부당하게 침해할 우려가 없고 합리적인 범위를 초과하지 아니하는 경우로 한정한다.**
3. 그 밖에 제1호 및 제2호에 준하는 경우로서 대통령령으로 정하는 경우
② 누구든지 불특정 다수가 이용하는 **목욕실, 화장실, 발한실, 탈의실 등 개인의 사생활을 현저히 침해할 우려가 있는 장소의 내부를 볼 수 있는 곳에서 이동형 영상정보처리기기로 사람 또는 그 사람과 관련된 사물의 영상을 촬영하여서는 아니 된다. 다만, 인명의 구조·구급 등을 위하여 필요한 경우로서 대통령령으로 정하는 경우에는 그러하지 아니하다.**
③ 제1항 각 호에 해당하여 이동형 영상정보처리기기로 사람 또는 그 사람과 관련된 사물의 영상을 촬영하는 경우에는 **불빛, 소리, 안내판 등 대통령령으로 정하는 바에 따라 촬영 사실을 표시하고 알려야 한다.**
④ 제1항부터 제3항까지에서 규정한 사항 외에 이동형 영상정보처리기기의 운영에 관하여는 제25조 제6항부터 제8항까지의 규정을 준용한다.

18
정답 ④

⊕정답찾기 ① (×) 소속 공무원의 위반사실은 2개월 내에 처리하여야 한다.
② (×) 통보받은 경우는 1개월 내에 처리하여야 한다.
③ (×) 징계의결요구권자의 결재를 받아야 한다(제36조②).
④ (○) 전화 또는 문자메시지(SMS) 전송의 방법으로도 통지할 수 있다(제34조②).

19
정답 ②

⊕정답찾기 ① (○) 경범죄처벌법(과다노출) 또는 형법 제245조(공연음란) 위반으로(대판 2019도14056) 자치경찰사무에 해당한다.
② (×) 성폭력범죄의 처벌 및 피해자 보호등에 관한 법률 제11조(공중밀집장소에서의 추행) 위반으로(대판 2009도5704) 자치경찰사무에 해당하지 아니한다.
③ (○) 성폭력범죄의 처벌 및 피해자 보호등에 관한 법률 제12조(성적 목적을 위한 다중이용장소 침입행위) 위반으로 자치경찰사무에 해당한다.
④ (○) 경범죄처벌법(관공서에서의 주취소란) 위반으로 자치경찰사무에 해당한다.

◎TiP 수사관련 자치경찰사무 【경아가 학교 실다공~】
① **경**범죄 및 기초질서 관련 범죄
② **아**동학대, **가**정폭력 범죄
③ **학**교폭력 등 소년범죄(19세 미만 소년이 19세 이상인 사람과 공범인 경우는 제외)
④ **교**통사고 및 교통 관련 범죄(**고**속도로에서 발생한 사건, **뺑**소니 사건은 제외)
⑤ 가출인 및 **실**종아동등의 보호 및 지원에 관한 법률」에 따른 **실**종아동등 수색(가출인·실종아동등 조속한 발견을 위한 수색) 및 범죄(개인위치정보 목적외 사용, 관계공무원 출입·조사 방해 등)
④ 「형법」 제245조에 따른 **공**연음란 및 「성폭력범죄의 처벌 등에 관한 특례법」 제12조에 따른 성적 목적을 위한 **다**중이용장소 침입행위에 관한 범죄

20
정답 ③

⊕정답찾기 ③ (×) 제주특별자치도위 자치경찰공무원을 포함하여 직접 지휘·명령할 수 있다.

◎TiP 경찰청장의 전국적 치안유지를 위한 지휘·명령 사유(제32조①)

제1호	전시·사변·처재지변 등 **비상사태**	
제2호	시·도에 **동**일하게 적용되는 시책	
제3호	해당 시·도의 경찰력으로 질서유지가 어려워 **지원·조정**이 필요한 경우 【비동지 지휘】	① 국가경찰위원회의 **사전 의결 원칙이며** 긴급한 경우 사후 의결을 거쳐야 한다. ② 시·도자치경찰위원회는 경찰청장에게 지원·조정을 요청할 수 있다.

21
정답 ②

⊕정답찾기 ① (○) 「행정권한의 위임 및 위탁에 관한 규정」 제28조②
② (×) 행정권한의 위임은 행정관청의 권한을 다른 행정관청에 이전하는 것이므로 법률의 위임이 있어야 하지만, 위임전결규정과 같은 내부위임은 법률의 위임이 없더라도 행정관청의 내부적인 사무처리 편의를 위하여 보조기관 또는 하급관청으로 하여금 그의 권한을 사실상 행사하게 하는 것이다.
③ (○) 내부위임은 수임관청이 자기의 이름으로 권한을 행사할 수 없고 외부에는 본래 행정청의 이름으로만 표시된다.
④ (○) 위임전결규칙은 내부적인 사무처리규정에 불과하므로 이를 위반하여도 무효의 처분이라고 할 수 없다(대판 97누1105).

22
정답 ②

⊕정답찾기 ② (×) 그 임용행위는 당연무효로 보아야 한다(대판 996누4275).

23
정답 ①

⊕정답찾기 ① (×) '학업을 계속하는 경우'로 규정되어 있다. '6개월 이상' 학업을 계속하는 경우로 제한되어 있지 않다. 참고로 '6개월 이상 장기요양이 필요한 질병이 있는 경우'는 임용유예 사유이다.
② (○) 제21조①
③ (○) 제20조②
④ (○) 제18조③

24
정답 ④

⊕정답찾기 ① (○) 「경찰 인권보호 규칙」 제5조
② (○) 「경찰공무원 징계령」 제6조③
③ (○) 「경찰공무원 징계령」 제7조①
④ (×) 위원장을 제외(포함×)한 수의 3분의 1 이상 포함되어야 한다(「경찰공무원 징계령」 제7조②). 또한, 위원회의 성별 구성은 국가경찰위원회, 시·도자치경찰위원회 등 대부분의 위원회가 임의규정(노력 의무)으로 되어 있으나, 인권위원회와 경찰 징계위원회의 구성 및 성범죄 사건에 대한 징계위원회 개최 시에는 강행규정으로 되어 있다.

25

정답 ④

⊕정답찾기 ④ (×) 중징계는 징계의결요구권자가 임용권자에게 제청하는 것이 원칙이므로 경무관 이상의 강등 및 정직과 경정 이상의 파면 및 해임은 <u>경찰청장이 제청한다</u>. 다만, 총경 및 경정의 강등 및 정직은 경찰청장이 제청하지 아니하고 직접 징계처분하도록 규정하고 있다.

⊕TiP 징계처분권자

징계		국무총리 중앙징계위	경찰청 중앙징계위		보통징계위
	관할	경무관 이상	총경	경정	경감 이하
중징계	파면	대통령 ↑ (장관·총리) 청장 제청			관할 징계위원회가 설치된 기관의 장 (중징계는 임용권자에게 제청)
	해임				
	강등		경찰청장		
	정직				
경징계	감봉	경찰청장			
	견책				

26

정답 ④

⊕정답찾기 ④ (×) 경정 이상의 고충심사는 「국가공무원법」에 따라 설치된 중앙고충심사위원회(소청심사위원회)에서 관장한다.

27

정답 ②

⊕정답찾기 ㉠ (○) 대판 2013도643
㉡ (○) 대판 2016도19417
㉢ (×) 보호조치를 필요로 하는 피구호자에 해당하는지는 구체적인 상황을 고려하여 <u>경찰관 평균인을 기준으로 판단해야 한다</u>(대판 2012도11162).
㉣ (○) 대판 2012도11162
㉤ (×) 형사사건에서 무죄판결이 확정되었더라도 당해 경찰관의 과실의 내용과 그로 인하여 발생한 결과의 중대함에 비추어 민사상 불법행위책임을 인정할 수 있다(대판 2006다6713).

28

정답 ①

⊕정답찾기 ① (×) 대상자가 비협조적이지만 직접적인 위해를 가하지 않는 상태는 소극적지항 단계로서, 경찰관은 접촉통제(대상자 <u>신체 접촉</u>을 통해 경찰목적 달성을 강제하지만 신체적 부상을 야기할 가능성이 극히 낮은 물리력)의 물리력을 사용할 수 있다.

⊕TiP 대상자 행위에 따른 경찰 대응 수준 【시비공주흥】

	대상자 행위(2.1)		경찰 대응 수준(2.2)	
순응	경찰관의 지시·통제에 따르는 상태, 경찰관의 요구에 **시간만** 지체하는 경우	협조적 통제	대상자의 협조를 유도하거나 협조에 따른 물리력
소극적 저항	경찰관의 지시·통제를 따르지 않고 비협조적이지만 경찰관 또는 제3자에 대해 직접적인 위해를 가하지 않는 상태, 이동 명령에 전혀 움직이지 않거나, 물체를 잡고 버팀	접촉 통제	대상자 **신체 접촉**을 통해 경찰 목적 달성을 강제하지만 신체적 부상을 야기할 가능성은 극히 낮은 물리력

적극적 저항	경찰관의 체포·연행 등 정당한 **공무집행**을 방해하지만 위해 수준이 낮은 행위만을 하는 상태, 경찰관 손을 뿌리치거나 밀거나 끌고 침을 뱉는 행위	저위험 물리력	**대상자가 통증**을 느낄 수 있으나 신체적 부상을 당할 가능성은 낮은 물리력
폭력적 공격	경찰관이나 제3자에 대해 신체적 위해를 가하는 상태, **주먹·발**로 위해를 초래하거나 임박한 상태, 강한 힘으로 경찰관으로부터 벗어나려고 하는 상태	중위험 물리력	**대상자에게 신체적 부상을 입힐 수 있으나** 생명·신체에 대한 중대한 위해 발생 가능성은 낮은 물리력
치명적 공격	경찰관이나 제3자에 대해 사망 또는 심각한 부상을 초래할 수 있는 상태, 총기류, **흉기**, 둔기 등을 이용하여 위력 행사	고위험 물리력	대상자의 사망 또는 심각한 부상을 초래할 수 있는 물리력

29

정답 ④

⊕정답찾기 ④ (×) 대통령의 처분 또는 부작위에 대하여는 다른 법률에서 행정심판을 청구할 수 있도록 정한 경우 외에는 행정심판을 청구할 수 없다(제3조①).

30

정답 ②

⊕정답찾기 ① (○) 경찰 공무원 징계양정 등에 관한 규칙 제9조 제1항 제2호 및 [별표 10]에 의하면 <u>경찰청장의 표창을 받은 공적은 징계양정에서 감경할 수 있는 사유</u>의 하나로 규정되어 있다. 징계위원회의 심의과정에 반드시 제출되어야 하는 공적(공적) 사항이 제시되지 않은 상태에서 결정한 징계처분은 징계양정이 결과적으로 적정한지 그렇지 않은지와 상관없이 법령이 정한 <u>징계절차를 지키지 않은 것으로서 위법하다</u>(대판 2011두20505).
② (×) 징계위원회는 징계의결 요구권자의 경징계·중징계요구 의견에 기속 받지 않고 징계의결 할 수 있다. 징계의결 요구권자는 「국가공무원법」 제82조제2항에 따라 <u>징계위원회의 의결이 가볍다고 인정하면 그 처분을 하기 전에 직급 상급기관에 설치된 징계위원회에 심사나 재심사를 청구할 수 있으며</u>, 심사 또는 재심사청구 여부는 징계의결을 요구한 기관의 장의 재량행위에 해당한다(2022년도 징계업무편람-인사혁신처).

> 국가공무원법 제82조(징계 등 절차) ② 징계의결등을 요구한 기관의 장은 징계위원회의 의결이 가볍다고 인정하면 그 처분을 하기 전에 다음 각 호의 구분에 따라 심사나 재심사를 청구할 수 있다. 이 경우 소속 공무원을 대리인으로 지정할 수 있다.
> 1. **국무총리 소속으로 설치된 징계위원회의 의결**: 해당 징계위원회에 재심사를 청구
> 2. **중앙행정기관에 설치된 징계위원회**(중앙행정기관의 소속기관에 설치된 징계위원회는 제외한다)**의 의결**: **국무총리 소속으로 설치된 징계위원회에 심사를** 청구
> 3. 제1호 및 제2호 외의 징계위원회의 의결: **직근 상급기관에 설치된 징계위원회에 심사를 청구**

③ (○) 징계사유인 성희롱 관련 형사재판에서 <u>무죄가 선고되었다고 하</u>여 그러한 사정만으로 행정소송에서 <u>징계사유의 존재를 부정할 것은 아</u>니다(대판 2017두74702).
④ (○) 국가공무원법

> 제75조(처분사유 설명서의 교부) ① 공무원에 대하여 징계처분등을 할 때나 강임·휴직·직위해제 또는 면직처분을 할 때에는 그 처분권자 또는 처분제청권자는 처분사유를 적은 설명서를 교부(交付)하여야 한다. 다만, **본인의 원(願)에 따른 강임·휴직 또는 면직처분은 그러하지 아니하다.**

31
정답 ③

◆정답찾기 ③ (×) 운전면허에 대한 정지처분권한은 경찰청장으로부터 경찰서장에게 권한위임된 것이므로 음주운전자를 적발한 단속 경찰관으로서는 관할 경찰서장의 명의로 운전면허정지처분을 대행처리할 수 있을지는 몰라도 자신의 명의로 이를 할 수는 없다 할 것이므로, 권한 없는 자에 의하여 행하여진 점에서 무효의 처분에 해당한다(대판 97누2313).

32
정답 ②

◆정답찾기 ② (×) 인가이다. 인가는 제3자의 법률적 행위를 보충하여 그 법률상의 효과를 완성시키는 행정행위로서, 행정청이 일정한 법률행위에 대하여 공익적 관점에서 동의함으로써 그 효력을 완성시켜 준다. 토지거래허가구역 내의 토지거래허가 등이 인가이다.

①②③ (○) 특허는 특정인에 대하여 새로운 권리나 능력 또는 포괄적 법률관계를 설정하는 행위로서, 실정법상으로 허가, 면허 등의 용어로 사용되기도 한다. 특허는 특정인에게 법률상의 힘을 부여하는 행위이기 때문에 반드시 상대방의 신청이 필요하다. 종류에는 **공유수면**매립면허, **광업허가**, **어업면허**, **도로**(하천)점용허가, **귀화허가**, **행정재산**의 사용·수익의 허가, 공무원임용, 주택재건축사업조합의 설립인가, 외국인 체류자격 변경허가, 개인택시운송사업면허 등이 있다. 【바다(공유수면)에 광어도 귀행(귀해)】

33
정답 ②

◆정답찾기 ① (×) 의무불이행을 전제로 하지 아니한다.
② (○) 강제집행을 할 수 있다면 강제집행을 하여야 하며, 즉시강제는 다른 수단으로는 행정목적을 달성할 수 없는 경우에만 허용된다.

> 행정기본법 제33조(즉시강제) ① **즉시강제는 다른 수단으로는 행정목적을 달성할 수 없는 경우에만 허용**되며, 이 경우에도 최소한으로만 실시하여야 한다.
> ② 즉시강제를 실시하기 위하여 현장에 파견되는 집행책임자는 그가 집행책임자임을 표시하는 **증표**를 보여 주어야 하며, 즉시강제의 **이유와 내용을 고지**하여야 한다.

③ (×) 행정상의 즉시강제 또는 행정대집행과 같은 사실행위는 그 실행이 완료된 이후에 있어서는 그 행위의 위법을 이유로 하는 손해배상 또는 원상회복의 청구를 하는 것은 몰라도, 그 처분의 취소를 구함은, 권리보호의 이익이 없다(대판 1965.5.31. 65누25). 다만, 감염병환자의 강제입원, 물건의 영치 등과 같이 계속적 성질을 가지는 즉시강제는 취소소송에서 소의 이익의 인정된다.
④ (×) 행정상 즉시강제는 권력적 사실행위로서 행정처분에는 해당되지만, 다만, 소의 이익이 없는 경우가 대부분이다.

34
정답 ②

◆정답찾기 ① (×) "112신고처리"를 의미한다.

112신고처리	112신고의 목적 달성을 위하여 이루어지는 접수·지령·현장출동·현장조치·종결 등 **일련의 처리과정**을 말한다.
112시스템	112신고의 접수·지령·전파 및 순찰차 배치에 활용하는 **전산 시스템**을 말한다.

② (○) 제9조①, 제14조①
③ (×) code 4 신고의 유형은 출동요소에 지령하지 아니한다.

> 제10조(지령) ① 112요원은 접수한 신고 내용이 code 0 신고부터 code 3 신고의 유형에 해당하는 경우에는 1개 이상의 출동요소에 출동장소, 신고내용, 신고유형 등을 고지하고 처리하도록 지령해야 한다.
> ② 112요원은 접수한 신고의 내용이 code 4 신고의 유형에 해당하는 경우에는 출동요소에 지령하지 않고 자체 종결하거나, 소관기관이나 담당 부서에 신고내용을 통보하여 처리하도록 조치해야 한다.

④ (×) 112신고는 현장출동이 필요한 지역의 관할과 관계없이 신고를 받은 112치안종합상황실에서 접수한다(제8조①).

35
정답 ④

◆정답찾기 ① (×) 관리팀원 및 순찰팀원에 대한 일일근무 지정 및 지휘·감독은 순찰팀장의 직무이다.
② (×) 시설·예산·장비의 관리는 지역경찰관서장의 직무이고, 시설 및 장비의 관리, 예산의 집행은 관리팀의 직무이다.
③ (×) 경계근무자에 대한 설명이다. 순찰근무를 지정받은 지역경찰은 지정된 장소가 아닌 순찰근무 중에 검문검색을 실시하며 '범법자 등을 단속·검거'하기 위한 목적 없이 '통행인 및 차량에 대한 검문검색 등'을 실시한다.

36
정답 ④

◆정답찾기 ④ 형제자매는 동거하는 경우에 한하여 해당한다.

> ◆TiP 가정구성원의 범위(제2조 제2호)
>
> 2. "가정구성원"이란 다음 각 목의 어느 하나에 해당하는 사람을 말한다.
>   가. 배우자(사실상 혼인관계에 있는 사람을 포함한다. 이하 같다) 또는 배우자였던 사람
>   나. 자기 또는 배우자와 직계존비속관계(사실상의 양친자관계를 포함한다. 이하 같다)에 있거나 있었던 사람
>   다. 계부모와 자녀의 관계 또는 적모(嫡母)와 서자(庶子)의 관계에 있거나 있었던 사람
>   라. 동거하는 친족

37
정답 ③

◆정답찾기 ① (×) L.S.D.에 대한 설명이다. 메스카린은 페이요트라는 선인장에서 추출 합성한 향정신성의약품이다.
② (×) '정글 쥬스'로 불리는 것은 덱스트로메트로판(러미라)이다.
④ (×) 향정신성의약품에 해당한다.

38

정답 ②

정답찾기 ① (×) 모든 긴급자동차에 적용되는 특례는 **앞지르기** 금지 **시기·장소**, 자동차의 **속도**, **끼어들기** 금지이다. 【앞시장 속끼】

② (○) "앞지르기 시기·장소" 위반은 모든 긴급자동차에 특례가 적용되고, "앞지르기 방법" 위반은 소·구·혈·경에 한하여 특례가 인정된다.

③ (×) 소방차, 구급차, 혈액 공급차량, 대통령령으로 정하는 경찰용 자동차만 교통사고 등에서 감면할 수 있다(제158조의2). 【소구혈경】

④ (×) 교차로나 그 부근에서는 일시정지하여야 하고, 교차로나 그 부근 외의 곳에서는 진로를 양보하여야 한다.

TiP 긴급자동차 특례

일반 긴급자동차	① **속도** 제한 ② **앞지르기**의 금지(시기·장소) ③ **끼어들기**의 금지	일반 긴급자동차는 【앞시장속끼】만 적용배제
소방차 **구**급차 **혈**액공급차 **경**찰차	④ **신호**위반 ⑤ **중앙선** 침범 ⑥ **보도**침범 ⑦ **안전**거리 확보 등 ⑧ **앞지르기 방법** 등 ⑨ **횡단** 등의 금지 ⑩ **정차** 및 주차의 금지 ⑪ **주차**금지 ⑫ **고장** 등의 조치	【소구혈경】은 【앞시장속끼】 + 【신중보안 앞방행(횡) 정주고】 ※ 소구혈경은 ① ~ ⑫까지 특례적용 ※ "앞지르기 방법 위반" 특례는 소구혈경에만 적용

39

정답 ④

정답찾기 ㉣ (×) 24시간 전이다.

40

정답 ④

정답찾기 ④ (×) 통일부장관은 보호대상자가 거주지로 전입한 후 그의 신변안전을 위하여 국방부장관이나 경찰청장에게 협조를 요청할 수 있으며, 신변보호기간은 5년으로 한다.

전범위 모의고사

6회

1. ②	2. ③	3. ③	4. ④	5. ①
6. ②	7. ②	8. ①	9. ②	10. ①
11. ①	12. ②	13. ④	14. ④	15. ④
16. ③	17. ②	18. ③	19. ①	20. ①
21. ②	22. ③	23. ③	24. ④	25. ③
26. ②	27. ②	28. ②	29. ①	30. ④
31. ①	32. ③	33. ③	34. ④	35. ②
36. ④	37. ①	38. ④	39. ④	40. ③

01
정답 ②

◉정답찾기 ① (×) 11세기경, 왕에 의해서 임명되고 법원과 경찰 기능을 하는 프레보가 파리에 등장하였다. 지방에도 프레보가 임명되면서 지방영주와의 마찰이 끊이지 않았다.

③ (×) 일반란트법에 대한 설명이다. 「경찰행정법」에서 '경찰행정청은 공공의 안녕과 질서를 위협하는 위험을 방지하기 위하여 의무에 합당한 재량으로 조치해야 한다'고 규정하여 크로이츠베르크 판결에 의해 발전된 실질적 의미의 경찰개념을 성문화하였다.

④ (×) 업무의 독자성 여부에 따라 '보안경찰'과 '협의의 행정경찰'로 구분할 수 있으며, 비경찰화는 협의의 행정경찰 사무를 다른 행정관청으로 이관하는 것이다. 보안경찰에는 **교**통경찰, **생**활안전경찰, **풍**속경찰, **경**비경찰 등이다. 【**교생풍경**】

02
정답 ③

◉정답찾기 ③ (×) 경찰학은 철학보다는 특수학문, 형식과학(수학, 논리학, 인공지능)보다는 경험과학, 인문·자연과학보다는 사회과학, 순수학문보다는 실용학문, 기초학문보다는 응용학문에 속한다고 볼 수 있다.

03
정답 ③

◉정답찾기 ③ (×) 국회의원은 현행범인인 경우를 제외하고는 회기 중 국회의 동의없이 체포 또는 구금되지 아니한다(헌법 제44조①). 대통령은 내란 또는 외환의 죄를 범한 경우를 제외하고는 재직 중 형사상의 소추를 받지 아니한다(헌법 제84조).

04
정답 ④

◉정답찾기 ① (×) 인권위원회는 자문기관으로 심의·의결기구가 아니며, 경찰청과 시·도경찰청에만 설치되고 경찰서에는 설치되지 아니한다. **자문**기관으로는 **고**충위, **인**사위, **인**권위가 있다.
【**자색문으로 고인인(Go in in)**】

② (×) 경찰청장은 인권영향평가를 실시하고, 인권보호담당관은 **반**기 1회 이상 인권영향평가 이행 여부를 **점**검하고 이를 경찰청 인권위원회에 제출한다.

③ (×) 인권위원회의 위원장과 위촉 위원의 임기는 위촉된 날로부터 2년으로 하며 위원장의 직은 연임할 수 없고, 위촉 위원은 두 차례만 연임할 수 있다.

05
정답 ①

◉정답찾기 ① (×) 도덕적 감수성의 부족으로 보았다. 사건관련자가 주는 금품을 받는 경우를 도덕적 결의의 약화로 볼 수 있으며, 다양한 계층의 사람들에게 **차별** 없이 대하는 것은 도덕적 감수**성**의 배양이다. 【**성 차별 없이**】

06
정답 ②

◉정답찾기 ① (×) '도덕적 부채'란 사람이 살아가면서 자기도 모르는 사이에 남에게 상처를 주거나 이기적 행동으로 남에게 피해를 주는 경우를 말한다. 이러한 도덕적 부채를 느껴 선한 행위를 하는 것은 바람직한 경우이다. 미끄러지기 쉬운 경사로 이론은 작은 호의가 결국 부패로 연결된다는 것으로 도덕적 부채와 관련 없다.

② (○) 고결한 명분(noble cause)은 좋은 결과를 목적으로 한 활동이라도 불법적인 경우를 말한다. 크로카스(Carl Klockars)는 Dirty Harry 문제를 '고결한 명분'의 부패 형태로 제시하고 있다. 이는 부패가 개인적 이익을 위한 것이 아니라 조직 혹은 사회적 차원의 이익을 위한 것으로 확대하고자 하는 시도라고 볼 수 있다.

③ (×) 윤리적 냉소주의 가설은 경찰외부적 통제기능 뿐만아니라 경찰조직 내부적으로 경찰고위직의 공정성을 위장한 연고주의와 파벌주의, 정치권력에 아부하면서도 부하들에게는 권위적인 태도, 자신들의 보신을 위해 부하들에게 책임을 전가하는 이중성에서도 비롯된다고 본다.

④ (×) '형성재 이론' 작은 호의에 대한 찬반론에서 허용론의 입장으로서 작은 사례가 호의가 시민과의 긍정적인 사회관계를 만들어 주는 역할을 한다고 보았다.

07
정답 ②

◉정답찾기 ① (○) 공공기관의 범위에 사립학교는 포함되지만 민간 언론사는 포함되지 않는다. 참고로, 부정청탁방지법에서는 사립학교와 언론사가 모두 포함되며, 이해충돌방지법에서는 사립학교와 민간 언론사가 모두 포함되지 않는다.

② (×) 구두로 신고할 수는 없다. 신고를 하려는 자는 본인의 인적사항과 신고취지 및 이유를 기재한 기명의 문서로써 하여야 하며, 신고대상과 부패행위의 증거 등을 함께 제시하여야 한다(제58조). 다만, 비실명 대리신고를 할 경우에는 반드시 변호사를 선임하여 신고를 대리하게 하여야 한다(제58조의2).

③ (○) 이 법에서 고위공직자는 경무관 이상으로 규정되어 있다. 이해충돌방지법에서 고위공직자는 치안감 이상으로 규정되어 있다.

④ (○) 제72조①

08
정답 ①

◉정답찾기 ① (×) 직무관련자인 친족과의 금전거래는 신고대상에서 제외된다.

② (○) 현재 자신의 직무관련자와 거래에 한한다.

③ (○) 【**이해충돌 하네(14)**】

④ (○) **재**직·**대**리·**고**문·**자**문(공직자는 임용 전 2년 이내, 가족은 현재 기준), 공직자나 가족이 **일**정비율 이상 소유한 업체, **퇴**직자(퇴직 후 2년까지 퇴직 전 2년 이내에 같이 근무한 사람), **상**급자, **금**전거래자(2년간 1회 100만 원, 매 회계연도 300만 원 초과) 【**재대일 퇴상금**】

09 정답 ②

◎정답찾기 ② (×) Cohen의 비행하위문화에 대한 설명이다. Miller의 하위계층문화이론은, 하층계급의 범죄와 일탈은 병리적인 행위가 아니고 (정상적), 중류계층의 규범에 대항하는 것도 아니며 단지 자기가 소속된 해당 문화에 충실한 행위일 뿐이라고 한다. <u>Cohen의 비행하위문화는 저항적 성격을 가지지만(저항문화), Miller의 하위계층문화는 그들의 고유 문화일 뿐(고유문화) 저항적 의도가 아니라는 점에서 서로 구별된다.</u>

10 정답 ①

◎정답찾기 ① (×) 전통적 경찰활동의 관점에서는 법집행을 주로 책임지는 정부기관이라고 답변할 것이며, 지역사회 경찰 활동의 관점에서는 경찰이 시민이고 시민이 경찰이라고 답변할 것이다.

11 정답 ①

◎정답찾기 ① (×) 여자경찰은 부녀자와 <u>14세 미만</u> 아동을 대상으로 하는 사건을 포함하여 주로 풍속, 소년, 여성보호 업무를 담당하였으며, <u>서울, 인천, 대구, 부산</u> 등 총 4곳에 여자경찰서를 신설하였다.

12 정답 ②

◎정답찾기 ① (×) 군대식으로 조직되어야 한다.
③ (×) 모든 경찰관은 식별 번호가 부여되어야 한다.
④ (×) 범죄 소식은 반드시 전파되어야 한다.

13 정답 ④

◎정답찾기 ① (×) 파킨슨의 법칙이다. 피터는 조직구성원들은 자신의 무능력 한계까지 승진하여 조직은 무능한 사람들로 구성된다는 것이다.
② (×) 상관의 권위에 지나치게 의존하는 것은 무사안일주의이다. 동조과잉은 목표보다는 수단에 집착하는 현상을 말한다.
③ (×) 목표가 아닌 수단에 집착하는 것은 동조과잉(목표의 전환)이다. 번문욕례는 양식과 절차에 따른 문서의 형식에 집착하는 형식주의를 의미한다. 【번잡한 문서에 욕함】

14 정답 ④

◎정답찾기 ① (×) 각 경찰기관의 업무용차량은 운전요원의 부족 등 불가피한 사유가 없는 한 집중관리를 원칙으로 한다. 다만, 지휘용 차량은 업무의 특성을 고려하여 지정 활용 할 수 있다.
② (×) 매년 3월 말까지 다음 년도 차량정수 소요계획을 경찰청장에게 제출하여야 하고, 다음 년도 교체대상 차량을 매년 11월 말까지 경찰청장에게 보고하여야 한다.
③ (×) 외곽에는 철조망 장치와 조명등 및 순찰함을 설치하여야 한다(제115조⑤).
④ (○) 반드시 독립 건물로 하여야 하는 것은 아니고, "가능한 본 청사와 격리된 독립 건물로 하여야 한다."로 규정되어 있다.

15 정답 ④

◎정답찾기 ① (×) 행정기관이 접수한 문서도 공문서에 해당한다.
② (×) 지시문서이다. '법규문서'란 헌법·법률·대통령령·총리령·부령·조례·규칙 등에 관한 문서를 말한다. 공문서의 종류는 **민**원문서, **비**치문서, **공**고문서, **법**규문서, **일**반문서, **지**시문서가 있다. 종류만 알고 있으면 어려움 없이 구별할 수 있다. 【민비 공법 일지】
③ (×) 민원문서에 대한 설명이다. "일반문서"란 법규문서, 지시문서, 공고문서, 비치문서, 민원문서 등 다른 공문서에 속하지 아니하는 모든 문서를 말한다.
④ (○) "업무관리시스템"과 "행정정보시스템"의 구별을 요한다. "업무관리시스템"이란 행정기관이 업무처리의 모든 과정을 제22조 제1항에 따른 과제관리카드 및 문서관리카드 등을 이용하여 전자적으로 관리하는 시스템을 말한다.

16 정답 ③

◎정답찾기 ① (○) 총 11명 중 위원장 포함 7명은 민간위원
【일일(11)이 정공법으로 친다(7)】
③ (×) 정보공개심의회의 3분의 2는 외부 전문가로 위촉하여야 한다. 다만, 국가안전보장, 국방, 외교, 통일, 재판, <u>범죄 예방, 수사</u>, 공소의 제기 및 유지, 형의 집행, 교정, 보안처분 등의 업무를 주로 하는 국가기관은 최소한 <u>3분의 1 이상</u>은 외부 전문가로 위촉하여야 한다(제12조③).

17 정답 ②

◎정답찾기 ① (○) 개인의 고유성, 동일성을 나타내는 <u>지문</u>은 그 정보주체를 타인으로부터 식별가능하게 하는 <u>개인정보이므로</u>, 시장·군수 또는 구청장이 개인의 지문정보를 수집하고, 경찰청장이 이를 보관·전산화하여 범죄수사목적에 이용하는 것은 모두 개인정보자기결정권을 제한하는 것이다. 다만, 경찰청장이 지문정보를 보관하는 행위는 공공기관의개인정보보호에관한법률 등에 근거하고 있고, 지문날인제도가 과잉금지의 원칙에 위배하여 청구인들의 개인정보자기결정권을 침해하였다고 볼 수 없다(99헌마513).
② (×) 개인정보자기결정권의 보호대상이 되는 <u>개인정보는</u> 개인의 신체, 신념, 사회적 지위, 신분 등과 같이 개인의 인격주체성을 특징짓는 사항으로서 <u>그 개인의 동일성을 식별할 수 있게 하는 일체의 정보라고</u> 할 수 있고, 반드시 개인의 내밀한 영역이나 사사(私事)의 영역에 속하는 정보에 국한되지 않고 공적 생활에서 형성되었거나 <u>이미 공개된 개인정보까지 포함한다</u>(99헌마513).

18 정답 ③

◎정답찾기 ③ (×) <u>고의 또는 중대한 과실</u>이 없는 경우에는 징계 요구 또는 문책 요구 등 책임을 묻지 않는다.
④ (○) 적극행정 신청은 민원의 내용을 거부하는 통지 또는 국민제안이 채택되지 않았다는 통지를 받은 사람에 한하여 할 수 있고, 소극행정 신고는 누구든지 소속 중앙행정기관의 장이나 소극행정 신고센터에 할 수 있다.

19 정답 ①

●**정답찾기** ② (×) 위원 3인 이상이다. **국가경찰위원회**의 임시회는 행안부장**관**, 위원 **3**인 이상, 경찰**청**장이 소집 요구할 수 있고, **정**기회는 월 **2**회 소집한다. 【**국경 관세청 정리(2)**】
③ (×) 위원 2명 이상이다(법 제26조).
④ (×) 재적위원 과반수의 출석과 출석위원 3분의 2 이상의 찬성으로 전과 같은 의결을 하면 그 의결사항은 확정된다.

20 정답 ①

●**정답찾기** ① (×) 경찰의 사무를 지역적으로 분담하여 수행하게 하기 위하여 시·도에 시·도경찰청을 두고, 시·도경찰청장 소속으로 경찰서를 둔다(경찰법 제13조). 경찰청장 소속으로 시·도경찰청을 둔다는 규정은 없다. 해석상 시·도경찰청은 행정안전부장관 소속으로 볼 수 있다.

21 정답 ③

●**정답찾기** ㉠ (×) 위임은 권한의 일부에 대하여만 가능하다.

22 정답 ③

●**정답찾기** ① (×) 제한 없이 모든 권한을 가진다.
② (×) 직무대리자는 본래 담당한 직위의 업무를 수행하면서 직무대리 업무를 수행하는 것을 원칙으로 한다.
④ (×) 15일 이하인 경우에는 생략할 수 있다.

23 정답 ③

●**정답찾기** ③ (×) 시·도경찰청장의 추천을 받아야 한다.

●**TiP** 추천 및 의견 【**총수행 지위**】

추천	① **총**경 이상 임용시 경찰청장 추천 → 행안부장관 제청 ② **수**사부서에서 총경을 보직시 국수본부장 추천 ③ 시경위 임용권 **행**사시 시·도지사 추천
의견	① **지**·파 소장 보직시 시경위의 사전 의견 청취 ② 시경위는 시·도지사와 시·도청장의 의견을 들어 그 권한의 일부를 시·도청장에 **위임**

24 정답 ④

●**정답찾기** ④ (×) 경위 이하의 경찰공무원에 대하여 2계급까지 특별승진시킬 수 있다.

25 정답 ③

●**정답찾기** ① (○) 국가공무원법 제66조의 '공무 이외의 일을 위한 집단적 행위'는 공무가 아닌 어떤 일을 위하여 공무원들이 하는 모든 집단적 행위를 의미하는 것이 아니고 언론·출판, 집회·결사의 자유를 보장하고 있는 헌법 제21조 제1항, 헌법상의 원리, 국가공무원법의 취지, 국가공무원법상의 성실의무 및 직무전념의무 등을 종합적으로 고려하여 "공익에 반하는 목적을 위하여 직무전념의무를 해태하는 등의 영향을 가져오는 집단적 행위"라고 축소해석하여야 할 것이다(대판 90도2310).
② (○) 장관 주재의 정례조회에서의 집단퇴장행위는 공무원으로서 직무에 관한 기강을 저해하거나 기타 그 본분에 배치되는 등 공무본질을 해치는 다수인의 행위라 할 것이므로, 비록 그것이 건설행정기구의 개편안에 관한 불만의 의사표시에서 비롯되었다 하더라도, '공무 외의 집단적 행위'에 해당한다(대판 91누9145).
③ (×) 이 사건 행위 중 릴레이 1인 시위, 릴레이 언론기고, 릴레이 내부전산망 게시는 모두 후행자가 선행자에 동조하여 동일한 형태의 행위를 각각 한 것에 불과하고, 여럿이 같은 시간에 한 장소에 모여 집단의 위세를 과시하는 방법으로 의사를 표현하거나 여럿이 단체를 결성하여 그 단체 명의로 의사를 표현하는 경우, 여럿이 가담한 행위임을 표명하는 경우 또는 정부활동의 능률을 저해하기 위한 집단적 태업행위에 해당한다거나 이에 준할 정도로 행위의 집단성이 있다고 보기 어렵다(대판 2014두8469).
④ (○) '집단행위'에 해당하려면, 실제 여럿이 모이는 형태로 의사표현을 하는 것은 아니지만 발표문에 서명날인을 하는 등의 수단으로 여럿이 가담한 행위임을 표명하는 경우 또는 일제 휴가나 집단적인 조퇴, 초과근무 거부 등과 같이 정부활동의 능률을 저해하기 위한 집단적 태업행위로 볼 수 있는 경우에 속하거나 이에 준할 정도로 행위의 집단성이 인정되어야 한다(대판 2014두8469).

26 정답 ②

●**정답찾기** ① (×) 상위계급과 하위계급자의 관련 사건은 상위계급자 관할 징계위원회에서 관할하며 경위 이하에 대하여는 경찰서에 징계위원회를 설치하므로, 경찰서에 설치된 징계위원회에서 심의·의결한다.
③④ (×) 총경 및 경정의 강등 및 정직은 경찰청장이 한다(경공법 제33조).

27 정답 ②

●**정답찾기** ② (×) 의견이 나뉘어 출석 위원 과반수의 합의에 이르지 못하였을 때에는 과반수에 이를 때까지 소청인에게 가장 불리한 의견에 차례로 유리한 의견을 더하여 그 중 가장 유리한 의견을 합의된 의견으로 본다.

28 정답 ②

●**정답찾기** ① (×) 보상금을 지급할 수 있다.
③ (×) '자신이나 다른 사람의 생명·신체의 방어 및 보호' 요건이며, 재산은 해당하지 아니한다.
④ (×) 보호조치는 임의적 조치이다. '~ 적절한 조치를 할 수 있다'로 규정되어 있다.

29 정답 ①

◆정답찾기 ① (×) 가스발사총은 1미터 이내에서 상대방의 얼굴을 향하여 발사할 수 없는 제한만 있다. 다만, 「경찰 물리력 행사의 기준과 방법에 관한 규칙(경찰청예규)」 3.7.2.에 의하여 대상자가 14세 미만이거나 임산부 또는 호흡기 질환을 가지고 있음을 인지한 경우(고위험 물리력을 사용할 수 있는 경우는 제외)에는 정방방위나 긴급피난 요건이 충족되지 않는 한 분사기를 사용할 수 없다.

TIP 전자충격기 및 권총·소총 사용 제한

전자충격기	14세 미만, 얼굴, 임산부에 사용 금지 【충격받은 열사 얼굴임】
권총·소총	총기·폭발물로 대항하는 경우를 제외하고 14세 미만, 임산부 금지(얼굴 ×) 【총 맞은 열사임】

30 정답 ④

◆정답찾기 ① (○) 법률유보의 원칙은 '법률에 의한' 규율만을 뜻하는 것이 아니라 '법률에 근거한' 규율을 요청하는 것이므로 기본권 제한의 형식이 반드시 법률의 형식일 필요는 없고 법률에 근거를 두면서 헌법 제75조가 요구하는 위임의 구체성과 명확성을 구비하기만 하면 위임입법에 의하여도 기본권 제한을 할 수 있다(헌재 2003헌마289).
② (○) 오늘날 법률유보원칙은 단순히 행정작용이 법률에 근거를 두기만 하면 충분한 것이 아니라, 국가공동체와 그 구성원에게 기본적이고도 중요한 의미를 갖는 영역, 특히 국민의 기본권실현에 관련된 영역에 있어서는 행정에 맡길 것이 아니라 국민의 대표자인 입법자 스스로 그 본질적 사항에 대하여 결정하여야 한다는 요구까지 내포하는 것으로 이해하여야 한다(이른바 의회유보원칙). (헌재 2006헌바70)
④ (×) 예산은 일종의 법규범이고 법률과 마찬가지로 국회의 의결을 거쳐 제정되지만 법률과 달리 국가기관만을 구속할 뿐 일반국민을 구속하지 않는다(헌재 2006헌마409).

31 정답 ①

◆정답찾기 ① (×) 민사소송에 있어서 어느 행정처분의 당연무효 여부가 선결문제로 되는 때에는 이를 판단하여 당연무효임을 전제로 판결할 수 있고 반드시 행정소송 등의 절차에 의하여 그 취소나 무효확인을 받아야 하는 것은 아니다(대판 2009다90092). (보충설명) 민사법원은 행정처분의 당연무효를 전제로 민사소송에 대한 판결을 하는 것이지 처분의 무효확인판결을 하는 것은 아니다.
② (○) 다른 사람 이름으로 발급받은 운전면허는 당연무효가 아니고 취소되지 않는 한 유효하므로 무면허운전에 해당하지 아니한다(대판 80도2646).
④ (○) 행정청으로부터 자동차 운전면허취소처분을 받았으나 나중에 그 행정처분 자체가 행정쟁송절차에 의하여 취소되었다면, 위 운전면허취소처분은 그 처분시에 소급하여 효력을 잃게 되고, 피고인은 위 운전면허취소처분에 복종할 의무가 원래부터 없었음이 후에 확정되었다고 봄이 타당할 것이고, 행정행위에 공정력의 효력이 인정된다고 하여 행정소송에 의하여 적법하게 취소된 운전면허취소처분이 단지 장래에 향하여서만 효력을 잃게 된다고 볼 수는 없다(대판 98도4239).

32 정답 ③

◆정답찾기 ③ (×) 수익적 행정처분에 있어서는 법령에 특별한 근거규정이 없다고 하더라도 그 부관으로서 부담을 붙일 수 있고, 그와 같은 부담은 행정청이 행정처분을 하면서 일방적으로 부가할 수도 있지만 부담을 부가하기 이전에 상대방과 협의하여 부담의 내용을 협약의 형식으로 미리 정한 다음 행정처분을 하면서 이를 부가할 수도 있다. 행정청이 수익적 행정처분을 하면서 부가한 부담의 위법 여부는 처분 당시 법령을 기준으로 판단하여야 하고, 부담이 처분 당시 법령을 기준으로 적법하다면 처분 후 부담의 전제가 된 주된 행정처분의 근거 법령이 개정됨으로써 행정청이 더 이상 부관을 붙일 수 없게 되었다 하더라도 곧바로 위법하게 되거나 그 효력이 소멸하게 되는 것은 아니다(대판 2005다65500). 〈접도구역 송유관 매설 사건〉

33 정답 ③

◆정답찾기 ① (×) 국가배상법 제2조 제1항에서 말하는 "직무를 행함에 당하여"라는 취지는 공무원의 행위의 외관을 객관적으로 관찰하여 공무원의 직무행위로 보여질 때에는 비록 그것이 실질적으로 직무행위이거나 아니거나 또는 행위자의 주관적 의사에 관계없이 그 행위는 공무원의 직무집행행위로 볼 것이요 이러한 행위가 실질적으로 공무집행행위가 아니라는 사정을 피해자가 알았다 하더라도 그것을 "직무를 행함에 당하여"라고 단정하는데 아무런 영향을 미치는 것이 아니다(대판 66다781).
② (×) 고의·과실에 관한 증명책임은 원고인 피해자에게 있다.
③ (○) 어떠한 행정처분이 후에 항고소송에서 취소되었다고 할지라도 그 기판력에 의하여 당해 행정처분이 곧바로 공무원의 고의 또는 과실로 인한 것으로서 불법행위를 구성한다고 단정할 수는 없는 것이고, 그 행정처분의 담당공무원이 보통 일반의 공무원을 표준으로 하여 볼 때 객관적 주의의무를 결하여 그 행정처분이 객관적 정당성을 상실하였다고 인정될 정도에 이른 경우에 국가배상법 제2조 소정의 국가배상책임의 요건을 충족하였다고 봄이 상당할 것이다(대판 99다70600).
④ (×)

제4조(양도 등 금지) 생명·신체의 침해로 인한 국가배상을 받을 권리는 양도하거나 압류하지 못한다.

34 정답 ④

◆정답찾기 ㉠ (×) 국가수사본부 형사국장 소관이다. "수사"라는 용어가 들어가면 국가수사본부 사무이다.
㉡ (×) "풍속 및 성매매 사범에 대한 지도 및 단속"은 범죄예방대응국 사무이지만, "아동·청소년 대상 성매매 단속"은 형사국 사무이다.
㉢ (○) "수사"라는 용어가 들어가면 국가수사본부 사무이지만, '수사 과정상의 피해자 보호'는 생활안전교통국 사무이다.
㉣㉤ (○) 외사국이 국제협력관으로 축소되면서, 기존 외사국의 업무 중 외사정보 수집은 치안정보국으로 이관되고, 외사보안업무는 안보수사국의 업무로 이관되었다.

35　　　　　　　　　　　　　정답 ②

정답찾기 ② (×) 신분위장에 이르지 않는 행위로서 경찰관 외의 신분을 고지하는 방식은 신분비공개수사에 포함된다(동법 시행령 제5조의3①).

36　　　　　　　　　　　　　정답 ④

정답찾기 ② (○) 긴급응급조치 위반자는 과태료 처분이 아닌 형사처벌 대상이다.
③ (○) 3개월 이내가 원칙이며 2회 연장할 수 있으므로 최장 9개월까지 가능하다.
④ (×) 3개월을 초과할 수 없으며 두 차례에 한정하여 각 3개월의 범위에서 연장할 수 있다.

TiP 임시조치(잠정조치) 기간 비교

가정폭력처벌법	아동학대처벌법	스토킹처벌법
격·접: 2개월(2회연장) 요·구: 1개월(1회연장)	격·접: 2개월(2회연장) 친·교·요·구: 2개월(1회연장)	접·전: 3개월(2회연장, 총9개월) 구: 1개월(연장불가)
【격·접: 2+2】	【요·구 등: 1+1, 2+1, 1 ×】	

37　　　　　　　　　　　　　정답 ①

정답찾기 ① (×) 선수승화법은 사전에 불만이나 분쟁요인을 찾아서 해소하는 것이고, 불만집단에 반대하는 의견을 부각시키는 것은 경쟁행위법이다.

38　　　　　　　　　　　　　정답 ④

정답찾기 ① (×) 0.01퍼세트를 초과한 경우이다.
② (×) 3회 이상의 인적피해 교통사고 전력이다. 물적피해는 제외된다.
③ (×) 과거 5년 이내에 음주운전 전력이 있는 경우이다.

TiP 음주운전으로 면허취소·정지 감경기준(도로교통법시행규칙 별표 28)

감경사유	① 운전이 가족의 **생**계를 유지할 중요한 수단이 되는 경우 ② **모**범운전자로서 처분 당시 **3년** 이상 교통봉사 활동에 종사하고 있는 경우 ③ 교통사고를 일으키고 **도**주한 운전자를 검거하여 경찰서장 이상의 **표**창을 받은 사람
감경제외사유	① 과거 **5년** 이내에 **인**적피해 **3**회 이상 교통사고의 전력이 있는 경우 ② 과거 **5년** 이내에 음**주**운전의 전력이 있는 경우 ③ 혈중알코올 농도가 **0.1**퍼센트를 **초**과하여 운전한 경우 ④ 음**주**운전 중 **인**적피해 교통**사**고를 일으킨 경우 ⑤ 경찰관의 음주측정 요구에 **불**응하거나 **도**주한 때 또는 단속경찰관을 폭**행**한 경우
아두스	【생모삼년도표, 망년회 인삼주에 0.1초(만에) 인사불성】

39　　　　　　　　　　　　　정답 ④

정답찾기 ① (×) 외국 국적을 취득하지 아니한 사람을 말한다.
② (×) 이 법에 따라 보호 및 지원을 받는 북한이탈주민을 말한다. 보호를 받기로 결정된 사람을 의미한다.
③ (×) 보호대상자로 결정하지 아니할 수 있다. 이에 해당하여도 보호대상자로 결정할 수 있다.
④ (○) 통일부장관은 북한이탈주민 보호 및 정착지원 협의회의 심의를 거쳐 보호 여부를 결정하지만, 국가정보원장은 협의회의 심의없이 보호 여부를 결정한다.

40　　　　　　　　　　　　　정답 ③

정답찾기 ③ (×) 6시간 이내에 법무부장관에게 긴급출국금지 승인을 요청하여야 한다.

제 **06** 회

01
정답 ④

●정답찾기 ② (○) **퓌터**: 임박한 위험【피 터지는 임박한 위험】

③ (○) **일반란트법**: 절박한 위험【임플란트로 절박한 고통 해소】

④ (×) 경찰행정법 제14조 제1항에서 '경찰관청은 공공의 안녕과 질서를 위협하는 <u>위험을 방지하기 위하여 의무에 합당한 재량으로 조치해야 한다</u>'고 규정하여 <u>경찰의 직무범위를 소극적 위험방지에 한정</u>되도록 하였다. 이는 <u>크로이츠베르크 판결</u>에 의하여 정립된 경찰의 소극적 질서유지 목적에 한정이라는 실질적 의미의 경찰개념을 성문화한 것이다.

02
정답 ①

●정답찾기 ㉠ (×) 실질적 의미의 경찰은 작용을 중심으로 파악된 개념이고, 형식적 의미의 경찰은 조직을 기준을 파악된 개념이다.

㉢ (×) 실질적 의미의 경찰은 명령 · 강제하는 활동에 한정하는 개념으로서 봉사활동은 실질적 의미의 경찰에 속하지 않는다. 형식적 의미의 경찰에 해당한다.

㉣ (×) 국가수사본부의 설치로 사법경찰이 독립되었다고 볼 수 없다. 국가수사본부는 경찰청에 설치한다.

㉤ (×) 위해의 정도에 따른 구분은 비상경찰과 평시경찰이다.

【(닐) **위해 비평**】경찰활동의 질과 내용에 따라서 질서경찰과 봉사경찰로 구분한다.

03
정답 ②

●정답찾기 ① (○) 손해의 정도가 중하면 손해발생의 개연성이 낮아도 위험을 긍정할 수 있고, 반대로 손해의 정도가 경하면 그 개연성이 높은 경우라야 위험이 존재한다고 판단할 수 있다.

② (×) 위험은 가까운 장래에 보호법익에 대한 손해가 발생할 충분한 가능성(개연성)이 존재하는 상태를 말하고, 손해는 보호법익의 정상적 상태의 객관적 감소를 뜻하며 보호법익에 대한 현저한 침해행위가 있어야 손해가 인정된다.

TiP 우리나라 대법원 판례에 적용된 위험의 원칙

국보법 제7조(찬양고무등)	명백한 위험
집시법 강제해산	직접적 + 명백한 위험 + 초래
살수차의 직사살수	직접적 + 명백한 위험 + 현존

04
정답 ③

●정답찾기 ② (○) 제35조(22. 10. 7.개정)

③ (×) 진단은 대상 경찰관서를 방문하여 관찰, 서류 점검, 면담, 설문 등의 방법으로 실시하되, 방문 진단이 곤란하다고 인정하는 경우에는 서면으로 할 수 있다(제26조).

④ (○) 제18조(22. 10. 7.개정)

05
정답 ④

●정답찾기 ① (×) '치안서비스 제공자로서의 경찰모델'은 대역적 권위에 의한 사회봉사활동, 비권력적 치안서비스 활동을 치안활동에 포함시키기 때문에 지역사회 경찰활동과 일맥상통한다.

② (×) 경찰의 역할을 뚜렷하게 인식시키고 경찰의 전문직화에 기여하는 측면이 있지만, 범법자는 적이고 경찰은 정의의 사자라는 흑백논리에 따라 재판을 하기도 전에 경찰이 범법자를 처벌함으로써 인권을 침해할 우려가 있다.

③ (×) 일시적이고 임시방편적이어야 한다. 법적근거를 가진 사회봉사활동기관의 활동 내에서 이루어져야 한다.

06
정답 ②

●정답찾기 ① (×) 형제자매는 생계를 같이 하는 경우와 관련 없이 항상 가족의 범위에 해당한다. 부동산 보유 · 매수 신고를 제외하고 "생계를 같이하는" 경우는 항상 "배우자"와 결합 된다. 이때 생계를 같이한다는 의미는 반드시 동거하는 것을 의미하는 것은 아니며 '동일한 생활자금에서 생활하는 단위'를 의미한다(대판 88누3826).

TiP 민법 제779조 가족의 범위

- 배우자, 직계혈족 및 형제자매
- 생계를 같이하는 직계혈족의 배우자
- 생계를 같이하는 배우자의 직계혈족
- 생계를 같이하는 배우자의 형제자매

③ (×) 민법 제779조에 의한 가족을 의미하므로 사실혼은 포함되지 않고 법률혼만 해당한다.

④ (×) 단순한 동거친족은 해당하지 않는다. 다만, 「가정폭력처벌법」에서 가정구성원의 범위에 형제자매는 동거하는 경우에 한한다. 이 때 동거하지 않는 형제자매는 가정구성원에 해당하지 않는다.

> 가정폭력처벌법 제2조(정의)
> 2. "가정구성원"이란 다음 각 목의 어느 하나에 해당하는 사람을 말한다.
>   가. 배우자(사실상 혼인관계에 있는 사람을 포함한다) 또는 배우자였던 사람
>   나. 자기 또는 배우자와 직계존비속관계(사실상의 양친자관계를 포함한다)에 있거나 있었던 사람
>   다. 계부모와 자녀의 관계 또는 적모(嫡母)와 서자(庶子)의 관계에 있거나 있었던 사람
>   라. **동거하는 친족**

07

정답 ②

정답찾기 ② (×) 공무원은 정치인이나 정당 등으로부터 부당한 직무수행을 강요받거나 청탁을 받은 경우에는 별지 제9호 서식 또는 전자우편 등의 방법으로 소속 기관의 장에게 보고하거나 행동강령책임관과 상담하여야 한다(제8조).

08

정답 ③

정답찾기 ① (×) 합리적 선택이론은 신고전주의로서 엄격한 형벌과 법집행을 강조한다. 경찰등 법집행기관의 중요성을 간과하고 있다는 비판을 받는 이론은 집합 효율성 이론이다.
② (×) 범죄의 기회를 제거하고자 하는 상황적 범죄예방 이론과 관련된다.
④ (×) '울타리·펜스의 설치'는 영역성 강화에 해당한다. 자연적 접근통제는 통행로 설계, 출입구의 최소화 등 출입구와 관련된다.

TiP 뉴먼의 방어공간에 대한 4가지 관점 【자이(아파트) 환영안】

자연적 감시	자연적 가시권의 확대
이미지와 환경(milieu)	① 이미지 : '깨진 유리창 이론'처럼 주변 시설을 정리하거나 유지 보수하여 주민들에 의하여 보호되고 있으며 쉬운 범행대상으로 느껴지지 않는 이미지 형성 (범죄자에게 보여주는 것) ② 환경 : 통행로, 마당, 놀이터, 주변거리 등을 방범환경으로 조성해야 한다.
영역성	사적공간에 대한 경계표시 및 주민의 소유의식 확대로 주민들이 자신의 영역에 대한 감시를 강화한다. (거주자에게 소유의식을 갖도록 하는 것)
안전지대 (지리적 병치)	주거환경은 주변이 우범지역인지 안전지역인지에 의하여 영향을 받는다.

09

정답 ③

정답찾기 ③ (×) "발달적 범죄예방"은 인간의 생애 과정 중 초기(어린 시절)에 개입하여 범죄로 진행될 위험 요인을 차단하는 방법이다. 학교폭력 관련 예방 활동이나 학대 피해 우려가 높은 아동에 대한 모니터링 실시 등이 예시가 될 수 있다.

10

정답 ②

정답찾기 ① (○) 범죄피해자 : 당사자, 배우자(사실혼 포함), 직계친족, 형제자매, 구조활동 피해자 【당배직형구】
② (×) 긴급피난은 구조대상에 포함된다.

구조대상 포함	형사미성년자, 심신장애인, 강요된 행위, 긴급피난으로 인한 피해
구조대상 제외	정당행위, 정당방위, 과실에 의한 행위 【정정과】

③ (○) 생명·신체에 한하며 재산(사기죄)이나 정신적 피해(명예훼손죄)는 제외된다.
④ (○) 사망, 장해, 중상해를 입은 경우만 해당하므로 단순폭행은 해당하지 않는다.

TiP 범죄피해자 보호법

제3조(정의) ① 이 법에서 사용하는 용어의 뜻은 다음과 같다.
1. "범죄피해자"란 타인의 범죄행위로 피해를 당한 사람과 그 배우자(사실상의 혼인관계를 포함한다), 직계친족 및 형제자매를 말한다. 【당배직형구】
2. "범죄피해자 보호·지원"이란 범죄피해자의 손실 복구, 정당한 권리 행사 및 복지 증진에 기여하는 행위를 말한다. 다만, 수사·변호 또는 재판에 부당한 영향을 미치는 행위는 포함되지 아니한다.
3. "범죄피해자 지원법인"이란 범죄피해자 보호·지원을 주된 목적으로 설립된 비영리법인을 말한다.
4. "구조대상 범죄피해"란 대한민국의 영역 안에서 또는 대한민국의 영역 밖에 있는 대한민국의 선박이나 항공기 안에서 행하여진 사람의 생명 또는 신체(재산 ×, 정신적피해×)를 해치는 죄에 해당하는 행위(「형법」 제9조(형사미성년자), 제10조제1항(심신장애인), 제12조(강요된 행위), 제22조 제1항(긴급피난)에 따라 처벌되지 아니하는 행위를 포함하며, 같은 법 제20조(정당행위) 또는 제21조제1항(정당방위)에 따라 처벌되지 아니하는 행위 및 과실에 의한 행위는 제외한다)로 인하여 사망하거나 장해 또는 중상해(단순폭행X)를 입은 것을 말한다. 【생신 사장중(정정과X)】
5. "장해"란 범죄행위로 입은 부상이나 질병이 치료(그 증상이 고정된 때를 포함한다)된 후에 남은 신체의 장해로서 대통령령으로 정하는 경우를 말한다.
6. "중상해"란 범죄행위로 인하여 신체나 그 생리적 기능에 손상을 입은 것으로서 대통령령으로 정하는 경우를 말한다.
② 제1항 제1호에 해당하는 사람 외에 범죄피해 방지 및 범죄피해자 구조 활동으로 피해를 당한 사람도 범죄피해자로 본다.

11

정답 ④

정답찾기 ㉠ (×) 행정경찰장정은 경찰작용법이다.
㉡ (×) 1894년 경무청은 전국이 아닌 한성부를 관할하였다.
㉢ (×) 1900년 경부체제에서 중앙은 경부가 담당하고, 지방은 관찰사가 치안을 담당하였으며 지방에 파견된 총순은 관찰사를 보좌하였다. 중앙과 지방은 이원적 체제로 운영되었다.
㉣ (×) 1902년 경무청이 내부 소속으로 환원되었지만 관할은 전국을 담당하게 되었다.

12

정답 ④

정답찾기 ① (×) 범법자를 체포하여 법정에 데려오는 것은 컨스터블(Constable)의 업무였다. Sheriff는 영국의 주(州)에 해당하는 샤이어(Shire)의 책임자(Shire reeve)가 명칭이 변경된 것이다. Sheriff는 왕이 임명하는 귀족이었음에 반하여, Constable은 평민으로서 처음에는 주민들에 의하여 선출되다가 나중에는 성인 남자가 1년에 한 번씩 돌아가면서 수행하는 의무직으로 변화하였다.
② (×) 로버트 필은 경찰개혁안에서 경찰은 정부의 통제하에 있어야 한다고 주장하였다. 이에 따라 국가경찰인 수도경찰청을 창설하게 되었다.
③ (×) 수도경찰청이 왕궁 및 의사당 경비, 국가상황실관리, 대테러업무등을 담당한다.

13 정답 ④

◉정답찾기 ① (×) 조직의 일체감과 통일성을 유지하는 것은 계층제의 원리이고, 구성원의 개별적 활동을 전체적인 관점에서 통일하는 것은 조정의 원리이다.

② (×) 계층제는 업무의 신중을 기할 수 있으나, 조직의 경직화로 환경변화에 비신축적이다.

③ (×) 권한의 위임을 통하여 명령통일의 원리의 문제점을 극복할 수 있다.

④ (○) 통솔범위를 좁게 하면 계층이 늘어나고, 계층수가 적으면 통솔범위가 늘어난다.

14 정답 ③

◉정답찾기 ③ (×) 계급제는 폐쇄형 충원방식으로서 외부 환경의 변화에 적합한 전문가를 적시에 공급하기 곤란하여 신축적으로 대응하기 어렵고, 직위분류제는 개방형 충원방식으로서 외부 환경 변화에 신축적으로 대응할 수 있다.

15 정답 ③

◉정답찾기 ① (○) 제3조②③

② (○) 제12조②

③ (×) 미리 국가정보원장과의 협의를 거쳐 Ⅱ급 이하의 비밀취급을 인가할 수 있다(보안업무규정 시행규칙 제13조①).

④ (○) 제33조①

16 정답 ③

◉정답찾기 ③ (×) 5일이 경과한 때에 효력이 발생한다.

◉TiP 효력발생 시기 정리

1. **공고**문서는 **5일** 경과한 때 효력발생
   【**공고**(공업고등학교)문서에 **oil(5일)** 마를 때 효력발생】
2. **공시송달**: 공고일부터 **14일** 후 효력【**공시생 일사천리**】
3. **징계** 출석요구 관보게재: 게재일로부터 **10일** 후 효력【**징괘씸**】

17 정답 ②

◉정답찾기 ① (○) 공개청구자는 그가 공개를 구하는 정보를 공공기관이 보유·관리하고 있을 상당한 개연성이 있다는 점에 대하여 입증할 책임이 있으나, 공개를 구하는 정보를 공공기관이 한때 보유·관리하였으나 후에 그 정보가 담긴 문서들이 폐기되어 존재하지 않게 된 것이라면 그 정보를 더 이상 보유·관리하고 있지 않다는 점에 대한 증명책임은 공공기관에 있다(대판 2010두18918).

② (×) 공공기관으로서는 정보의 사본 또는 복제물의 교부를 제한할 수 있는 사유에 해당하지 않는 한 정보공개청구자가 선택한 공개방법에 따라 정보를 공개하여야 하므로 그 공개방법을 선택할 재량권이 없다(대판 2003두8050).

제13조(정보공개 여부 결정의 통지) ② 공공기관은 청구인이 사본 또는 복제물의 교부를 원하는 경우에는 이를 교부하여야 한다.

제15조(정보의 전자적 공개) ① 공공기관은 전자적 형태로 보유·관리하는 정보에 대하여 **청구인이 전자적 형태로 공개하여 줄 것을 요청하는 경우에는** 그 정보의 성질상 현저히 곤란한 경우를 제외하고는 **청구인의 요청에 따라야 한다.**

② 공공기관은 전자적 형태로 보유·관리하지 아니하는 정보에 대하여 청구인이 전자적 형태로 공개하여 줄 것을 요청한 경우에는 정상적인 업무수행에 현저한 지장을 초래하거나 그 정보의 성질이 훼손될 우려가 없으면 그 정보를 전자적 형태로 변환하여 공개할 수 있다.

③ (○) 보안관찰 관련 통계자료는 지역별 분포에 대한 전국적 현황과 추이를 한눈에 파악할 수 있는 구체적이고 광범위한 자료에 해당하므로 '통계자료'라고 하여도 그 함의(함의)를 통하여 나타내는 의미가 있음이 분명하여 가치중립적일 수는 없고, 그 통계자료의 분석에 의하여 대남 공작활동이 유리한 지역으로 보안관찰처분대상자가 많은 지역을 선택하는 등으로 악용될 우려가 있으므로 비공개정보에 해당한다(대판 2001두8254).

④ (○) 공무원이 직무와 관련 없이 개인적인 자격으로 시장이 주최한 간담회·연찬회 등 행사에 참석하고 금품을 수령한 정보는 「공공기관의정보공개에관한법률」 소정의 '공개하는 것이 공익을 위하여 필요하다고 인정되는 정보'에 해당하지 않는다(대판 2003두8050).

18 정답 ④

◉정답찾기 ① (×) 위임명령은 위임된 범위에서 새로운 법규사항을 정할 수 있으나, 집행명령은 새로운 법규사항을 정할 수 없다.

② (×) 대통령령·총리령·부령 모두 위임명령되거나 집행명령이 될 수 있다.

③ (×) 판례는 법규명령의 형식이 부령이고 그 내용이 행정규칙적이라면 이를 행정규칙으로 보지만, 법규명령의 형식이 대통령령이고 그 내용이 행정규칙적인 것은 재판규범이 될 수 있는 법규명령으로 본다(대판 97누15418).

④ (○) 행정규칙은 행정조직 내부에서만 효력을 가질 뿐 대외적으로 국민이나 법원을 구속하는 효력이 없으므로 그 제정에는 원칙적으로 법률의 위임을 요하지 아니한다.

19 정답 ④

◉정답찾기 ④ (×) 경찰청장의 의견을 들어야 한다.

◉TiP 시·도자치경찰위원회와 경찰청장간 협의(통보)사항 정리

1. **시·도경찰청장의 임용**과 관련한 **경찰청장과의 협의**(제24조①6.)
2. **경찰서장의 자치경찰사무 수행평가**를 경찰청장에게 통보(제24조①6.)
3. **국가경찰사무·자치경찰사무의 협력·조정** 관련 **경찰청장과 협의**(제24조①15.)
4. 자치경찰사무와 관련하여 경찰청장에게 **경찰력 지원·조정 요청**(제32조⑦)
5. **자치경찰 예산 수립시** 시·도자치경찰위원회는 경찰청장의 의견을 들어야 한다(제35조①)
6. 자치경찰사무에 대한 지휘·감독이 실시간으로 이루어질 수 있도록 미리 **경찰청장과 협의**하여 시·도경찰청장에게 위임되는 자치경찰사무의 범위를 정함(자치경찰사무와 시·도자치경찰위원회의 조직 및 운영에 관한 규정 제19조).

※ 시·도자치경찰위원회는 자치사무에 대하여 시·도경찰청장을 지휘·감독하는 주체로서 '협의'의 대상은 대부분 경찰청장이며 시·도경찰청장이 아니다.

20

정답 ④

정답찾기 ④ (×) 자치경찰사무 외의 사항은 국가경찰사무에 해당한다 (제4조 제1항 제1호). 국가경찰사무 외의 다른 국가기관으로부터의 업무협조 요청에 관한 사항은 국가경찰위원회의 심의·의결 사항이다.

21

정답 ②

정답찾기 ① (○) 당연퇴직은 결격사유가 있어 법률상 당연퇴직되는 것이지 공무원관계를 소멸시키기 위한 별도의 행정처분을 요하지 아니한다 할 것이며 위와 같은 사유의 발생으로 당연퇴직의 인사발령이 있었다 하여도 이는 퇴직사실을 알리는 이른바 관념의 통지에 불과하여 행정소송의 대상이 되지 아니한다(대판 91누2687).
② (×) 경찰공무원인 원고가 사직원을 제출하였다고 하더라도 임용권자에 의하여 사직원이 수리되어 면직되지 아니한 상태에서 3개월간 출근하지 아니한 행위는 공무원으로서 소속 상관의 허가 없이 직장을 이탈한 것으로, 이를 이유로 한 파면처분이 재량권의 남용 또는 일탈에 해당하지 않는다(대판 91누3666).
③ (○) 대판 86누459
④ (○) 대판 97누7325

22

정답 ②

정답찾기 ㉢ (×) 약식명령이 청구된 자는 제외한다.
㉣ (×) 직권휴직 사유이다.
㉤ (×) 직권면직 사유이다.
㉥ (×) 직권휴직 사유이다.

23

정답 ③

정답찾기 ① (×) 집단행동 금지의 의무는 신분상 의무이다.
② (×) 상관의 허가이다.
③ (○) 제61조①
④ (×) 공무원은 직무상의 관계가 있든 없든 그 소속 상관에게 증여하거나 소속 공무원으로부터 증여를 받아서는 아니 된다(제61조②).

24

정답 ②

정답찾기 ② (×) 경정이 아닌 경감 이하이다.

TIP 경찰공무원 징계령 세부시행규칙(경찰청예규)

> 제8조(징계의 감경) ① 징계위원회는 징계의결이 요구된 자가 다음 각 호의 어느 하나에 해당하는 공적이 있는 경우 별표 9에 따라 **징계를 감경할 수 있다.** 【총포모 경감(감경)】
> 1. 「상훈법」에 따라 훈장 또는 **포장**을 받은 공적 ※ 포장 이상
> 2. 「정부표창규정」에 따라 국무총리 이상의 표창을 받은 공적 다만, **경감이하의 경찰공무원등은 경찰청장 또는 중앙행정기관 차관급 이상 표창을 받은 공적** ※ 총리 이상
> 3. 「모범공무원규정」에 따라 **모**범공무원으로 선발된 공적
> ② 경찰공무원등이 징계처분 또는 징계위원회의 권고에 의한 경고를 받은 사실이 있는 경우에는 **그 징계처분 또는 경고처분 전의 공적은 제1항에 따른 감경대상 공적에서 제외한다.**
> ③ (요약) 금품수수·성범죄·소극행정·음주운전 등의 경우는 감경할 수 없다.

④ (○) 기관이나 단체에 수여된 단체표창은 징계대상자에 대한 징계양정의 임의적 감경사유에 해당하지 않는다(대판 2012두13245).

25

정답 ③

정답찾기 ③ (×) 경감이하의 경찰공무원등은 경찰청장 또는 중앙행정기관 차관급 이상 표창을 받은 공적이 있는 경우, 징계위원회의 징계감경 사유에는 해당하지만(「경찰공무원 징계령 세부시행규칙」 제8조) 징계처분을 받은 후 승진임용 단축사유에는 해당하지 않는다.

TIP 경찰공무원 승진임용 규정(대통령령)

> 제6조(승진임용의 제한) ① 다음 각 호의 어느 하나에 해당하는 경찰공무원은 승진임용될 수 없다.
> 1. **징계의결 요구, 징계처분, 직위해제, 휴직**(공무상 질병 또는 부상으로 인한 특별승진 제외) 또는 시보임용 기간 중에 있는 사람
> 2. ~ 3. (생략)
> 4. 법 제30조 제3항에 따라 **계급정년**이 연장된 사람
> ② 제1항에 따라 승진임용 제한기간 중에 있는 사람이 다시 징계처분을 받은 경우 승진임용 제한기간은 전(前) 처분에 대한 승진임용 제한기간이 끝난 날부터 계산하고, 징계처분으로 승진임용 제한기간 중에 있는 사람이 휴직하는 경우 징계처분에 따른 남은 승진임용 제한기간은 복직일부터 계산한다.
> ③ 경찰공무원이 **징계처분을 받은 후** 해당 계급에서 다음 각 호의 포상을 받은 경우에는 제1항 제2호 및 제3호에 따른 승진임용 제한기간의 2분의 1을 **단축**할 수 있다.
> 【총포 제모 단축】
> 1. 훈장
> 2. **포**장 ※ 포장 이상
> 3. **모**범공무원 포상
> 4. 대통령표창 또는 국무**총**리표창 ※ 총리 이상
> 5. **제**안이 채택·시행되어 받은 포상

26

정답 ②

정답찾기 ② (×) 비례의 원칙이 아닌 부당결부금지의 원칙이다.
③ (○) 행정기본법에 명시된 법 원칙 : 【신부비평에 성남】
㉠ **신**뢰보호의 원칙
㉡ **부**당결부금지의 원칙
㉢ **비**례의 원칙
㉣ **평**등의 원칙
㉤ **성**실의무 및 권한 **남**용의 원칙

27

정답 ④

정답찾기 ① (×) 제19조(적법한 처분의 철회) ① 행정청은 적법한 처분이 다음 각 호의 어느 하나에 해당하는 경우에는 그 처분의 전부 또는 일부를 장래를 향하여 철회할 수 있다.
1. **법**률에서 정한 철회 사유에 해당하게 된 경우
2. **법**령등의 변경이나 **사**정변경으로 처분을 더 이상 존속시킬 필요가 없게 된 경우
3. 중대한 **공**익을 위하여 필요한 경우
【법공사 철에(철회)】
② (×) 제20조(자동적 처분) 행정청은 법률로 정하는 바에 따라 완전히 자동화된 시스템(인공지능 기술을 적용한 시스템을 포함한다)으로 처분을 할 수 있다. 다만, 처분에 재량이 있는 경우는 그러하지 아니하다.

③ (×) 당사자의 신청에 따른 처분은 법령등에 특별한 규정이 있거나 처분 당시의 법령등을 적용하기 곤란한 특별한 사정이 있는 경우를 제외하고는 처분 당시의 법령등에 따른다.
④ (○) 행정기본법 제18조①

28
정답 ③

정답찾기 ① (×) 면제에 대한 설명이다. 허가는 부작위의무를 해제하는 행정행위이다.
② (×) 공증은 준법률행위적 행정행위이고, 인가는 형성적 행정행위이다.
④ (×) 경찰상 강제는 강제집행과 즉시강제로 나눌 수 있으며, 의무의 존재 및 그 불이행을 전제로 하지 않는 것은 즉시강제이다.

29
정답 ③

정답찾기 ③ (×) 보호조치는 경찰서장에게 보고하여야 하고, 경찰서장이 관계기관에 통보하여야 한다.

30
정답 ③

정답찾기 ① (×) 경찰서에는 손실보상심의위원회가 설치되지 않는다.
② (×) 청구인의 동의를 받아 분할하여 지급할 수 있다.
③ (○) **안** 날부터 3년, 손실이 발생한 날부터 5년
【**안심**하세요 **바로** 보상해드립니다】
④ (×) 위원장 1명을 포함한 5명 이상 7명 이하의 위원으로 구성한다.
5명 이내의 위원으로 구성하는 위원회는 보상금심사위원회이다.

31
정답 ②

정답찾기 ② (×) 통고처분이란 일반형사소송절차에 앞선 절차로서 일정한 위법행위의 범법자에게 형벌 대신 범칙금을 납부토록 명하고, 범칙자가 그 범칙금을 납부하면 처벌이 종료되는 과형절차를 말한다. 통고처분에 의해 부과된 범칙금은 형법상 벌금과는 구별된다.
③ (○) 도로교통법 제118조에서 규정하는 경찰서장의 <u>통고처분은 행정소송의 대상이되는 행정처분이 아니므로 그 처분의 취소를 구하는 소송은 부적법하고</u>, 도로교통법상의 통고처분을 받은 자가 그 처분에 대하여 이의가 있는 경우에는 통고처분에 따른 범칙금 납부를 이행하지 아니함으로써 경찰서장의 즉결심판청구에 의하여 법원의 심판을 받을 수 있게 될 뿐이다(대판 95누4674).

32
정답 ②

정답찾기 ① (○) 대판 2015다217843
② (×) 경찰관들의 시위진압에 대항하여 <u>시위자들이 던진 화염병에 의하여 발생한 화재로 인하여 손해를 입은 주민</u>의 국가배상청구 사안에서, 공무원의 직무집행이 법령에 적합한 것이고 그 과정에서 개인의 권리가 침해되는 일이 생긴다고 하여 그 법령적합성이 곧바로 부정되는 것은 아니라고 할 것이다(대판 94다2480).
※ 경찰의 추격에 도주하던 차량에 의하여 피해를 입은 제3자에 대하여 경찰의 추격행위가 위법하지 않는 한 배상책임을 인정할 수 없다(대판 2000다26807)
③ (○) 대판 96다54102
④ (○) 공무원이 <u>자기소유 차량을 운전하여 출근하던 중 교통사고를 일으킨 경우, 직무집행관련성이 인정되지 않는다</u>(대판 94다15271).

33
정답 ③

정답찾기 ① (×) 알게 된 날부터 90일 이내에 청구하여야 한다.
② (×) 있었던 날부터 180일이 지나면 청구하지 못한다.
④ (×) 피청구인이 이행하지 아니하면 행정심판위원회는 직접 그 처분을 할 수 있다.

> 제50조(위원회의 직접 처분) ① 위원회는 피청구인이 제49조제3항에도 불구하고 처분을 하지 아니하는 경우에는 **당사자가 신청하면 기간을 정하여 서면으로 시정을 명하고 그 기간에 이행하지 아니하면 직접 처분을 할 수 있다.** 다만, 그 처분의 성질이나 그 밖의 불가피한 사유로 위원회가 직접 처분을 할 수 없는 경우에는 그러하지 아니하다.

34
정답 ③

정답찾기 ① (×) 행정안전부령으로 정하는 바에 따른다.
② (×) 거부하여야 한다(제7조②).
④ (×) 집단민원현장에 해당한다.

TiP 집단 민원 현장【도시주부 100명이 대노】

> • **도**시 정비사업과 관련하여 다툼이 있는 장소
> • 특정 **시**설물의 설치와 관련한 민원 장소
> • **주**주총회와 관련하여 다툼이 있는 장소
> • **부**동산 소유권, 점유권 등 법적권리로 다툼이 있는 장소
> • **100명** 이상의 사람이 모이는 국제, 문화, 예술, 체육 행사장
> • 행정**대**집행을 하는 장소
> • **노**동쟁의 조정신청을 한 사업장 또는 쟁의행위가 발생한 사업장
> ※ 공연장 외 **1천명** 이상 운집 예상시 공연장 운영자는 공연 **14일** 전까지 재해대처계획을 지자체 신고하고 신고사항 **변경시 7일 전**까지 변경신고해야 한다(공연법 및 동법 시행령).

35
정답 ②

정답찾기 ① (×) 100분의 5에서 100분의 20이다.
② (○) **습**득일부터 7일 이내에 습득물을 반환하거나 제출하면 보상금은 5~20%이다.【보상금 섭취(7) 오이시(5~20)】
③ (×) 3개월이다.
④ (×) 착오로 점유한 물건에 대하여는 청구할 수 없으나, 타인이 놓고 간 물건에 대하여는 청구할 수 있다(제12조).

36 정답 ③

정답찾기 ①② (×) 「아동·청소년의 성보호에 관한 법률」에서 "아동·청소년의 성을 사는 행위"에 자위행위 또는 신체의 접촉·노출로 일반인의 성적 수치심이나 혐오감을 일으키는 행위가 포함되지만 「성매매알선 등 행위의 처벌에 관한 법률」에서는 성교와 유사성교행위만 해당한다.

구분	성매매(성매매 처벌법)	성을 사는 행위(아청법)	청소년 유해행위(청보법)
대상	불특정인	특정·불특정 무관	특정·불특정 무관
대가	금품, 재산상 이익	금품, 재산상이익, 직무·편의제공	대부분 영리를 목적으로
행위	성교, 유사성교	① **성**교, 유사성교 ② **접**촉, 노출로 일반인의 수치심, 혐오감 발생 ③ **자**위 행위【성 접수자】	① **접**촉, 노출 등 성적**접**대 ② 노래, 춤 등으로 유흥**접**객 ③ 영리·흥행 목적, **음**란행위【성접음】

③ (○) 성매매 알선 등(제2조 제2호) : 【알강권유 장자토건】

　가. 성매매를 **알**선, **권**유, **유**인 또는 **강**요하는 행위

　나. 성매매의 **장**소를 제공하는 행위

　다. 성매매에 제공되는 사실을 알면서 **자**금, **토**지 또는 **건**물을 제공하는 행위

④ (×) 행위 당시에 상대방이 특정되어 있지 않다는 의미가 아니라 경제적 이익을 받을 수 있다면 누구와도 성교를 할 수 있다는 의미로서 금품 기타 재산상의 이익에 주목적을 두고 상대방의 특정성을 중시하지 않는다는 의미이다(대법원 2016.2.18. 2015도1185).

37 정답 ④

정답찾기 ④ (×) 아동학대범죄에서 응급조치는 72시간을 넘을 수 없으며, 스토킹범죄에서 응급조치에 대한 시간적 제한은 없다. 다만, 긴급응급조치는 1개월을 초과할 수 없다(제5조⑤).

38 정답 ④

정답찾기 ④ (×) 작전준비태세에서 비상연락망을 구축하고, 경계강화에서 구축된 비상연락망을 유지한다. 지휘관과 참모의 지휘선상 위치 근무는 경계강화이다.

TIP 근무요령 비교

작전준비태세(작전비상 시 적용)	경계강화
• 별도의 경력동원 없이 경찰관서 지휘관 및 참모의 **비상연락망을 구축**하고 신속한 **응소체제를 유지**한다. • 경찰작전부대는 상황발생 시 즉각 출동이 가능하도록 **출동태세 점검**을 실시한다. • **유관기관과의 긴밀한 연락체계를 유지**하고, 필요시 **작전상황반을 유지**한다.	• 별도의 경력동원 없이 특정분야의 근무를 강화한다. • 전 경찰관은 **비상연락체계를 유지**하고 경찰작전부대는 상황발생 시 즉각 출동이 가능하도록 **출동대기태세를 유지**한다. • **지휘관과 참모는 지휘선상** 위치 근무를 원칙으로 한다.

39 정답 ②

정답찾기 ② (×) 회전교차로에 진입하려는 차는 이미 진행하고 있는 차에게 진로를 양보하여야 한다.

> 제25조의2(회전교차로 통행방법) ① 모든 차의 운전자는 회전교차로에서는 반시계방향으로 통행하여야 한다.
> ② 모든 차의 운전자는 회전교차로에 진입하려는 경우에는 서행하거나 일시정지하여야 하며, 이미 진행하고 있는 다른 차가 있는 때에는 그 차에 진로를 양보하여야 한다.

40 정답 ③

정답찾기 ㉢ (×) 민간단체(민간기업등)와 정당 사무소는 일시적으로만 출입하여야 하고, 공공기관은 해당하지 아니한다.

> 제5조(정보 수집 등을 위한 출입의 한계) 경찰관은 다음 각 호의 장소에 상시적으로 출입해서는 안 되며, 정보활동을 위해 필요한 경우에 한정하여 **일시적으로만 출입해야 한다.**
> 1. 언론·교육·종교·시민사회 단체 등 **민간단체**
> 2. **민간기업**(공기업 ×)
> 3. **정당**의 사무소

제
07
회

01
정답 ①

정답찾기 ㉠ (×) 경찰이 시민을 위해서 수행하는 <u>기능 또는 역할을 중심</u>으로 형성된 경찰의 개념은 영미법계이다. 대륙법계는 경찰권의 발동 <u>범위·성질을 기준</u>으로 형성되었다.

㉡ (×) 크로이츠베르크 판결은 '경찰은 절박한 위험을 방지하기 위한 기관'이라는 <u>프로이센의 일반란트법(1794년)</u>에 부합하는 판결로 볼 수 있으며, 또한 개별적 수권조항이 아닌 <u>일반적 수권조항에 위반된다</u>. 제국경찰법은 16세기 제정되었고 경찰의 개념을 교회행정을 제외한 일체의 국가행정을 의미하였으므로 시대적으로 맞지 않을뿐더러 내용적으로도 맞지 않다.

㉢ (×) 경찰국가 시대(17세기~18세기 초)의 경찰권은 국가작용의 분화현상으로 내무행정에 한정되었지만 복지 증진 사무에 대하여도 행사할 수 있는 막강한 권한이 있었다. 소극적인 치안유지에만 한정하게 되는 시기는 18세기 후반 법치국가 시대이다.

02
정답 ③

정답찾기 ① (×) 대륙법계는 경찰권의 발동범위와 성질을 기준으로 형성되면서 "경찰은 무엇인가"의 개념에 집중하고, 영미법계는 경찰의 역할과 기능 중심으로 "경찰은 무엇을 하는가", "경찰활동은 무엇인가"에 중점을 두었다.

② (×) 대륙법계는 권한을 축소하는 과정이었으며 경찰과 시민을 대립하는 구도로 파악하였다.

④ (×) 광의의 행정경찰과 사법경찰로 구분하였다. 광의의 행정경찰은 업무의 독자성에 따라 협의의 행정경찰과 보안경찰로 구분된다.

03
정답 ③

정답찾기 ① (○) 경찰은 잠정적인 보호에 국한하고, 최종적인 권리구제는 법원(法院)에 의하여야 한다.

③ (×) '국가의 존립과 기능성 불가침성'이 아닌 '법질서 불가침성'을 침해한다.

04
정답 ③

정답찾기 ① (×) 지적재산권 등 무형의 권리에 대한 위험방지도 경찰의 임무에 해당한다.

② (×) 국회 경위나 경찰공무원은 국회 안에 현행범인이 있을 때에는 체포한 후 의장의 지시를 받아야 한다. 다만, 회의장 안에서는 의장의 명령 없이 의원을 체포할 수 없다(국회법 제150조).

③ (○) 국회의장은 국회운영위원회(경찰위원회 ×)의 동의를 받아야 하며, 경찰청장이 아닌 정부에 파견을 요구할 수 있다.

④ (×) 파견된 경찰공무원은 법정 내외의 질서유지에 관하여 재판장의 지휘를 받는다.

05
정답 ②

정답찾기 ② (×) 차별의 문제가 발생한다. **소**외는 **나무**는 보고 숲은 보지 못하듯, 전문가가 자신의 분야만 보고 전체 맥락을 보지 못하는 것을 말한다. 【소나무】

06
정답 ④

정답찾기 ①②③ (○) 제14조

④ (×) 반드시 변호사를 선임하여 신고를 대리하게 할 수 있다(제13조의2).

07
정답 ②

정답찾기 ① (×) 공직자 자신 또는 그 가족(「민법」 제779조에 따른 가족)

③ (×) 가족은 현재 대리·고문·자문하는 경우만 해당하고, '2년 이내'로 그 범위가 확장되지 아니한다. 【가족에 2년 이내(이년 이네)는 해당하지 않는다】

④ (×) 최근 2년 이내에 퇴직한 공직자로서 퇴직일 전 2년 이내에 같이 근무하였던 사람이다. 이 법에서 '3년'이 언급되는 경우는 (1) 고위공직자의 **민**간부문 업무활동 내역 제출, (2) 퇴직자의 직무상 **비**밀·미공개 정보 이용 금지 등 2개의 경우뿐이다. 나머지는 모두 '2년'이다. 【민비 3년】

08
정답 ②

정답찾기 ② (×) 이의제기와 관련한 경우 상담을 요청할 수 있다. 이의제기와 관련되는 경우 항상 '~ 할 수 있다'로 연결된다.

09
정답 ③

정답찾기 ③ (×) Glaser의 차별적 동일화이론은 학습이론으로서 통제이론에 속하지 아니한다. 통제이론에는 사회유대이론, **동**조성 전념이론, **중**화기술이론, **견**제(봉쇄)이론 등이 있다. 【유동 중견은 통제가 필요】

④ (○) Hirschi는 사회유대의 요소로 **애**착, **참**여, **전**념, **신**념을 주장하였다. 【애참전신】 애착은 가족 간의 사랑, 친구사이의 우정, 선생에 대한 존경심 등이고, 참여는 학교공부나 취미생활 등의 활동을 의미하고, 전념은 자신의 미래를 위하여 열심히 투자하거나 저축하는 것을 의미하고, 신념은 도덕과 법을 잘 지켜야 한다는 믿음 의미한다.

10 【정답 ③】

정답찾기 ① (○) 범죄피해자 보호법

> 제16조(구조금의 지급요건) 국가는 구조대상 범죄피해를 받은 사람(이하 "구조피해
> 자"라 한다)이 다음 각 호의 어느 하나에 해당하면 구조피해자 또는 그 유족에게
> 범죄피해 구조금(이하 "구조금"이라 한다)을 지급한다.
> 1. 구조피해자가 **피해의 전부 또는 일부를 배상받지 못하는 경우**
> 2. 자기 또는 타인의 형사사건의 수사 또는 재판에서 고소·고발 등 **수사단서를**
>   **제공하거나 진술, 증언 또는 자료제출을 하다가 구조피해자가 된 경우**

② (○) 구조대상 범죄피해가 사망·장해·중상해에 한정되므로 구조금
의 종류도 유족·장해·중상해구조금으로 구분된다.
③ (×) 태아는 이미 출생한 것으로 본다(제18조②). 부모는 양부모를 선
순위로 하고 친부모를 후순위로 한다(제18조③).
④ (○) 구조금 신청은 **안** 날부터 **3년**, **발**생한 날부터 **10년**이며, 구조금
결정이 된 경우 **2년** 이내에 행사하지 않으면 시효 소멸된다.【**인삼 발열**
바디(받2)】

11 【정답 ①】

정답찾기 ㉠ (×) 1896년 「지방경찰규칙」은 지방경찰의 작용법적 근거
를 마련하였다.
㉢ (×) 미군정기에 **비**경찰화가 진행되어 **위생**업무를 위생국으로 이관
하고, **경제·고**등경찰을 폐지하였다.【**비위생 경고 폐지**】
㉣ (×) 경찰법이 제정될 때까지 경찰체제의 근거가 되는 법률은 「정부
조직법」이었다. 「경찰관직무집행법」은 작용법이다.
㉤ (×) 문형순이다. 안종삼은 구례경찰서장으로 재직 시 "내가 죽더라
도 방면하겠으니 국가를 위해 충성을 다해 달라"고 하며 총살명령이 내
려온 보도연맹원을 방면하였다.

12 【정답 ④】

정답찾기 ④ (×) 프랑스의 군경찰은 전원이 사법경찰의 권한을 갖고 있
다. 군경찰은 국방부장관 소속이지만 행정경찰 사무는 내무부장관(도지
사)의 지휘를 받고, 수사경찰 사무는 수사판사 또는 검사의 지휘를 받는다.

13 【정답 ④】

정답찾기 ④ (×) 사회적 욕구에 대한 설명이다. 존경의 욕구는 **참**여, 제
안, 포**상**, 위**임**을 통해서 충족시킬 수 있다.【**존경하는 참제상임**】

14 【정답 ③】

정답찾기 ① (×) 매년 1월 31일까지 중기사업계획서를 제출하여야 한다
(국가재정법 제28조).
② (×) **종**합정책질의 → **부**별 심사 → **계**수조정소위원회의 계수조정→
예산결산특별위원회 전체회의에서 소위원회의 조정안 **승**인 순서로 진
행된다.【**종부계승**】
③ (○) 헌법 제54조②
④ (×) 전용은 세항, 목의 금액을 바꾸는 것이고, 이용은 장, 관, 항의
금액을 바꾸는 것이다. 장·관·항의 금액을 이용하기 위해서는 미리
예산으로 국회 의결을 얻어야 한다.

15 【정답 ①】

정답찾기 ① (×) 보관용기에 넣을 수 없는 비밀은 제한**구역** 또는 통제**구**
역에 보관하여야 한다.【창고에 **꾸역꾸역** 보관】

16 【정답 ③】

정답찾기 ① (○) 제14조①
② (○) 사실적 주장에 관한 언론보도 등의 내용에 관한 정정보도를 청
구하는 피해자는 그 언론보도 등이 진실하지 아니하다는 데 대한 증명
책임을 부담한다(대판 2009다52649). 언론사의 고의·과실이나 위법성
에 대한 증명을 할 필요는 없다.
③ (×) 반론보도청구와 정정보도청구 모두 사실적 주장에 한하여 청구
할 수 있다.

> 제16조(반론보도청구권) ① **사실적 주장에 관한 언론보도등으로** 인하여 피해를 입은
> 자는 그 보도 내용에 관한 반론보도를 언론사등에 청구할 수 있다.
> ② 제1항의 청구에는 언론사등의 고의·과실이나 위법성을 필요로 하지 아니하
> 며, 보도 내용의 진실 여부와 상관없이 그 청구를 할 수 있다.

17 【정답 ②】

정답찾기 ① (×) 특별감찰은 상급 기관장의 지시가 없더라도 해당 경찰
기관의 장이 할 수 있다.
③ (×) 단서는 소속 경찰기관의 감찰부서장에게 보고하고, 의무위반행
위 발견시에는 소속 기관장에게 보고하여야 한다.
④ (×) 징계의결요구권자의 결재를 받아야 한다(제36조②).

18 【정답 ④】

정답찾기 ㉠ (×) 시정요구에 대한 설명이다.
㉡ (×) 현지조치에 대한 설명이다.
㉢ (×) 권고에 대한 설명이다.
㉣ (×) 개선요구에 대한 설명이다.

19 【정답 ③】

정답찾기 ① (×) 자치경찰사무는 생활안전·교통·경비·수사 등에 관
한 사무이다.
② (×) **교통**, **생**활안전(**풍**속포함), **경**비 관련 사무는 대통령령으로 정하
는 기준에 따라 시·도조례로 정한 것을 말하고, **수**사와 관련된 사무는
대통령령으로 정한 것이다.【**교·생·풍·경 + 수**】
④ (×) 시·도자치경찰위원회의 보궐위원에 대한 설명이다. 국가경찰
위원회의 보궐위원은 전임자 임기의 남은 기간으로 할 뿐, 연임에 대한
규정은 없다.

제
08
회

20

정답 ④

정답찾기 ④ (×) 감사 또는 감찰과 관련된 업무는 없다. 다만, 시·도자치경찰위원회는 자치경찰사무 감사 및 감사의뢰, 자치경찰사무 담당 공무원의 주요 비위사건에 대한 감찰요구, 자치경찰사무 담당 공무원에 대한 징계요구에 관한 업무를 할 수 있다.

TiP 국가경찰위원회 심의·의결 사항 【**주**인 **부**업 **자**재 **시비** 관청】

① 국가경찰사무에 관한 **주**요정책(인사/예산/통신/장비 등) 심의
② 국가경찰사무에 관한 **인**권보호 개선
③ 국가경찰사무 담당 공무원의 **부**패방지, 청렴도 향상
④ **국**가경찰사무 외에 다른 국가기관으로부터의 **업**무협조 (국가경찰사무와 관련된 ×)
⑤ 제주특별자치도의 **자**치경찰 지원
⑥ 시·도자치경찰위원회 위원 추천, 자치경찰사무에 대한 주요 법령·정책 등에 관한 사항, 시·도자치경찰위원회 의결에 대한 **재**의 요구에 관한 사항
⑦ 제2조(생·신·재 보호, 공·안·질 유지)에 따른 **시**책 수립에 관한 사항
⑧ **비**상사태 등 전국적 치안유지를 위한 경찰청장의 지휘·명령에 관한 사항
⑨ 그 밖에 행정안전부장**관** 및 경찰**청**장이 회의에 부친 사항(위원장 ×)

21

정답 ②

정답찾기 ② (×) 대리는 **피**대리관청이 **피**고가 되고, 위임은 수임관청(**피**위임관청)이 피고가 된다.

22

정답 ④

정답찾기 ④ (×) 휴직기간의 만료일 또는 휴직사유의 소멸일자에 임용된 것으로 본다(경찰공무원 임용령 제6조).

23

정답 ④

정답찾기 ④ (×) 경비가 아닌 외사이다. **수**사·**정**보·**외**사·**보**안·**자**치경찰사무등 **특**수부문 총경·경정은 **4**년 범위에서 연장 가능하며, 전시·사변, 그 밖의 **비**상사태에서 위 기간을 **2**년 범위에서 연장 가능하다. 【수정외보자 특사(4)비리(2)】

24

정답 ④

정답찾기 ④ (×) 불문경고는 공무원의 권리 의무에 직접 영향을 미치는 행위로서 항고소송의 대상이 되는 행정처분에 해당한다.

TiP 대법원 판례(대판 2001두3532)

[1] 항고소송의 대상이 되는 행정처분이라 함은 원칙적으로 행정청의 공법상 행위로서 특정 사항에 대하여 법규에 의한 권리의 설정 또는 의무의 부담을 명하거나 기타 법률상 효과를 발생하게 하는 등으로 **일반 국민의 권리 의무에 직접 영향을 미치는 행위**를 가리키는 것이지만, 어떠한 처분의 근거나 법적인 효과가 행정규칙에 규정되어 있다고 하더라도, 그 처분이 행정규칙의 내부적 구속력에 의하여 상대방에게 권리의 설정 또는 의무의 부담을 명하거나 기타 법적인 효과를 발생하게 하는 등으로 **그 상대방의 권리 의무에 직접 영향을 미치는 행위라면**, 이 경우에도 항고소송의 대상이 되는 행정처분에 해당한다.

[2] 행정규칙에 의한 '불문경고조치'가 비록 법률상의 징계처분은 아니지만 위 처분을 받지 아니하였다면 차후 다른 징계처분이나 경고를 받게 될 경우 징계감경사유로 사용될 수 있었던 표창공적의 사용가능성을 소멸시키는 효과와 1년 동안 인사기록카드에 등재됨으로써 그 동안은 장관표창이나 도지사표창 대상자에서 제외시키는 효과 등이 있다는 이유로 항고소송의 대상이 되는 행정처분에 해당한다.

TiP 2022년도 징계업무편람(인사혁신처)

징계위원회에서 견책으로 인정되는 징계양정을 감경하여 "**불문으로 의결한다. 다만, 경고할 것을 권고한다.**"로 의결하였을 경우 징계등 처분권자는 징계의결서 사본을 첨부하여 소속 기관장 명의로 해당 공무원을 서면 경고 조치하고 공무원 인사 및 성과기록카드의 감사 결과란에 "**불문경고**"라고 기재하여야 한다. 불문경고도 당사자에게는 사실상 불이익이 따르는 행정처분의 하나이므로 이에 불복시 소청을 제기할 수 있다.

25

정답 ③

정답찾기 ① (×) 국무총리 이상의 표창을 받은 공적이다.
② (×) 금품수수·성범죄·소극행정·음주운전 등의 경우는 감경할 수 없다.
③ (○) 「경찰공무원 승진임용 규정(대통령령)」 제6조②
④ (×) 대통령 또는 국무총리의 표창을 받은 경우만 단축할 수 있다. 경감이하의 경찰공무원등은 경찰청장 또는 중앙행정기관 차관급 이상 표창을 받은 공적이 있는 경우, 징계위원회의 징계감경 사유에는 해당하지만(「경찰공무원 징계령 세부시행규칙」 제8조) 징계처분을 받은 후 승진임용 단축사유에는 해당하지 않는다.

TiP 경찰공무원 징계령 세부시행규칙(경찰청예규)

제8조(징계의 감경) ① 징계위원회는 징계의결이 요구된 자가 다음 각 호의 어느 하나에 해당하는 공적이 있는 경우 별표 9에 따라 징계를 **감경**할 수 있다.
【**총포모** 감경(경감이하는 경찰청장 이상)】
1. 「상훈법」에 따라 훈장 또는 **포**장을 받은 공적 ※ 포장 이상
2. 「정부표창규정」에 따라 국무**총**리 이상의 표창을 받은 공적 다만, **경감이하의 경찰공무원등은 경찰청장 또는 중앙행정기관 차관급 이상 표창을 받은 공적** ※ 총리 이상
3. 「모범공무원규정」에 따라 **모**범공무원으로 선발된 공적
② 경찰공무원등이 징계처분 또는 징계위원회의 권고에 의한 경고를 받은 사실이 있는 경우에는 그 징계처분 또는 경고처분 전의 공적은 제1항에 따른 감경대상 공적에서 제외한다.
③ (요약) 금품수수·성범죄·소극행정·음주운전 등의 경우는 감경할 수 없다.

TiP 경찰공무원 승진임용 규정(대통령령)

제6조(승진임용의 제한) ① 다음 각 호의 어느 하나에 해당하는 경찰공무원은 승진임용될 수 없다.
1. **징계의결 요구, 징계처분, 직위해제, 휴직**(공무상 질병 또는 부상으로 인한 특별승진 제외) 또는 시보임용 기간 중에 있는 사람
2. ~ 3. (생략)
4. 법 제30조제3항에 따라 **계급정년**이 연장된 사람
② 제1항에 따라 **승진임용 제한기간 중에 있는 사람이 다시 징계처분을 받은 경우** 승진임용 제한기간은 전(前) 처분에 대한 승진임용 **제한기간이 끝난 날부터 계산**하고, 징계처분으로 승진임용 제한기간 중에 있는 사람이 **휴직**하는 경우 징계처분에 따른 남은 승진임용 제한기간은 **복직일부터 계산**한다.
③ 경찰공무원이 **징계처분을 받은 후** 해당 계급에서 다음 각 호의 포상을 받은 **경우**에는 제1항제2호 및 제3호에 따른 승진임용 **제한기간의 2분의 1을 단축**할 수 있다. 【**총포 제모 단축**】
1. 훈장
2. **포**장 ※ 포장 이상
3. **모**범공무원 포상
4. 대통령표창 또는 국무**총**리표창 ※ 총리 이상
5. **제**안이 채택·시행되어 받은 포상

26 정답 ①

◆정답찾기 (가) (×) 확약이나 공적인 의사표명 후에 사실적·법률적 상태가 변경되었다면 그와 같은 것은 행정청의 별다른 의사표시를 기다리지 않고 실효된다(대판 95누10877)

(나) (×) 지침의 공표만으로는 신뢰를 갖게 되었다고 볼 수 없고, 되풀이 시행되어 관행이 이루어져야 신청인은 보호가치 있는 신뢰를 갖게 된다고 할 수 있다.

(다) (○) 반드시 행정조직상의 형식적인 권한분장에 구애될 것은 아니고 담당자의 지위와 임무 등 실질에 의하여 판단되어야 한다(대판 96누18380).

(라) (○) 신뢰보호원칙 위반에 대하여 국가배상청구소송 제기가 가능하다.

27 정답 ③

◆정답찾기 ① (×) 유효한 것으로 통용된다.

② (×) 무효인 처분은 처음부터 그 효력이 발생하지 아니한다.

④ (×) 위반행위에 대한 제재처분은 위반한 행위 당시의 법령등에 따른다. 다만, 법령등을 위반한 행위 후 법령등의 변경에 의하여 그 행위가 법령등을 위반한 행위에 해당하지 아니하거나 제재처분 기준이 가벼워진 경우로서 해당 법령등에 특별한 규정이 없는 경우에는 변경된 법령등을 적용한다(제14조③).

28 정답 ②

◆정답찾기 전통적 의무이행확보수단으로 행정상 강제와 행정벌(행정형벌, 행정질서벌)이 있고, 행정상 강제는 행정상 강제집행과 즉시강제가 있으며, 행정상 강제집행에는 대집행, 강제징수, 직접강제, 이행강제금 부과가 있다.

㉠ (×) 즉시강제에 해당한다.

㉡ (×) 대인적 즉시강제에 해당한다.

㉢ (○) 강제집행에 해당한다. 행정상 강제에는 의무불이행을 전제로 하는 강제집행과 미리 의무를 명할 시간적 여유가 없거나 성질상 의무를 미리 명할 수 없어서 의무불이행을 전제로 하지 않는 즉시강제로 구분되며 강제집행에는 **대**집행, **강**제징수, **직**접강제, **이**행강제금 부과등이 있다. 【집행! 대강직이】

㉣ (○) 해산명령에 불응할 경우 강제해산을 하는 직접강제에 해당하므로 강제집행에 해당한다.

㉤ (×) 행정벌에 해당한다.

29 정답 ③

◆정답찾기 ① (×) 가스발사총은 1미터 이내에서 상대방의 얼굴을 향하여 발사할 수 없는 제한만 있다. 다만, 「경찰 물리력 행사의 기준과 방법에 관한 규칙(경찰청예규)」 3.7.2.에 의하여 대상자가 14세 미만이거나 임산부 또는 호흡기 질환을 가지고 있음을 인지한 경우(고위험 물리력을 사용할 수 있는 경우는 제외)에는 정방방위나 긴급피난 요건이 충족되지 않는 한 분사기를 사용할 수 없다.

② (×) 외부 전문기는 안전성 검사가 끝난 후 30일 이내에, 경찰청장은 3개월 이내에 보고하여야 한다.

③ (○) 경찰장비 개조

경찰관직무집행법	위해성경찰장비규정
제10조(경찰장비의 사용 등) ③ 경찰관은 경찰장비를 **함부로 개조하거나 경찰장비에 임의의 장비를 부착하여 일반적인 사용법과 달리 사용**함으로써 다른 사람의 생명·신체에 위해를 끼쳐서는 아니된다.	제19조(위해성 경찰장비의 개조 등) 국가경찰관서의 장은 폐기대상인 **위해성 경찰장비 또는 성능이 저하된 위해성 경찰장비를 개조**할 수 있으며, 소속경찰관으로 하여금 이를 **본래의 용법에 준하여 사용**하게 할 수 있다.

④ (×) 수갑등을 사용할 수 있다. 반드시 사용하여야 하는 것은 아니다.

30 정답 ①

◆정답찾기 ① (×) '경찰청장이 정하여 고시한다.'로 규정되어 있다. 이에 따라 경찰청고시로 「범인검거 등 공로자 보상에 관한 규정」이 제정되었으며, 상위법령의 위임을 받아 행정규칙으로 정한 법령보충규칙의 형태이다.

② (○) 제6조(보상금의 지급 기준)

【보상금 100·50·30만 원 다오(5회,5억)】

1. 사형, 무기징역 또는 무기금고, 장기 10년 이상의 징역 또는 금고에 해당하는 범죄 : 100만 원
2. 장기 10년 미만의 징역 또는 금고에 해당하는 범죄 : 50만 원
3. 장기 5년 미만의 징역 또는 금고, 장기 10년 이상의 자격정지 또는 벌금형 : 30만 원

31 정답 ②

◆정답찾기 ① (○) 「도로교통법」에 따라 호흡측정 또는 혈액 검사 등의 방법으로 운전자의 음주운전 여부를 조사하는 것은, 형사소송에서 사용될 증거를 수집하는 <u>수사로서의 성격과</u> 운전면허 정지·취소의 행정처분을 위한 자료를 수집하는 <u>행정조사로서의 성격을 동시에 가지고 있다</u>(대판 2014두46850).

② (×) 조사대상자가 행정조사의 실시를 거부하거나 방해하는 경우 조사원이 조사대상자의 신체와 재산에 대해 실력을 행사할 수 있다는 명문 규정이 없다. 이에 대하여 상대방의 저항을 실력으로 배제할 수 없다는 부정설이 다수설이다.

③ (○) <u>우편물 통관검사절차에서 이루어지는 우편물의 개봉, 시료채취, 성분분석 등의 검사는 수출입품물에 대한 적정한 통관 등을 목적으로 한 행정조사의 성격을 가지는 것으로서 수사기관의 강제처분이라고 할 수 없으므로 압수수색영장 없이 우편물의 개봉, 시료채취, 성분분석 등 검사가 진행되었다 하더라도 특별한 사정이 없는 한 위법하다고 볼 수 없다</u>(대판 2013도7718).

④ (○) 마약류불법거래 방지에 관한 특례법 제4조 제1항(화물에 마약류가 감추어져 있다고 밝혀지거나 그러한 의심이 드는 경우)에 따른 조치의 일환으로 특정한 수출입품물을 개봉하여 검사하고 그 내용물의 점유를 취득한 행위는 위에서 본 수출입품물에 대한 적정한 통관 등을 목적으로 조사를 하는 경우와는 달리, 범죄수사인 <u>압수 또는 수색에 해당하여 사전 또는 사후에 영장을 받아야 한다</u>(대판 2014도8719).

32
정답 ①

정답찾기 ① (×) 종료된 날부터 5년이 경과하면 부과하지 못한다.

> 제15조(과태료의 시효) ① 과태료는 행정청의 과태료 부과처분이나 법원의 과태료 **재판이 확정된 후 5년간 징수하지 아니하거나 집행하지 아니하면** 시효로 인하여 소멸한다.
> 제19조(과태료 부과의 제척기간) ① 행정청은 **질서위반행위가 종료된 날**(다수인이 질서위반행위에 가담한 경우에는 최종행위가 종료된 날을 말한다)**부터 5년이 경과한 경우에는** 해당 질서위반행위에 대하여 **과태료를 부과할 수 없다.**

33
정답 ③

정답찾기 ③ (×) 민중소송이다.

> 제3조(행정소송의 종류) 행정소송은 다음의 네 가지로 구분한다.
> 1. 항고소송 : 행정청의 **처분등이나 부작위에** 대하여 제기하는 소송
> 2. 당사자소송 : 행정청의 처분등을 원인으로 하는 법률관계에 관한 소송 그 밖에 공법상의 법률관계에 관한 소송으로서 그 법률관계의 **한쪽 당사자를 피고로** 하는 소송
> 3. 민중소송 : 국가 또는 공공단체의 기관이 법률에 위반되는 행위를 한 때에 **직접 자기의 법률상 이익과 관계없이** 그 시정을 구하기 위하여 제기하는 소송
> 4. 기관소송 : 국가 또는 공공단체의 **기관상호간에 있어서의 권한의 존부 또는 그** 행사에 관한 다툼이 있을 때에 이에 대하여 제기하는 소송. 다만, 헌법재판소법 제2조의 규정에 의하여 헌법재판소의 관장사항으로 되는 소송은 제외한다.
> 제45조(소의 제기) **민중소송 및 기관소송은 법률이 정한 경우에 법률에 정한 자에 한하여 제기**할 수 있다.

34
정답 ③

정답찾기 ③ (×) 경찰서장이 아닌 지역경찰관리자(지역경찰관서장 및 순찰팀장)가 정한다.

> 제39조의2(상시교육) ① 지역경찰관리자는 **주간근무시간에** 신고사건 처리에 지장이 없는 범위에서 별도의 시간을 지정하여 지역경찰의 직무수행 능력 향상을 위한 **상시교육을** 실시할 수 있다.
> ② 경찰서 112치안종합상황실장은 필요한 경우 **상시교육 계획을 수립하여** 지역경찰관서에 사전에 공지해야 한다.
> ③ **교육방식과 내용은** 지역경찰관서 실정에 따라 **지역경찰관리자가 정한다.**
> ④ 지역경찰관리자는 신고출동 지령시 **상시교육 중에 있는 지역경찰을 최후순위 출동요소로 지정한다.**
> ⑤ 상시교육을 실시한 시간은 지정학습(「경찰공무원 상시학습제도 운영에 관한 규칙」 제2조 제2호에 따른 지정학습을 말한다.)시간으로 인정할 수 있다.

35
정답 ④

정답찾기 ① (×) '지체장애인'이 아니고 '지적장애인'이다. 지체장애는 신체적 장애로서 포함되지 않는다.
② (×) "실종아동등"이란 **약취·유인** 또는 **유**기되거나 **사**고를 당하거나 **가**출하거나 **길**을 잃는 등의 사유로 인하여 보호자로부터 이탈된 아동등을 말한다(제2조 제2호). 【**약유유 사가길**】
③ (×) 장기실종아동등 : **신고 접수한 지 48시간 경과**
④ (○) **아**동 등 : **실**종 당시 18세 미만 【**아실 가신당**】
　　　 가출인 : **신**고 **당**시 18세 이상
※ 법률은 실종당시를 기준으로 하고 있지만, 규칙은 신고당시를 기준으로 하고 있다.

36
정답 ③

정답찾기 ① (○) 가정폭력 사건 및 아동학대 사건은 범죄 혐의 인정 여부를 불문하고 모든 사건을 송치하여야 한다(법정 송치).
② (○) 제3조
③ (×) 가정폭력범죄에 해당한다.
④ (○) 동거하지 않는 형제자매는 해당하지 않는다.

TiP 가정구성원의 범위(제2조 제2호)

> 2. "가정구성원"이란 다음 각 목의 어느 하나에 해당하는 사람을 말한다.
> 　가. 배우자(사실상 혼인관계에 있는 사람을 포함한다. 이하 같다) 또는 배우자였던 사람
> 　나. 자기 또는 배우자와 직계존비속관계(사실상의 양친자관계를 포함한다. 이하 같다)에 있거나 있었던 사람
> 　다. 계부모와 자녀의 관계 또는 적모(嫡母)와 서자(庶子)의 관계에 있거나 있었던 사람
> 　라. 동거하는 친족

37
정답 ②

정답찾기 ① (×) 사법경찰관은 즉시 소속 관서장에게 보고하고(범죄수사규칙 제56조), 관할 검사에게는 통보한다(수사준칙 제17조①). 대등한 수사주체로서 검사에게 보고하는 것은 아니다.
② (○) 범죄수사규칙 제57조③
③ (×) 의사와 가족 등은 참여시켜야 하지만, 검시 조사관은 참여시킬 수 있다(경찰수사규칙 제31조).
④ (×) 사법경찰관은 검사의 승인이나 지휘 없이 단독으로 사체를 인도할 수 있다.

38
정답 ③

정답찾기 ① (×) 시·도경찰청장은 청원경찰이 직무를 수행하기 위하여 필요하다고 인정하면 청원주의 신청을 받아 관할 경찰서장으로 하여금 청원경찰에게 무기를 대여하여 지니게 할 수 있다.
② (×) 시·도경찰청장은 청원주를 지도·감독하고, 경찰서장은 청원경찰을 감독한다.
③ (○) 제10조의2. 국가기관이나 지방자치단체에 근무하는 청원경찰은 국가배상법이 적용되고, 그 외 다른 기관에 근무하는 청원경찰은 민법이 적용된다.
④ (×) 국가나 지방자치단체에 근무하는 청원경찰은 공법상 근무관계이다(대판 1991. 5. 10. 선고 90나10766). 국가나 지방자치단체에 근무하는 청원경찰은 국가공무원법이나 지방공무원법상의 공무원은 아니지만, 다른 청원경찰과는 달리 그 임용권자가 행정기관의 장이고, 국가나 지방자치단체로부터 보수를 받으며, 산업재해보상보험법이나 근로기준법이 아닌 공무원연금법에 따른 재해보상과 퇴직급여를 지급받고, 직무상의 불법행위에 대하여도 민법이 아닌 국가배상법이 적용되는 등의 특질이 있으며 그 외 임용자격, 직무, 복무의무 내용 등을 종합하여 볼 때, 그 근무관계를 사법상의 고용계약관계로 보기는 어려우므로 그에 대한 징계처분의 시정을 구하는 소는 행정소송의 대상이지 민사소송의 대상이 아니다(대판 1993. 7. 13. 선고 92다47564).

39

정답 ②

정답찾기 ② (×) 도로교통법 제2조 제26호 괄호의 예외 규정에는 음주운전·음주측정거부 등에 관한 형사처벌 규정인 도로교통법 제148조의2가 포함되어 있으나, 행정제재처분인 운전면허 취소·정지의 근거 규정인 도로교통법 제93조는 포함되어 있지 않기 때문에 도로 외의 곳에서의 음주운전·음주측정거부 등에 대해서는 형사처벌만 가능하고 운전면허의 취소·정지 처분은 부과할 수 없다(대판 2018두42771).

> 26. "운전"이란 도로(제27조제6항제3호·제44조·제45조·제54조제1항·제148조·제148조의2 및 제156조제10호의 경우에는 도로 외의 곳을 포함한다)에서 차마 또는 노면전차를 그 본래의 사용방법에 따라 사용하는 것(조종 또는 자율주행시스템을 사용하는 것을 포함한다)을 말한다.

40

정답 ③

정답찾기 ③ (×) 임의적 거절사유에 해당한다.

TiP 절대적 인도거절사유 【차이재시】

1. 인종, 종교, 국적, 성별, 정치적 신념 등의 이유로 처벌될 우려시(**차**별 우려) 2. 인도범죄를 범하였다고 볼 상당한 **이**유가 없는 경우 3. 한국 법원에서 **재**판 중이거나 확정된 경우 4. 한국 또는 청구국의 법률에 공소**시**효 또는 형의 시효가 완성된 경우	차이(나게) 재시(하면) 절대적 인도 거절

01

정답 ③

●정답찾기 ③ (×) 유스티(Justi)는 자신의 저서 '경찰학의 원리(1756년)'에서 경찰학의 임무는 국가목적을 실현하기 위한 '국가자원의 확보'라고 하여 경찰을 절대군주의 권력의 도구로 인식하였지만, '요한 쉬테판 퓌터'는 '독일공법제도(1776년)'에서 '경찰은 **임박한 위험**을 방지하는 것'이라고 하여 경찰의 개념을 제한하려 하였다. 【피 터지는 임박한 위험】

02

정답 ③

●정답찾기 ③ (×) '실질적 의미의 경찰'로부터 '형식적 의미의 경찰' 개념으로 진화된다. 실질적 의미의 경찰이 모태이고 형식적 의미의 경찰은 그것의 변형이다.
④ (○) 보안경찰의 영역은 실질적 의미의 경찰과 형식적 의미의 경찰에 모두 공통적으로 포함되므로 서로 배타적이지 않다.

03

정답 ②

●정답찾기 ① (×) 제1요소는 '법질서의 불가침성'이다.
③ (×) 위험 혐의에 대한 설명이다.
④ (×) 경찰의 개입은 추상적 위험이 있는 경우에도 정당화된다.

04

정답 ④

●정답찾기 ② (○) 음주로 인한 특정범죄가중처벌 등에 관한 법률 위반(위험운전치사상)죄는 도로교통법 위반(음주운전)죄의 경우와는 달리 형식적으로 혈중 알코올농도의 법정 최저기준치를 초과하였는지 여부와는 상관없이 운전자가 음주의 영향으로 실제 정상적인 운전이 곤란한 상태에 있어야만 하고, 그러한 상태에서 자동차를 운전하다가 사람을 상해 또는 사망에 이르게 한 행위를 처벌대상으로 하고 있다(대판 2008도7143).
③ (○) 오늘날 사회법치국가는 사회의 요구에 따라 국민의 생명과 재산을 보호하기 위한 다양한 비권력적 작용을 통한 적극적인 행정개입(경찰작용)을 전개하고 있다. 비경찰화는 경찰활동의 범위를 축소시키지만, 사회국가화 현상에 의하면 경찰의 활동 범위는 확대된다.
④ (×) '위험의 사전배려' 활동은 범죄행위 등에 대한 추상적 위험의 방지를 목적으로 한다. 일반적으로 아직 위험이 현재화되지 않은 상태에서 이루어지며 구체적 위험의 전 단계에 놓여 있는 것이므로 그 허용성이 문제된다. 경찰이 구체적 위험의 전 단계에서 신원 확인을 쉽게 하고, 여권과 신분증에 지문, 바이오(생체), 증명사진 등 생체지표를 기록하는 것을 가능하게 하였다. 이러한 경찰의 권한은 전통적 구체적 위험 개념을 가지고는 설명할 수 없는 현상이다.

05

정답 ②

●정답찾기 ① (×) **경직**법 제1조 제1항은 **인**권보장에 대하여 규정하고, 제2항은 **비**례의 원칙에 대하여 규정하고 있다. 【경직인비】 경찰의 민주적인 관리·운영과 효율적인 임무수행은 「국가경찰과 자치경찰의 조직 및 운영에 관한 법률」 제1조에서 규정하고 있다.
② (○) 제24조①
③ (×) 경찰의 중앙과 지방간의 적절한 권한 분배는 민주주의 이념과 관련된다.
④ (×) 경찰의 비권력적 활동은 작용법적 근거가 없어도 가능하지만, 조직법적 근거는 필요하다.

06

정답 ①

●정답찾기 ① (×) 농수산물 선물은 15만 원(설날·추석 전 24일부터 설날·추석 후 5일까지는 30만 원) 이하까지 가능하다(시행령 제17조 및 별표1). 함께 받을 경우 높은 금액의 품목 상한 기준으로 하되 각 품목의 상한을 초과하여서는 아니된다. 따라서 각 품목의 상한을 초과하지 않으며, 전체 상한의 기준이 되는 농수산물의 상한인 15만 원을 초과하지 않으므로 위반되지 아니한다.
② (○) 모바일용 쿠폰은 유가증권에 해당하지만, 백화점상품권 등 금액이 기재된 금액상품권이 아닌 물품·용역상품권은 선물할 수 있다(시행령 별표1).
③ (○) 축의금·조의금과 화환·조화를 같이 제공하는 경우에는 가액을 합산하여 10만 원까지 가능하나, 각각 가액 범위를 초과해서는 아니된다. 따라서 조의금 3만 원과 화환 7만 원의 경우 제공이 가능하나, 조의금 7만 원과 화환 3만 원의 경우 조의금이 허용 가액 범위(5만 원)를 초과하므로 제공하면 위반이다.

07

정답 ②

●정답찾기 ① (×) 사립학교와 언론사는 포함되지 않는다. 「청탁금지법」의 공공기관에는 사립학교와 언론사가 포함되며, 「부패방지권익위법」의 공공기관에는 사립학교는 포함되지만 언론사는 포함되지 않는다.
② (○) 제7조①

●TIP 법 규정 비교

청탁금지법	이해충돌방지법
제7조(부정청탁의 신고 및 처리) ④ **소속기관장**은 부정청탁이 있었던 사실을 알게 된 경우 또는 제2항 및 제3항의 부정청탁에 관한 신고·확인 과정에서 해당 직무의 수행에 지장이 있다고 인정하는 경우에는 부정청탁을 받은 공직자등에 대하여 다음 각 호의 **조치를 할 수 있다.** 1. 직무 참여 일시중지 2. 직무 대리자의 지정 3. 전보 4. 그 밖에 국회규칙, 대법원규칙, 헌법재판소규칙, 중앙선거관리위원회규칙 또는 대통령령으로 정하는 조치 (직무 공동수행자의 지정, 사무분장의 변경)	제7조(사적이해관계자의 신고 등에 대한 조치) ① 제5조 제1항에 따른 신고·회피신청이나 같은 조 제2항에 따른 기피신청 또는 제6조에 따른 부동산 보유·매수 신고를 받은 **소속기관장**은 해당 공직자의 직무수행에 지장이 있다고 인정하는 경우에는 다음 각 호의 어느 하나에 해당하는 **조치를 하여야 한다.** 1. 직무수행의 일시 중지 명령 2. 직무 대리자 또는 직무 공동수행자의 지정 3. 직무 재배정 4. 전보

③ (×) 3년 이내의 민간활동을 30일 이내에 제출하여야 한다.
④ (×) 대리인을 포함한다.

08

정답찾기 ① (×) 전이 지역에서 범죄가 많은 것은 주민들의 인종이나 국적과 상관없이 그 지역의 특성이 범죄와 연관된다고 주장하였다.
④ (○) 범죄행위의 학습과정은 다른 행위의 학습과정과 동일한 메커니즘을 가진다. 범죄자와 비범죄자 간의 차이는 학습과정의 차이가 아니라 접촉유형의 차이이다.

09
정답 ①

정답찾기 ① (×) 피해자가 유발하여 정당방위의 상대자가 된 경우는 피해자가 가장 책임이 많은 경우로 분류하였다.

TiP 범죄 피해자학(Mendelshon) 【영낙자 부정】

피해자 유형	내용
전혀 책임 없는 경우	① 순수한 피해자(무자각) ② 영아살해에 있어서 **영**아, 약취·유인된 유아
조금 책임 있는 경우	① 무지한 피해자 ② 무지에 의한 **낙**태여성, 인공유산 시도하다가 사망한 임산부
가해자와 같은 책임	① 자발적인 피해자 ② 촉탁살인·**자**살미수·동반자살 피해자
가해자보다 더 책임	① 가해를 유발한 피해자 ② 자신의 **부**주의로 인한 피해자, 부모에게 살해된 패륜아
가장 책임이 많은 경우	① 타인을 공격하다가 반격을 당한 피해자 ② 피해자가 공격을 유발하여 **정**당방위의 상대자가 되는 공격적 피해자, 무고죄의 범인같은 기만적 피해자

10
정답 ④

정답찾기 ① (×) 조사단계(Scanning)는 일반적으로 지속·반복적으로 발생하고 있는 문제를 조사한다. 지역주민들과 대화를 통하거나 자주 신고가 접수되는 사건들을 중심으로 지역문제를 파악한다.
② (×) 분석단계에서는 일상활동이론에서 주장된 범죄 발생 3대 조건을 바탕으로 범행대상, 장소, 범죄자로 나누어 분석하는 "문제분석 삼각모형"을 적용할 수 있다.
③ (×) 대응단계에서 합리적 선택이론을 주장한 클락의 25가지 범죄예방기술은 대응단계에서 적용해 볼 수 있다. 25가지 기술은 5가지 유형(노력의 증가, 변명의 제거, 위험의 증가, 보상의 감소, 자극의 감소)별로 각각 5가지 구체적인 범죄예방기술을 말한다.

11
정답 ③

정답찾기 ① (×) 문형순에 대한 설명이다.
② (×) 노종해에 대한 설명이다.
④ (×) 최천에 대한 설명이다.

12
정답 ①

정답찾기 ① (×) 국가공안위원회는 단순한 의결기관이 아닌 합의제 행정관청이다.

13
정답 ①

정답찾기 ⓜ (×) 계층제의 원리는 조직의 경직화로 환경변화에 비신축적이다.

14
정답 ①

TiP 예산 과정

편성	중기**사**업계획서 제출 → 예산안 편성 **지**침 하달 → 예산 **요**구서 제출 → 회계연도 120일 전까지 국회 제출 【사지요】
집행	예산배정 **요**구서 제출 → 예산 **배**정 및 **감**사원 통지 → **사**용 【요배 감사】
결산	중앙관서결산보고서 제출 → 국가결산보고서 제출 → 감사원의 국가결산보고서 검사 → 국가결산보고서 국회 제출

15
정답 ③

정답찾기 ③ (×) 우리나라는 2010회계연도부터 성인지 예산제도를 시행하고 있다. 성인지 예산서와 성인지 결산서 모두 작성이 의무화되어 있다.

TiP 국가재정법

> **제26조(성인지 예산서의 작성)** ① 정부는 예산이 여성과 남성에 미칠 영향을 미리 분석한 보고서[이하 "성인지(性認知)예산서"라 한다]를 작성하여야 한다.
> ② 성인지 예산서에는 성평등 기대효과, 성과목표, 성별 수혜분석 등을 포함하여야 한다.
> **제57조(성인지 결산서의 작성)** ① 정부는 여성과 남성이 동등하게 예산의 수혜를 받고 예산이 성차별을 개선하는 방향으로 집행되었는지를 평가하는 보고서(이하 "성인지 결산서"라 한다)를 작성하여야 한다.
> ② 성인지 결산서에는 집행실적, 성평등 효과분석 및 평가 등을 포함하여야 한다.

16
정답 ④

정답찾기 ① (×) 시보 경찰공무원도 당연히 비밀취급권을 가진다. 모든 경찰공무원(전투경찰순경을 포함한다)은 임용과 동시 Ⅲ급 비밀취급권을 가진다(제15조①).
② (×) 경찰공무원은 비밀취급인가증을 별도로 발급받지 않는 특별인가의 대상이다. 다만, 업무상 필요한 경우에는 발급할 수 있다.
③ (×) 각 경찰기관의 장은 보안심사위원회 또는 자체 심의기구에서 Ⅱ급 비밀취급의 인가여부를 심의하고, 비밀취급이 불가능하다고 의결된 자에 대하여는 즉시 인사조치한다.

17
정답 ④

정답찾기 ④ (×) 위원장을 포함한 7명이 민간위원이다. 위원장은 공무원이 아닌 민간위원으로 임명된다.

제
09
회

18
정답 ②

정답찾기 ① (×) "소속 기관의 장"이 아닌 "감사기구의 장"에게 사전컨설팅을 한다(제7조① 제4호).

② (○) 제14조①

③ (×) 공무원이 적극행정을 추진한 결과에 대해 그의 행위에 고의 또는 중대한 과실이 없는 경우에는 「감사원법」 제34조의3 및 「공공감사에 관한 법률」 제23조의2에 따라 징계 요구 또는 문책 요구 등 책임을 묻지 않는다(제16조①).

④ (×) 감경 요건이 아니다. 공무원이 사전컨설팅 의견대로 업무를 처리한 경우에는 면책 요건을 충족한 것으로 추정한다(제16조②).

19
정답 ④

정답찾기 ② (○) 지방자치법

> 제28조(조례) ① 지방자치단체는 법령의 범위에서 그 사무에 관하여 조례를 제정할 수 있다. 다만, 주민의 권리 제한 또는 의무 부과에 관한 사항이나 **벌칙을 정할 때에는 법률의 위임이 있어야 한다.**

③ (○) 행정규칙의 법원성 내지 법규성에 대하여는 학설의 견해가 일치하지 않지만, 행정규칙이 법규성을 가지는 경우에는 법원성을 인정할 수 있다는 데에는 다툼이 없다.

④ (×) 관습법은 성문법의 결여시에 성문법을 보충하는 범위에서 효력을 갖는다. 성문법을 개폐하는 효력은 없다(대판 80다3231).

20
정답 ①

정답찾기 ① (×) 자격 요건은 "5년 이상"이고, 결격 요건은 "3년이 지나지 않은 경우"이다. 조교수 이상의 직에 5년 이상 있었던 사람은 자격 요건을 충족한다.

TiP 제20조(시·도자치경찰위원회 위원의 자격)

> ② 시·도자치경찰위원회 위원은 다음 각 호의 어느 하나에 해당하는 자격을 갖추어야 한다.
> 1. 판사·검사·변호사 또는 경찰의 직에 **5년** 이상 있었던 사람
> 2. 변호사 자격이 있는 사람으로서 국가기관등에서 법률에 관한 사무에 **5년** 이상 종사한 경력이 있는 사람
> 3. 대학이나 공인된 연구기관에서 법률학·행정학 또는 경찰학 분야의 조교수 이상의 직이나 이에 상당하는 직에 **5년** 이상 있었던 사람
> 4. 그 밖에 관할 지역주민 중에서 지방자치행정 또는 경찰행정 등의 분야에 경험이 풍부하고 학식과 덕망을 갖춘 사람

②③④ (○) **경**찰/**검**사/**국**정원/**군**인/**당**적/**선**거직/**공**무원 퇴직 후 3년 미경과자(공무원이 국·공립대 조교수 이상인 경우 제외)는 결격사유 【**경검국군당선공 3년**】

21
정답 ④

정답찾기 ① (×) 국가경찰위원회에 보고하여야 한다.

② (×) 경찰청장은 특별한 이유가 없으면 이를 승인하여야 한다.

③ (×) 시·도경찰청장은 경찰청장이 시·도자치경찰위원회와 협의하여 추천한 사람 중에서 행정안전부장관의 제청으로 국무총리를 거쳐 대통령이 임용한다.

④ (○) 경찰청장이 제1항에 따라 지휘·명령을 하는 경우에는 국가경찰위원회에 즉시 보고하여야 한다. 다만, 제1항 제3호(경찰청장의 지원·조정)의 경우에는 미리 국가경찰위원회의 의결을 거쳐야 하며 긴급한 경우에는 우선 조치 후 지체 없이 국가경찰위원회의 의결을 거쳐야 한다(제32조④).

22
정답 ④

정답찾기 ④ (×) 수임 및 수탁기관의 명의로 하여야 한다.

23
정답 ③

정답찾기 ① (×) 파견자를 복귀시키는 것은 복직에 해당하지 않는다.

② (×) 복수국적자도 경찰공무원으로 임용될 수 없다.

④ (×) 경정으로의 **신**규채용, **승**진임용, **면**직은 경찰청장의 제청으로 국무총리를 거쳐 대통령이 한다. 【**신승면**】

24
정답 ②

정답찾기 ② (×) 분포비율은 수(20%), 우(40%), 양(30%), 가(10%)이다. 【이사는 3·1절에】

25
정답 ③

정답찾기 ① (×) 신분상 의무이다.

② (×) 무기 사용의 근거는 경찰관직무집행법이다.

④ (×) 친절·공정은 직무상 의무이다.

26
정답 ③

정답찾기 ① (○) 다시 징계요구를 할 수 있다(대판 79누388).

② (○) 비록 임용 전의 행위라 하더라도 이로 인하여 임용 후의 공무원의 체면 또는 위신을 손상하게 된 경우에는 징계사유로 삼을 수 있다. 공립학교 교사로 임용해 달라는 등의 인사청탁과 함께 금 1,000만 원을 제3자를 통하여 서울시 교육감에게 전달함으로써 뇌물을 공여한 행위는 공립학교 교사로 임용되기 전이었더라도 그 때문에 임용 후의 공립학교 교사로서의 체면과 위신이 크게 손상되었다고 하지 않을 수 없으므로 이를 징계사유로 삼은 것은 정당하다(대판 89누7368).

③ (×) 경무관 이상의 강등 및 정직과 경정 이상의 파면 및 해임은 경찰청장의 제청으로 행정안전부장관과 국무총리를 거쳐 대통령이 하고, 총경 및 경정의 강등 및 정직은 경찰청장이 한다(경찰공무원법 제33조).

④ (○) 「국가공무원법」에 따라 국무총리 소속으로 설치된 징계위원회에서 의결한 징계(중징계 제외)는 경찰청장이 한다(경찰공무원법 제33조).

TiP 징계처분권자

징계		국무총리 중앙징계위	경찰청 중앙징계위		보통징계위
	관할	경무관 이상	총경	경정	경감 이하
중징계	파면	대통령 ⇧ (장관·총리) 청장 제청			관할 징계위원회가 설치된 기관의 장 (중징계는 임용권자에게 제청)
	해임				
	강등		경찰청장		
	정직				
경징계	감봉	경찰청장			
	견책				

27 정답 ②

정답찾기 ㉠ (×) 보통징계위원회는 경감 이하 경찰공무원에 대한 사건을 관할한다.

㉣ (×) 피해자와 같은 성별의 위원이 위원장을 제외한 위원 수의 3분의 1 이상 포함되어야 한다. <신설 2022. 3. 15.>

㉤ (×) 징계등 의결을 요구한 자 또는 징계등 의결의 요구를 신청한 자는 징계위원회에 출석하여 의견을 진술하거나 서면으로 의견을 진술할 수 있다. 다만, 중징계나 중징계 관련 징계부가금 요구사건의 경우에는 특별한 사유가 없는 한 징계위원회에 출석하여 의견을 진술해야 한다(제13조④).

28 정답 ④

정답찾기 ③ (○) 경찰관은 인질범의 체포 또는 대간첩·대테러작전등 국가안전에 관련되는 작전을 수행하거나 공공시설의 안전에 대한 현저한 위해의 발생을 방지하기 위하여 필요한 때에는 최소한의 범위안에서 다목적발사기를 사용할 수 있다(제15조).

④ (×) 경찰관은 무면허운전이나 음주운전 기타 범죄에 이용하였다고 의심할 만한 차량 또는 수배 중인 차량이 정당한 검문에 불응하고 도주하거나 차량으로 직무집행중인 경찰관에게 위해를 가한 후 도주하려는 경우에는 도주차량차단장비를 사용할 수 있다(제16조).

29 정답 ③

정답찾기 ③ (×) 국가경찰위원회에 보고해야 한다.

30 정답 ②

정답찾기 ㉠ (×) 행정행위란 행정청이 법 아래에서 구체적 사실에 관한 법집행으로 행하는 권력적 단독행위로서 공법행위를 의미한다. 행정청이 도로를 보수하는 행위는 외부에 대하여 직접적인 법적 효과를 발생시키는 '법적 행위'가 아니라 단순한 행정상 사실행위로서 행정행위에 해당하지 않는다.

㉡ (○) 단순한 위험표지나 안내가 아닌 도로상의 교통표지(우선통행, 주차금지, 대기선)는 명령·금지하는 처분에 해당한다.

㉢ (○) 경찰공무원의 표시나 지시도 경찰상 행정행위에 해당한다.

㉣ (×) 교차로, 커브길, 경사로, 방향표시 등은 명령이나 금지가 아니므로 행정행위에 해당하지 아니한다. 다만, 교통신호등에 의한 신호는 일반처분에 해당한다. 구체적 사실에 관한 법집행이라면 개별적으로 또는 일반적으로 할 수 있다.

㉤ (○) 지방경찰청장이 횡단보도를 설치하여 보행자의 통행방법 등을 규제하는 것은 행정처분에 해당한다(대판 98두8964). 다만, 상급행정기관의 하급행정기관에 대한 지시는 일반적으로 행정조직 내부에서만 효력을 가질 뿐 대외적으로 국민이나 법원을 구속하는 효력이 없다. 국민의 권리·의무와 직접 관계가 없는 행위는 행정처분으로 볼 수 없다.

31 정답 ③

정답찾기 ③ (×) 강제징수에 대한 설명이다. 직접강제는 의무자가 행정상 의무를 이행하지 아니하는 경우 행정청이 의무자의 신체나 재산에 실력을 행사하여 그 행정상 의무의 이행이 있었던 것과 같은 상태를 실현하는 것을 말한다(제30조).

32 정답 ②

정답찾기 ② (×) 청문을 개최한다(제22조①).

TiP 청문 등 개최요건

청문	공청회	의견제출
• 법령 규정 • 행정청이 필요하다 인정 • 인허가 등의 취소, 신분·자격 박탈, 법인·조합 등의 설립허가 취소 처분 시	• 법령 규정 • 행정청이 필요하다 인정 • 당사자 요구: 대통령령으로 정하는 처분(생명, 안전, 건강, 환경에 영향)에 대통령령으로 정하는 수(30명) 이상 요구시	행정청이 **당사자에게 의무를 부과하거나 권익을 제한하는 처분을 할 때** 청문 또는 공청회 외에는 당사자 등에게 의견제출의 기회를 **주어야 한다.**

33 정답 ①

정답찾기 ① (×) 공무원의 선임 및 감독에 상당한 주의를 하였다고 하더라도 국가나 지방자치단체는 국가배상책임을 면하지 못한다. 국가배상법에는 민법과 달리 사용자가 피용자의 선임감독에 무과실인 경우에 면책되도록 하는 규정을 두고 있지 않다. 따라서 가해 공무원에 고의나 과실이 인정되는 경우에는 국가 또는 지방자치단체는 책임을 면할 수 없다.

② (○) 국민의 이익과는 관계없이 순전히 행정기관 내부의 질서를 유지하기 위한 것이거나, 또는 국민의 이익과 관련된 것이라도 직접 국민 개개인의 이익을 위한 것이 아니라 전체적으로 공공 일반의 이익을 도모하기 위한 것이라면 그 의무에 위반하여 국민에게 손해를 가하여도 국가 또는 지방자치단체는 배상책임을 부담하지 아니한다(대판 99다36280).

③ (○) 국가배상법이 정한 손해배상청구의 요건인 '공무원의 직무'에는 국가나 지방자치단체의 권력적 작용뿐만 아니라 비권력적 작용도 포함되지만, 단순한 사경제의 주체로서 하는 작용은 포함되지 아니한다(대판 98다47245).

④ (○) 영업허가취소처분이 나중에 행정심판에 의하여 재량권을 일탈한 위법한 처분임이 판명되어 취소되었다고 하더라도 그 처분이 당시 시행되던 공중위생법시행규칙에 정하여진 행정처분의 기준에 따른 것인 이상 그 영업허가취소처분을 한 행정청 공무원에게 그와 같은 위법한 처분을 한 데 있어 어떤 직무집행상의 과실이 있다고 할 수는 없다(대판 94다26141).

제 09 회

34 〔정답 ②〕

정답찾기 ① (×) 장난전화는 10만 원 이하의 벌금, 구류, 과료에 해당하는 범죄이다. 50만 원 이하의 벌금, 구류, 과료에 해당하는 범죄는 형사소송법 제214조에 의하여 주거가 분명하지 아니한 때에 한하여 현행범 체포할 수 있으므로, 장난전화는 주거가 분명한 경우에는 현행범 체포할 수 없다. 다만 거짓신고는 60만 원 이하의 벌금, 구류, 과료에 해당하는 범죄이다.

③ (×) 시·도경찰청장은 해당하지 아니한다.

④ (×) 경찰청장, 해양경찰청장은 해당하지 아니하며, 이 경우 즉결심판 청구를 취소하여야 한다.

TiP 경범죄 처벌 내용

---
① 10만 원 이하 벌금, 구류, 과료 : 대부분

② 20만 원 이하 벌금, 구류, 과료 : 4개 【**방광표출**】
  1. 업무**방**해, 2. 거짓**광**고, 3. 암**표**매매, 4. **출**판물 부당게재

③ 60만 원 이하 벌금, 구류, 과료 : 2개 【**주신(酒神) 체포**】
  1. 관공서 **주취**소란(단순 음주소란은 10만 원 이하)
  2. 거짓 **신고**(장난전화 ×)

※ 주거가 분명하더라도 현행범 체포 가능하다.
---

35 〔정답 ③〕

정답찾기 ① (×) 모든 성범죄가 아닌 디지털 성범죄에 대하여만 신분비공개수사 및 신분위장수사를 할 수 있다.

② (×) 신분비공개수사를 진행하고자 할 때에는 사전에 상급 경찰관서 수사부서의 장의 승인을 받아야 하고, 신분위장수사를 하려는 경우에는 검사를 통하여 법원에 그 허가를 청구한다.

④ (×) 3개월을 초과할 수 없다. 다만, 3개월의 범위에서 수사기간의 연장을 검사에게 신청하고, 검사는 법원에 그 연장을 청구한다. 이 경우 신분위장수사의 총 기간은 1년을 초과할 수 없다(제25조의3⑧). 신분비공개수사는 3개월을 초과할 수 없으며, 기간을 연장할 수 없다.

TiP 디지털 성범죄(제25조의2) 【**성착취물 반대유**】

---
① 아동·청소년**성착취물** 제작·배포 등

② 카메라등 이용 **촬영물**(복제물의 복제물 포함)을 **반**포·판매·임대·제공 또는 공공연하게 전시·상영하는 행위(촬영 당시 승낙하였으나 의사에 반하여 반포하는 경우 포함)

③ 19세 이상의 사람이 **성적 착취를 목적으로** 정보통신망을 이용하여 **대화**를 지속적 또는 반복적으로 하는 행위

④ 19세 이상의 사람이 성적 착취를 목적으로 정보통신망을 이용하여 아동·청소년에게 성을 팔도록(성교·유사성교·접촉노출·자위행위) **유**인·권유하는 행위
---

36 〔정답 ①〕

정답찾기 (ⓒ, ⓗ, ⓞ)

TiP 가정폭력범죄에 해당하지 않는 범죄

약취·유인, 업무**방**해·권리행사**방**해, 인질강요, **중손괴**, 배임, **살인**, **사기**, **절도**, **강도**, **횡령**, 상해**치사**, 폭행치사상, 유기치사상, 체포감금치사상(강간치사는 가정폭력범죄에 포함됨) 【**약방인 중손괴 배살사절 강행치사**】
---

37 〔정답 ①〕

정답찾기 ① (○) 제59조, 제63조

② (×) 검사는 사법경찰관으로부터 송치받은 사건에 대해 보완수사가 필요하다고 인정하는 경우에는 직접 보완수사를 하거나 법 제197조의2 제1항 제1호에 따라 사법경찰관에게 보완수사를 요구할 수 있다(제59조①).

③ (×) 검사는 **불송치** 사건에 대하여 **90**일 이내에 **재**수사를 요청하여야 한다. 【**불구재**】

④ (×) 검사는 재수사 결과를 통보한 사건에 대해서 다시 재수사를 요청을 하거나 송치 요구를 할 수 없는 것이 원칙이다(제64조②).

제64조(재수사 결과의 처리) ② 검사는 사법경찰관이 제1항제2호에 따라 재수사 결과를 통보한 사건에 대해서 다시 재수사를 요청하거나 송치 요구를 할 수 없다. 다만, 검사는 사법경찰관이 사건을 송치하지 않은 위법 또는 부당이 시정되지 않아 사건을 송치받아 수사할 필요가 있는 다음 각 호의 경우에는 법 제197조의3에 따라 사건송치를 요구할 수 있다.

1. 관련 법령 또는 법리에 위반된 경우
2. 범죄 혐의의 유무를 명확히 하기 위해 재수사를 요청한 사항에 관하여 그 이행이 이루어지지 않은 경우. 다만, 불송치 결정의 유지에 영향을 미치지 않음이 명백한 경우는 제외한다.
3. 송부받은 관계 서류 및 증거물과 재수사 결과만으로도 범죄의 혐의가 명백히 인정되는 경우
4. 공소시효 또는 형사소추의 요건을 판단하는 데 오류가 있는 경우
---

38 〔정답 ④〕

정답찾기 ⓒ (○) 지도·감독은 관계 행정기관의 **장**과 국가**정**보원장이 수행한다.

ⓓ (×) 지정은 **국방**부장관이 관계 행정기관의 **장** 및 국가**정**보원장과 협의하여 정한다. 【**국방이 장정과 협의하여 지정하고**, (지정한 국방은 빠지고) **장정이 감독**】

39 〔정답 ②〕

정답찾기 ① (○) 대판 2009도2390

② (×) 귀책사유가 없는 경우에도 인정되는 의무이다(대판 2015도12451).

③ (○) 대판 2009도8222

④ (○) 대판 2001도2939

40 〔정답 ③〕

정답찾기 ① (○) 강제퇴거는 외국인에 대하여만 가능하다(출입국관리법 제46조).

③ (×) 보호대상자로 결정되지 아니할 경우 정착 등에 필요한 지원을 받지 못할 뿐이다. 보호대상자로 결정되지 아니한 경우 강제퇴거 대상이 된다는 규정은 없다.

※ 논란이 되고 있는 '강제 북송 사건'의 법적 근거에 대한 문제임

10회

1. ④	2. ③	3. ④	4. ④	5. ③
6. ①	7. ②	8. ①	9. ③	10. ④
11. ③	12. ④	13. ③	14. ③	15. ②
16. ②	17. ①	18. ②	19. ③	20. ②
21. ③	22. ③	23. ②	24. ④	25. ②
26. ③	27. ④	28. ②	29. ③	30. ④
31. ①	32. ③	33. ④	34. ①	35. ②
36. ①	37. ③	38. ③	39. ①	40. ③

01

정답 ④

◎정답찾기 ④ (×) 14세기 프랑스에서 경찰권 이론이 등장하였다.

02

정답 ③

◎정답찾기 ① (×) 「죄와 형법법전」에서 행정경찰과 사법경찰을 최초로 구분하였다.

② (×) 국회의장의 국회경호권이나 법원의 법정경찰권은 일반통치권을 전제로 하지 아니하고 부분사회의 내부질서유지를 목적으로 하는 것이 므로 실질적 의미의 경찰에 해당되지 않는다.

④ (×) 프랑스의 「죄와 형벌법전」이 일본의 「행정경찰규칙」(1875년)에 영향을 주었다.

03

정답 ④

◎정답찾기 ① (×) 관방학은 국가목적을 수행하는데 필요한 절대주의적 국가권력 확보를 목적으로 하였기 때문에 오늘날의 경찰학과는 그 성격 이 다르다. 경찰학이 중립적 학문으로서 자리를 잡은 것은 로버트필이 영국의 수도경찰법을 제시한 이후부터로 볼 수 있다.

② (×) 행정경찰과 사법경찰의 분리를 주장하였다.

③ (×) 일반행정기관이 실질적 의미의 경찰작용을 하는 경우는 있으나, 형식적 의미의 경찰작용을 하지는 않는다.

④ (○) 불심검문의 법적 성질에 대하여 임의설(경찰조사설, 준사법경찰 작용설)과 즉시강제설이 대립한다. 즉시강제설은 불심검문의 정지 수단 을 명령·강제하는 유형력의 행사로 보기 때문에 불심검문을 실질적 의 미의 경찰로 본다. 임의설에 의하면 불심검문은 명령·강제하는 작용이 아니므로 실질적 의미의 경찰에 해당하지 않는다. 따라서 즉시강제설에 의하면 불심검문은 「경찰관직무집행법」에 규정된 형식적 의미의 경찰 이면서 동시에 실질적 의미의 경찰에 해당한다.

04

정답 ④

◎정답찾기 ① (×) **반**기 1회 이상 **점**검한다. 【반점】

② (×) 30일 이전이다.

③ (×) 정책 및 계획 확정되기 이전에 인권영향평가를 실시한다.

④ (○) 경찰 인권보호 규칙 개정(22.10.7.)으로 제34조(수사 개시로 인한 조사중단)은 삭제되고 동 내용은 제35조(조사중지)로 통합 규정되었다.

> **제35조(조사중지)** ① 조사담당자는 인권침해 사건을 조사하는 과정에서 다음 각 호 의 어느 하나에 해당하는 사유로 사건 조사를 진행할 수 없는 경우에는 조사를 중지할 수 있다. 다만, 확인된 인권침해 사실에 대한 구제 절차는 계속하여 이행 할 수 있다.
> 1. 진정인이나 피해자의 소재를 알 수 없는 경우
> 2. 사건 해결과 진상 규명에 핵심적인 중요 참고인의 소재를 알 수 없는 경우
> 3. 그 밖에 제1호 또는 제2호와 유사한 사정으로 더 이상 사건 조사를 진행할 수 없는 경우
> 4. 감사원의 조사, 경찰·검찰 등 수사기관에서 조사 또는 수사가 개시된 경우

05

정답 ③

③ (×) 최소주의에 대한 설명이다. 비진정성은 타율성으로 인한 진정한 봉사가 불가한 경우를 말한다.

06

정답 ①

◎정답찾기 ㉠ (×) <공공의 신뢰>

㉡ (×) <생명과 재산의 안전보호>

㉣ (×) <공정한 접근위반>

07

정답 ②

◎정답찾기 ①③ (×) 2천만 원 이하의 과태료

② (○) 3년 이하 징역 또는 3천만 원 이하 벌금

TiP 비밀·미공개 정보 이용 관련 형사처벌

7년 이하 징역 또는 7천만 원 이하 벌금	비밀·미공개 정보를 이용하여 이익을 취득하거나 제3자로 하 여금 이익을 취득하게 한 공직자
5년 이하 징역 또는 5천만 원 이하 벌금	공직자로부터 비밀·미공개 정보를 제공받거나 부정하게 취득 하여 재산상 이익을 취득한 자
3년 이하 징역 또는 3천만 원 이하 벌금	비밀·미공개정보를 사적 이익을 위하여 이용하거나 제3자로 하여금 이용하도록 한 공직자

④ (×) 3천만 원 이하의 과태료

08

정답 ①

◎정답찾기 ① (×) 상황적 범죄예방이론은 누구든지 범죄기회가 주어지 면 범죄를 범할 수 있다고 본다. 따라서 범죄행위에 대한 위험과 어려움 을 높여 범죄 기회를 제거하고 범죄로 얻어지는 이익을 감소시킴으로써 범죄를 예방하려는 이론이다,

④ (○) 일상활동이론은 범죄발생의 3요소로 대상 감시(보호자)의 부재, 동기가 부여된 잠재적 범죄자를 들고 있으며, 감시(보호자)는 경찰이나 경비원 등 공식적인 감시인보다 가족이나 친구 또는 모르는 사람들로부 터 보호를 받게 되는 비공식적 감시를 강조한다.

제 **10** 회

09 정답 ③

●정답찾기 ③ (×) 1세대 CPTED는 물리적 환경의 개선에 중점을 두는 접근 방법이다. 이에 대하여 지역주민과 경찰의 참여를 간과하였다는 비판이 있었다. 2세대 CPTED는 주민이 환경 개선 과정에 직접 참여하여 물리적 개선과 함께 유대감을 재생하는 소프트웨어적 접근 방법으로서 주민의 참여를 강조한다.

10 정답 ④

●정답찾기 ④ (×) 경찰의 능력은 극히 제한되어 있으며, 경찰은 종합적인 책임을 지는 것이 아니라 촉진자의 역할을 하여야 한다.

11 정답 ③

●정답찾기 ㉡ (×) 1998년 경찰서비스헌장 제정 【쿠팡(98) 서비스】
㉴ (×) 2020년 경찰관 인권행동강령 제정 【강령(0)】
㉵ (×) 2021년 국가수사본부 신설(「국가경찰과 자치경찰의 조직 및 운영에 관한 법률」 시행)

12 정답 ④

●정답찾기 ① (×) 내무부 소속의 국가경찰로 운영되어 오다가 2000년부터 자치경찰로 운영된다.
② (×) 대런던 중에서 런던시티경찰청이 관할하는 런던시티를 제외한 32개 자치구를 관할한다.
③ (×) 수도경찰청의 임무이다.
④ (○) 북아일랜드는 내무부장관 직속의 강력한 국가경찰제도를 운영하고 있다.

13 정답 ③

●정답찾기 ③ (×) 성과주의 예산은 사업별로 예산이 편성되므로 정부가 무슨 사업을 추진하는지 국민들이 쉽게 이해할 수 있다. 반면에 계획예산제도는 지나치게 전문적이기 때문에 공무원과 의회가 분석기법과 편성방법을 이해하지 못하고, 국민도 이해하기 어려운 단점이 있다

14 정답 ③

●정답찾기 ① (×) 비밀 문서의 끝 부분에 첨부한다.
② (×) 비밀의 생산기관이 첨부한다. 비밀을 파기하는 때에는 비밀에서 분리하여 따로 철하여 보관하여야 한다(제45조③). 비밀열람기록전은 비밀에서 분리한 후 5년간 보관하여야 한다(제70조①).
④ (×) 비밀의 발간업무에 종사하는 사람은 작업일지에 작업에 관한 사항을 기록·보관해야 한다. 이 경우 작업일지는 비밀열람기록전을 갈음하는 것으로 본다.

15 정답 ②

●정답찾기 ② (×) 대중매체 관계(Media Relations)에 대한 설명이다. 언론 관계(Press Relations)는 신문, TV 등 뉴스 프로그램의 보도기능에 대응하는 활동으로 대개 사건·사고에 대한 기사들의 질의에 응답하는 소극적인 홍보활동이다.

16 정답 ②

●정답찾기 (3, 7, 30)

17 정답 ①

●정답찾기 ① (×) 소속 공무원의 위반사실은 2개월 내에 처리해야 하고, 다른 기관으로부터 통보받은 경우는 1개월 내에 처리하여야 한다.

18 정답 ②

●정답찾기 ① (○) 감사의 종류는 **종합**감사, **일상**감사, **재무**감사, **복무**감사, **특정**감사, **성과**감사로 구분한다. 【종일 재복(제복 입는) 특성】
② (×) 시·도자치경찰위원회 및 시·도경찰청장과 감사일정을 협의하여야 한다(제5조).

●TiP 주요 감사결과 처리기준
【원시 모개 대권(원시시대에는 모계가 주도권)】

시정요구	위법·부당하여 추징·회수·환급·추급·**원상복구** 등이 필요한 경우(변상명령×)
개선요구	법령·제도·행정상 **모**순이나 **개선**사항 있을 때
권고	문제점이 인정되는 사실에 **대**안 제시, **개선**사항 마련

19 정답 ③

●정답찾기 ①② (○) 구법에 위임의 근거가 없어 무효였더라도 사후에 법 개정으로 위임의 근거가 부여되면 그 때부터는 유효한 법규명령이 된다고 할 것이나, 반대로 구법의 위임에 의한 유효한 법규명령이 법 개정으로 위임의 근거가 없어지게 되면 그 때부터 무효인 법규명령이 되는 것은 당연하다. 따라서, 어떤 법령의 위임 근거 유무에 따른 유효 여부를 심사하려면 법 개정의 전후에 걸쳐 모두 심사하여야만 그 법규명령의 시기에 따른 유효·무효를 판단할 수 있을 것이다(대판 93추83).
③ (×) '전결'과 같은 행정권한의 내부위임은 법령상 처분권자인 행정관청이 내부적인 사무처리의 편의를 도모하기 위하여 그의 보조기관 또는 하급 행정관청으로 하여금 그의 권한을 사실상 행사하게 하는 것으로서 법률이 위임을 허용하지 않는 경우에도 인정되는 것이므로, 설사 행정관청 내부의 사무처리규정에 불과한 전결규정에 위반하여 원래의 전결권자 아닌 보조기관 등이 처분권자인 행정관청의 이름으로 행정처분을 하였다고 하더라도 그 처분이 권한 없는 자에 의하여 행하여진 무효의 처분이라고는 할 수 없다(대판 97누1105).
④ (○) 헌재 97헌마141

20

정답 ②

정답찾기 ② (×) 10년 이상 있었던 사람이다.

TiP 국가수사본부장 자격요건(제16조 제6항)

1. 10년 이상 수사업무에 종사한 사람 중에서 「국가공무원법」 제2조의2에 따른 고위공무원단에 속하는 공무원, 3급 이상 공무원 또는 **총경 이상** 경찰공무원으로 재직한 경력이 있는 사람
2. 판사·검사 또는 변호사의 직에 **10년** 이상 있었던 사람
3. 변호사 자격이 있는 사람으로서 국가기관, 지방자치단체, 「공공기관의 운영에 관한 법률」 제4조에 따른 공공기관(이하 "국가기관등"이라 한다)에서 법률에 관한 사무에 **10년** 이상 종사한 경력이 있는 사람
4. 대학이나 공인된 연구기관에서 법률학·경찰학 분야에서 **조교수 이상**의 직이나 이에 상당하는 직에 **10년** 이상 있었던 사람
5. 제1호부터 제4호까지의 경력 기간의 **합산**이 15년 이상인 사람

TiP 국가수사본부장 결격요건(제16조 제7항) 【당선3년, 국공판검1년】

1. 「경찰공무원법」 제8조제2항 각 호의 결격사유에 해당하는 사람
2. 정당의 당원이거나 **당적**을 이탈한 날부터 **3년**이 지나지 아니한 사람
3. **선거**에 의하여 취임하는 공직에 있거나 그 공직에서 퇴직한 날부터 **3년**이 지나지 아니한 사람
4. 제6항제1호에 해당하는 **공무원** 또는 제6항제2호의 **판사·검사**의 직에서 퇴직한 날로부터 1년이 지나지 아니한 사람
5. 제6항제3호에 해당하는 사람으로서 **국가기관등**에서 퇴직한 날로부터 1년이 지나지 아니한 사람

21

정답 ②

정답찾기 ① (×) 재적위원 과반수의 출석과 출석위원 과반수의 찬성으로 의결한다.
② (○) 다만, **국가경찰위원회**의 임시회는 행안부장**관**, 위원 **3인** 이상, 경찰**청**장이 소집 요구할 수 있고, **정**기회는 월 **2회** 소집한다.
【국경 관세청 정리(2)】
③ (×) 행정안전부장관은 미리 경찰청장의 의견을 들어 국가경찰위원회를 거쳐 시·도지사에게 재의를 요구하게 할 수 있다(제25조④).
④ (×) 재적위원 과반수의 출석과 출석위원 3분의 2 이상의 찬성으로 전과 같은 의결을 하면 그 의결사항은 확정된다.

22

정답 ③

정답찾기 ③ (×) 직무대리자는 본래 담당한 직위의 업무를 수행하면서 직무대리 업무를 수행하는 것을 원칙으로 하되, 사고가 발생한 공무원의 직위에 보할 수 있는 승진후보자에게 그 사고가 발생한 공무원의 직무대리를 하게 하는 경우에는 본래 담당한 직위의 업무를 수행하지 아니하고 직무대리 업무만을 수행하게 할 수 있다.

23

정답 ②

정답찾기 ① (×) 지구대 및 파출소에 근무하는 경찰공무원을 제외한 경찰서에 근무하는 경찰공무운이다.
③ (×) 시·도경찰청장의 추천을 받아야 한다.
④ (×) 시·도자치경찰위원회의 의견을 사전에 들어야 한다.

TiP 추천 및 의견 【총수행 지위】

추천	① **총경 이상** 임용시 경찰청장 추천 → 행안부장관 제청 ② **수사부서**에서 총경을 보직시 국수본부장 추천 ③ 시경위 임용권 **행사시** 시·도청장 추천
의견	① **지·파** 소장 보직시 시경위의 사전 의견 청취 ② 시경위는 시·도지사와 시·도청장의 의견을 들어 그 권한의 일부를 시·도청장에 **위임**

24

정답 ④

정답찾기 ㉠ (○) 피성년후견인 또는 피한정후견인 모두 임용결격사유에 해당한다.
㉡ (×) 300만 원 이상의 벌금형을 선고받고 그 형이 확정된 후 2년이 지나지 아니한 사람이 결격사유에 해당한다.
㉢ (○) 미성년자에 대한 성범죄로 형 또는 치료감호가 확정된 사람(집행유예를 선고받은 후 그 집행유예기간이 경과한 사람을 포함한다)은 결격사유에 해당한다.
㉣ (○) 징계에 의하여 파면 또는 해임처분을 받은 사람은 결격사유에 해당한다.
㉤ (○) 파산선고를 받고 복권되지 아니한 사람은 결격사유에 해당하며, 경찰공무원인 경우 파산선고를 받았더라도 「채무자 회생 및 파산에 관한 법률」에 따라 신청기간 내에 면책신청을 한 사람은 당연퇴직 사유에 해당하지 않는다.

25

정답 ②

정답찾기 ② (×) 소속 상관에게 신고하여야 한다.

TiP 상사(상관)와 기관장 구별

구분	상사(상관) - 주요 3개	기관장
허가	• 직장 **이탈** 금지(국공법) 【이탈 상관하는 상관】 • 지정장소 외 근무 금지(**직무와 관계 없는 장소**에서 직무수행 금지)(경찰공무원 복무규정)	• **겸직**(국공법) • **연일·휴일**(1일), **당직·철야**(14시 기준) 휴무 허가하여야 한다(경찰공무원 복무규정). • **관외여행허가**(치안상 특별한 기간) • **10일 내 포상휴가**(경찰공무원 복무규정)
신고	**신규채용·승진·전보·파견·출장·연가·교육기관 입교** 신고(경찰공무원 복무규정)	**관외여행신고**(2시간 내 복귀 어려운 지역)

제 **10** 회

163

26 　　　　　　　　　　　　　　　　　정답 ③

정답찾기 ① (×) 경감 이하의 경찰공무원등은 경찰청장 또는 중앙행정기관 차관급 이상 표창을 받은 공적을 말한다. 【총포모 감경(경감)】
② (×) 대통령 또는 국무총리의 표창을 받은 경우만 단축할 수 있다. 경감 이하의 경찰공무원등은 경찰청장 또는 중앙행정기관 차관급 이상 표창을 받은 공적이 있는 경우, 징계위원회의 징계감경 사유에는 해당하지만「경찰공무원 징계령 세부시행규칙」제8조) 징계처분을 받은 후 승진임용 단축사유에는 해당하지 않는다. 【총포 제모 단축】
③ (○) 대판 2001두3532
④ (×) 경찰공무원등이 징계처분 또는 징계위원회의 권고에 의한 경고를 받은 사실이 있는 경우에는 그 징계처분 또는 경고처분 전의 공적은 제1항에 따른 감경대상 공적에서 제외한다(예규 제8조②). 즉, 징계처분이나 불문경고처분 이전의 공적은 이후의 새로운 징계나 불문경고 처분에서 사용될 수 없다.

27 　　　　　　　　　　　　　　　　　정답 ④

정답찾기 ① (○) 경찰공무원법 제31조①
② (○) 경찰공무원법 제31조②
③ (○) 제7조①
④ (×) 행정안전부장관이 아닌 인사혁신처장이다(제15조②).

28 　　　　　　　　　　　　　　　　　정답 ②

정답찾기 ② (×)「경찰관직무집행법」제10조의3(분사기 등의 사용)에 의하면 경찰관은 범인의 체포 또는 도주 방지를 위하여 현장책임자의 판단에 의하여 분사기 또는 최루탄을 사용할 수 있으나,「위해성경찰장비규정」제12조(가스발사총등의 사용제한)에 의하면 경찰관은 현장책임자의 판단 없이도 범임의 체포, 도주방지, 타인 또는 경찰관의 생명·신체에 대한 방호, 공무집행에 대한 항거의 억제를 위하여 가스발사총을 사용할 수 있도록 규정하고 있다.
③ (○) 총기 : 14세 미만 또는 임산부 제외 【총 맞은 열사임】
④ (○) 외부전문가는 안전성 검사 후 30일 이내에 경찰청장에게 의견 제출하고, 경찰청장은 안전성 검사 후 3개월 이내에 국회에 결과보고서 제출하여야 한다.

29 　　　　　　　　　　　　　　　　　정답 ③

정답찾기 ① (×) 대상자가 경찰관의 지시, 통제에 따르지만 경찰관의 요구에 즉각 응하지 않고 약간의 시간만 지체하는 경우는 '순응'하는 상태로서, 경찰관의 물리력은 대상자의 협조를 유도하거나 협조에 따른 물리력으로서 '협조적 통제'이다. "신체 접촉"을 통한 경찰목적 달성은 접촉 통제로서 대상자가 소극적 저항일 때 가능하다.
② (×) 공무집행을 방해하지만 경찰관 또는 제3자에 대해 위해 수준이 낮은 행위만을 하는 상태는 적극적 저항의 상태로서, 통증을 줄 수 있는 저위험 물리력을 사용할 수 있다. 부상을 입힐 수 있는 물리력은 중위험 물리력이다.
④ (×) 적극적 저항의 상태이다.

TiP 대상자 행위에 따른 경찰 대응 수준 【시비공주흉】【저통중부】

	대상자 행위(2.1)		경찰 대응 수준(2.2)	
순응	경찰관의 지시·통제에 따르는 상태. 경찰관의 요구에 시간만 지체하는 경우	협조적 통제	대상자의 협조를 유도하거나 협조에 따른 물리력
소극적 저항	경찰관의 지시·통제를 따르지 않고 비협조적이지만 경찰관 또는 제3자에 대해 직접적인 위해를 가하지 않는 상태. 이동 명령에 전혀 움직이지 않거나, 물체를 잡고 버팀	접촉 통제	대상자 신체 접촉을 통해 경찰 목적 달성을 강제하지만 신체적 부상을 야기할 가능성은 극히 낮은 물리력
적극적 저항	경찰관의 체포·연행 등 정당한 공무집행을 방해하지만 위해 수준이 낮은 행위만을 하는 상태, 경찰관 손을 뿌리치거나 밀거나 끌고 침을 뱉는 행위	저위험 물리력	대상자가 통증을 느낄 수 있으나 신체적 부상을 당할 가능성은 낮은 물리력
폭력적 공격	경찰관이나 제3자에 대해 신체적 위해를 가하는 상태, 주먹·발로 위해를 초래하거나 임박한 상태, 강한 힘으로 경찰관으로부터 벗어나려고 하는 상태	중위험 물리력	대상자에게 신체적 부상을 입힐 수 있으나 생명·신체에 대한 중대한 위해 발생 가능성은 낮은 물리력
치명적 공격	경찰관이나 제3자에 대해 사망 또는 심각한 부상을 초래할 수 있는 상태, 총기류, 흉기, 둔기 등을 이용하여 위력 행사	고위험 물리력	대상자의 사망 또는 심각한 부상을 초래할 수 있는 물리력

30 　　　　　　　　　　　　　　　　　정답 ④

정답찾기 ④ (×) 고의 또는 중대한 과실이 없는 때에 한하여 형을 감면할 수 있다.

> 제11조의5(직무 수행으로 인한 형의 감면) 다음 각 호의 범죄가 행하여지려고 하거나 행하여지고 있어 타인의 생명·신체에 대한 위해 발생의 우려가 명백하고 긴급한 상황에서, 경찰관이 그 위해를 예방하거나 진압하기 위한 행위 또는 범인의 검거 과정에서 경찰관을 향한 직접적인 유형력 행사에 대응하는 행위를 하여 그로 인하여 타인에게 피해가 발생한 경우, 그 경찰관의 직무수행이 불가피한 것이고 필요한 최소한의 범위에서 이루어졌으며 해당 경찰관에게 고의 또는 중대한 과실이 없는 때에는 그 정상을 참작하여 형을 감경하거나 면제할 수 있다.

31 　　　　　　　　　　　　　　　　　정답 ①

정답찾기 ① (×) 행정행위는 외부성을 가지는 것으로 단순한 직무명령과 같은 행정조직의 내부행위는 행정행위가 아니다. 경찰청장의 시·도경찰청장에 대한 횡단보도 설치 기본계획과 같은 것은 대외적으로 국민의 권리·의무와 관계가 없는 행위로서 행정행위로 볼 수 없다.
③④ (○) 공유재산의 관리청이 행정재산의 사용·수익에 대한 허가는 순전히 사경제주체로서 행하는 사법상의 행위가 아니라 관리청이 공권력을 가진 우월적 지위에서 행하는 행정처분으로서 특정인에게 행정재산을 사용할 수 있는 권리를 설정하여 주는 강학상 특허에 해당하고, 이러한 행정재산의 사용·수익허가처분의 성질에 비추어 국민에게는 행정재산의 사용·수익허가를 신청할 법규상 또는 조리상의 권리가 있다고 할 것이므로 공유재산의 관리청이 이러한 신청을 거부한 행위 역시 행정처분에 해당한다고 할 것이다(대판 97누1105). 사용료를 부과하는 것도 행정처분이다(대판 95누11023).

32
정답 ③

정답찾기 ③ (×) 이의제기는 과태료 부과처분의 효력을 상실한다.

제20조(이의제기) ① 행정청의 과태료 부과에 불복하는 당사자는 제17조제1항에 따른 과태료 부과 통지를 받은 날부터 **60일 이내에 해당 행정청에 서면으로 이의제기**를 할 수 있다.
② 제1항에 따른 **이의제기가 있는 경우에는 행정청의 과태료 부과처분은 그 효력을 상실**한다.
③ 당사자는 행정청으로부터 제21조제3항에 따른 통지를 받기 전까지는 행정청에 대하여 서면으로 이의제기를 철회할 수 있다.

33
정답 ④

정답찾기 ③ (○)

제43조(재결의 구분) ① 위원회는 심판청구가 적법하지 아니하면 그 심판청구를 각하(却下)한다.
② 위원회는 심판청구가 이유가 없다고 인정하면 그 심판청구를 기각(棄却)한다.

④ (×) 무효등확인심판에는 사정재결을 적용하지 아니한다(제44조).

제44조(사정재결) ① 위원회는 심판청구가 이유가 있다고 인정하는 경우에도 이를 인용(認容)하는 것이 공공복리에 크게 위배된다고 인정하면 그 심판청구를 **기각하는 재결**을 할 수 있다. 이 경우 위원회는 재결의 주문(主文)에서 그 처분 또는 부작위가 위법하거나 부당하다는 것을 구체적으로 밝혀야 한다.
② 위원회는 제1항에 따른 재결을 할 때에는 청구인에 대하여 상당한 구제방법을 취하거나 상당한 구제방법을 취할 것을 피청구인에게 명할 수 있다.
③ 제1항과 제2항은 **무효등확인심판에는 적용하지 아니한다.**

34
정답 ①

정답찾기 ① (×) 국가경찰위원회에 수사 관련 자료를 보고하여야 한다(제25조의6①).

35
정답 ②

정답찾기 ② (×) 응급조치는 72시간을 넘을 수 없다. 다만, 그 기간에 공휴일이나 토요일이 포함되는 경우로서 피해아동등의 보호를 위하여 필요하다고 인정되는 경우에는 48시간의 범위에서 그 기간을 연장할 수 있다. 검사가 임시조치를 법원에 청구한 경우에는 법원의 임시조치 결정 시까지 응급조치 기간이 연장된다.

36
정답 ①

정답찾기 ① (×) 공개 결정일 전후 30일 이내의 모습으로 한다.

TiP 특정중대범죄 피의자 등 신상정보 공개에 관한 법률

제4조(피의자의 신상정보 공개) ① 검사와 사법경찰관은 다음 각 호의 요건을 모두 갖춘 특정중대범죄사건의 피의자의 얼굴, 성명 및 나이(이하 "신상정보"라 한다)를 공개할 수 있다. 다만, 피의자가 미성년자인 경우에는 공개하지 아니한다.
 1. 범행수단이 잔인하고 중대한 피해가 발생하였을 것(제2조 제3호부터 제6호까지의 죄에 한정한다)
 2. 피의자가 그 죄를 범하였다고 믿을 만한 충분한 증거가 있을 것
 3. 국민의 알권리 보장, 피의자의 재범 방지 및 범죄예방 등 오로지 공공의 이익을 위하여 필요할 것
② 검사와 사법경찰관은 제1항에 따라 신상정보 공개를 결정할 때에는 범죄의 중대성, 범행 후 정황, 피해자 보호 필요성, 피해자(피해자가 사망한 경우 피해자의 유족을 포함한다)의 의사 등을 종합적으로 고려하여야 한다.
③ 검사와 사법경찰관은 제1항에 따라 신상정보를 공개할 때에는 피의자의 인권을 고려하여 신중하게 결정하고 이를 남용하여서는 아니 된다.
④ 제1항에 따라 공개하는 피의자의 얼굴은 특별한 사정이 없으면 공개 결정일 전후 30일 이내의 모습으로 한다. 이 경우 검사와 사법경찰관은 다른 법령에 따라 적법하게 수집·보관하고 있는 사진, 영상물 등이 있는 때에는 이를 활용하여 공개할 수 있다.
⑤ 검사와 사법경찰관은 제1항에 따라 피의자의 얼굴을 공개하기 위하여 필요한 경우 피의자를 식별할 수 있도록 피의자의 얼굴을 촬영할 수 있다. 이 경우 피의자는 이에 따라야 한다.
⑥ 검사와 사법경찰관은 제1항에 따라 피의자의 신상정보 공개를 결정하기 전에 피의자에게 의견을 진술할 기회를 주어야 한다. 다만, 신상정보공개심의위원회에서 피의자의 의견을 청취한 경우에는 이를 생략할 수 있다.
⑦ 검사와 사법경찰관은 피의자에게 신상정보 공개를 통지한 날부터 5일 이상의 유예기간을 두고 신상정보를 공개하여야 한다. 다만, 피의자가 신상정보 공개 결정에 대하여 서면으로 이의 없음을 표시한 때에는 유예기간을 두지 아니할 수 있다.
⑧ 검사와 사법경찰관은 정보통신망을 이용하여 그 신상정보를 30일간 공개한다.
⑨ 신상정보의 공개 등에 관한 절차와 방법 등 그 밖에 필요한 사항은 대통령령으로 정한다.

37
정답 ③

정답찾기 ① (×) 투표소안에서 또는 투표소로부터 100미터 안에서 소란한 언동을 하거나 특정 정당이나 후보자를 지지 또는 반대하는 언동을 하는 자가 있는 때에는 투표관리관 또는 투표사무원은 이를 제지하고, 그 명령에 불응하는 때에는 투표소 또는 그 제한거리 밖으로 퇴거하게 할 수 있다. 이 경우 투표관리관 또는 투표사무원은 필요하다고 인정하는 때에는 정복을 한 경찰공무원 또는 경찰관서장에게 원조를 요구할 수 있다(제166조①).
② (×) 선거후보자에 대한 신변보호는「경찰관직무집행법」제5조(위험발생방지)에 근거하여 할 수 있다. 공직선거법에 신변보호에 관한 근거 규정은 없다.
④ (×) 구·시·군 선관위원장이나 위원이 개표소의 질서유지를 위하여 정복을 한 경찰공무원 또는 경찰관서장에게 원조를 요구한 경우 외에는 개표소 안에서 무기나 흉기 또는 폭발물을 지닐 수 없다(제183조 제6항).

제 **10** 회

38 정답 ③

TiP 주·정차 및 주차금지 장소

주·정차 금지	① 교차로, 횡단보도, 건널목, 보도 ② 교차로 가장자리나 **모퉁이로**부터 **5**미터 이내 ③ **소**방시설 **5**미터 이내 (승용차 과태료 8만 원) ④ **안**전지대 **10**미터 이내 ⑤ 버스 **정**류장 **10**미터 이내 ⑥ **횡**단보도, 건널목 **10**미터 이내 ⑦ 기타 시·도청장이 지정한 곳 ⑧ 시장 등이 지정한 어린이보호구역	**안정환(횡) 숫(10)** ※ '안정환 숫'외 나머지 는 5m(주차금지 포함)
주차 금지	① 시·도청장이 정한 **다**(多)중이용업소 5미터 이내 ② 도로**공**사 양쪽에서 5미터 이내 ③ **터**널 안 ④ **다**리 위 ⑤ 기타 시·도청장이 지정한 곳	**다공터다(그래도 주차금 지!)**

39 정답 ①

정답찾기 ① (×) 공공도서관 지역의 등가소음도는 5분간 측정한다.

TiP 집회 및 시위에 관한 법률 시행령(별표2)

배경소음도	대상소음이 없을 때 5분간 측정	
등가소음도	5분간 측정	주거지역, 학교, 종합병원, 공공도서관
	10분간 측정	그 밖의 지역
최고소음도	1시간에 2회 이상 위반시	주거지역, 학교, 종합병원, 공공도서관
	1시간에 3회 이상 위반시	그 밖의 지역

40 정답 ③

정답찾기 ① (×) 「국제형사사법 공조법」상 임의적 거절사유이다.
② (×) 차별받을 우려가 있는 경우는 절대적 인도거절 사유이다.
④ (×) 법무부장관은 외교부장관으로부터 인도청구서 등을 받았을 때에는 이를 서울고등검찰청 검사장(檢事長)에게 송부하고 그 소속 검사로 하여금 서울고등법원에 범죄인의 인도허가 여부에 관한 심사를 청구하도록 명하여야 한다(제12조).

빠른 정답 찾기

1회

1. ④	2. ①	3. ①	4. ②	5. ①
6. ④	7. ④	8. ③	9. ②	10. ④
11. ③	12. ②	13. ①	14. ④	15. ②
16. ④	17. ④	18. ③	19. ②	20. ③
21. ②	22. ①	23. ②	24. ②	25. ④
26. ④	27. ①	28. ②	29. ①	30. ①
31. ④	32. ②	33. ④	34. ④	35. ①
36. ③	37. ④	38. ④	39. ③	40. ④

2회

1. ②	2. ②	3. ④	4. ③	5. ③
6. ②	7. ①	8. ④	9. ②	10. ①
11. ④	12. ①	13. ④	14. ①	15. ①
16. ③	17. ②	18. ①	19. ②	20. ③
21. ②	22. ②	23. ④	24. ①	25. ④
26. ②	27. ④	28. ③	29. ④	30. ①
31. ②	32. ③	33. ④	34. ②	35. ③
36. ②	37. ④	38. ①	39. ②	40. ④

3회

1. ④	2. ①	3. ③	4. ④	5. ③
6. ④	7. ①	8. ①	9. ②	10. ①
11. ②	12. ①	13. ①	14. ④	15. ①
16. ②	17. ①	18. ③	19. ④	20. ④
21. ③	22. ④	23. ②	24. ③	25. ③
26. ④	27. ①	28. ④	29. ①	30. ①
31. ③	32. ④	33. ②	34. ④	35. ③
36. ②	37. ④	38. ②	39. ②	40. ②

4회

1. ①	2. ③	3. ①	4. ②	5. ④
6. ③	7. ③	8. ①	9. ④	10. ④
11. ①	12. ①	13. ①	14. ①	15. ④
16. ③	17. ①	18. ①	19. ①	20. ④
21. ①	22. ②	23. ②	24. ②	25. ②
26. ②	27. ②	28. ②	29. ①	30. ④
31. ②	32. ④	33. ④	34. ①	35. ④
36. ③	37. ④	38. ③	39. ②	40. ③

5회

1. ④	2. ③	3. ④	4. ②	5. ①
6. ②	7. ③	8. ④	9. ①	10. ①
11. ④	12. ①	13. ①	14. ②	15. ④
16. ③	17. ①	18. ①	19. ③	20. ③
21. ②	22. ②	23. ①	24. ④	25. ④
26. ④	27. ②	28. ①	29. ④	30. ②
31. ③	32. ②	33. ②	34. ②	35. ④
36. ④	37. ③	38. ②	39. ④	40. ④

6회

1. ②	2. ③	3. ③	4. ④	5. ①
6. ②	7. ②	8. ①	9. ②	10. ①
11. ①	12. ②	13. ④	14. ④	15. ④
16. ③	17. ④	18. ③	19. ①	20. ①
21. ③	22. ③	23. ③	24. ④	25. ③
26. ②	27. ②	28. ②	29. ①	30. ④
31. ①	32. ④	33. ③	34. ④	35. ②
36. ④	37. ①	38. ④	39. ④	40. ③

7회

1. ④	2. ①	3. ②	4. ③	5. ④
6. ②	7. ①	8. ③	9. ③	10. ②
11. ②	12. ④	13. ④	14. ③	15. ③
16. ③	17. ①	18. ④	19. ④	20. ④
21. ②	22. ②	23. ③	24. ②	25. ③
26. ②	27. ④	28. ③	29. ③	30. ③
31. ②	32. ④	33. ③	34. ③	35. ②
36. ③	37. ④	38. ④	39. ②	40. ③

8회

1. ①	2. ③	3. ③	4. ③	5. ②
6. ④	7. ②	8. ②	9. ③	10. ③
11. ①	12. ④	13. ④	14. ③	15. ①
16. ③	17. ④	18. ④	19. ③	20. ④
21. ②	22. ④	23. ④	24. ④	25. ③
26. ①	27. ③	28. ②	29. ③	30. ①
31. ②	32. ①	33. ③	34. ④	35. ④
36. ③	37. ②	38. ③	39. ②	40. ③

9회

1. ③	2. ③	3. ②	4. ④	5. ②
6. ①	7. ②	8. ④	9. ①	10. ④
11. ③	12. ①	13. ①	14. ①	15. ③
16. ④	17. ④	18. ②	19. ④	20. ①
21. ④	22. ④	23. ③	24. ②	25. ③
26. ③	27. ②	28. ④	29. ③	30. ②
31. ③	32. ②	33. ①	34. ②	35. ③
36. ①	37. ①	38. ④	39. ②	40. ③

10회

1. ④	2. ④	3. ④	4. ④	5. ③
6. ④	7. ②	8. ④	9. ③	10. ④
11. ②	12. ④	13. ③	14. ④	15. ②
16. ②	17. ①	18. ②	19. ③	20. ②
21. ④	22. ③	23. ②	24. ④	25. ②
26. ③	27. ④	28. ②	29. ③	30. ④
31. ①	32. ④	33. ④	34. ①	35. ②
36. ①	37. ③	38. ③	39. ①	40. ③

박용증 교수

주요 약력

현) 박문각 경찰학 전임강사

전) • 2018~2019 서울경찰청 채용 면접위원

- 수사실무, 기획실무, 지구대장, 생활안전과장, 경무과장, 정보 · 보안과장, 112상황실장 근무
- 홍콩 · 필리핀 대사관 경찰영사
- 호주 빅토리아 주립경찰학교 연수
- 1995 경찰간부후보생 43기 수료
- 한양사이버대학원 경찰법무학과 석사
- 동국대학교 경찰행정학과 졸업

주요 저서

- 2020 ~ 2023 아두스 경찰학 기본서(박문각)
- 2020 ~ 2023 아두스 경찰학 기출문제집(박문각)
- 2020 ~ 2023 아두스 경찰학 모의고사(박문각)
- 2020 ~ 2023 아두스 경찰실무종합 기본서(베리타스)
- 2020 ~ 2023 아두스 경찰실무종합 기출문제집(베리타스)
- 2020 ~ 2023 아두스 경찰실무종합 모의고사(베리타스)
- 2018 필리핀 경찰영사 사건수첩

박용증
아두스 경찰학
전범위 모의고사 10회분

제2판 인쇄 | 2024. 2. 8.   **제2판 발행** | 2024. 2. 13.   **편저** | 박용증

발행인 | 박 용   **발행처** | (주)박문각출판   **등록** | 2015년 4월 29일 제2015-000104호

주소 | 06654 서울시 서초구 효령로 283 서경 B/D 4층   **팩스** | (02)584-2927

전화 | 교재 문의 (02)6466-7202

저자와의
협의하에
인지생략

이 책의 무단 전재 또는 복제 행위를 금합니다.

정가 17,000원

ISBN 979-11-6987-777-0